本书为中国计划生育协会护航青春项目、贵州省2018年本科教学内容和课程体系改革项目（项目号：2018520108）、遵义师范学院博士基金项目（项目号：遵师BS201915）的研究成果。

中小学教师幸福感研究

周云 著

中国原子能出版社

图书在版编目 (CIP) 数据

中小学教师幸福感研究 / 周云著 . -- 北京：中国
原子能出版社，2020.6
ISBN 978-7-5221-0631-1

Ⅰ . ①中… Ⅱ . ①周… Ⅲ . ①中小学—教师—研究
Ⅳ . ① G635.1

中国版本图书馆 CIP 数据核字（2020）第 105690 号

内 容 简 介

本书对中小学教师幸福感进行了系统研究，主要内容包括：幸福感的理论及影响因素；人口统计学变量对中小学教师幸福感的影响、对中小学教师幸福感风险性因子的影响、对中小学教师幸福感保护性因子的影响；风险性因子对中小学教师幸福感的影响、对中小学教师幸福感的影响机制；保护性因子对中小学教师幸福感的影响、对中小学教师幸福感的影响机制；多种因素对中小学教师幸福感的影响机制。本书论述严谨，条理清晰，内容丰富新颖，是一本值得学习研究的著作。

中小学教师幸福感研究

出版发行 中国原子能出版社（北京市海淀区阜成路 43 号 100048）
责任编辑 张 琳
责任校对 冯莲凤
印 刷 三河市铭浩彩色印装有限公司
经 销 全国新华书店
开 本 787mm × 1092mm 1/16
印 张 20.5
字 数 266 千字
版 次 2021 年 3 月第 1 版 2021 年 3 月第 1 次印刷
书 号 ISBN 978-7-5221-0631-1 **定 价** 98.00 元

网 址：http://www.aep.com.cn E-mail:atomep123@126.com
发行电话：010-68452845 版权所有 侵权必究

前　言

　　幸福是人类发展过程中的永恒追求。在漫漫历史长河中，人们永不停歇地为探索幸福的真谛而前赴后继，勇往直前。人们向往幸福、酷爱幸福，在生活的大舞台上，淋漓尽致地表现着幸福体验。对生活在今天的人们来说，追求幸福依然是每个人的终极目标。但是，当今社会人们面临着各类竞争，承受着各种压力，很难获得持久的快乐和幸福。痛苦、抑郁、焦虑、失眠、过劳死等已成为现代社会中出现频率相当高的词汇。如何应对这些问题，如何能让自己在享受物质文明的同时，获得内心的幸福感，实现身心和谐，日益成为人们关注的焦点和普遍追求。基于不同的哲学传统，现代幸福感研究从一开始就存在两种模型或范式。一种是从快乐论发展而来的主观幸福感研究途径；另一种是由实现论演化过来的心理幸福感研究途径。相较而言，主观幸福感由于其在理论、研究方法、测量工具上的优势，在幸福感的研究中占据着主要的位置。本书探讨的幸福感就是基于快乐论的主观幸福感。主观幸福感是个体自我评价的幸福，即认为幸福是评价者个人对其生活质量的整体评估。主观幸福感具有主观性、稳定性和整体性的特点。主观性是指主观幸福感以评价者内定的标准而非他人的标准来评定；稳定性是指主观幸福感主要测量长期而非短期的情感反应的满意度；整体性是指主观幸福感是一个总体评价，包括认知与情感两个部分，认知部分指的是生活满意度，情感部分指的是积极和消极情感。为方便起见，本书正文中的幸福感和主观幸福感不加区分。

　　教师是教育发展的第一资源，是国家富强、民族振兴、人民幸福的重要基石。在中小学阶段，学生的世界观、人生观、价值观处于发展时期，中小学教师的态度、观念、心理健康状况等都会对学生产生重要影响。作为衡量中小学教师心理健康水平和生活质量的一个重要的综合性心理指标，幸福感不仅影响中小学教师自身的心理健康，还影响着学生的健康成长，甚至关系到能否完成培养德、智、体、美、劳全面发展的社会主义建设者和接班人的时代重任。作为社会群体的一个重要组成部分，教师幸福吗？在对全国中小学教师的大规模调查中发现，有82.2%的教师认为面临的压力非常大；有49.70%的人有非常明显的情绪衰竭；有68.20%的教师在工作中没有体验到成就感。作为服务性、助人性行业的中小学教师是经受压力最大的职业之一，逐渐成为当前职业倦怠的高发人群。随着新课程改革的推进，聘任制的逐渐实施，职称评审中对科研成果的过高要求，各种各样的检查，工作内容的机械烦琐，学生成绩排名和升学率的压力，学生家长的不理解、不支持等，使很多中小学教师每天工作都要超过10个小时，身心健康预支、透支现象非常严重。事实说明，有相当一部分中小学教师没有体验到职业的尊严和幸福，这是一个必须引起我们高度关注的现实且严峻的问题。但是，当前教育研究中的人文关怀多限于学生，而对教师的人文关怀严重不足。我们既要关注学生，更要关注教师，毕竟只有当教师能够以幸福的体验来对待工作时，他们才能真正为社会培育出所需要的人才。

基于中小学教师幸福感的缺失以及幸福感对中小学教师的重要性，本书将对中小学教师的幸福感进行探讨。引入心理学研究中的风险性因素和保护性因素的相关概念探讨中小学教师幸福感的影响因素，将职业压力、职业倦怠看成是中小学教师幸福感的风险性因素，将职业认同、心理资本、组织支持感看成是中小学教师的保护性因素。并探讨这些风险性因素和保护性因素如何作用于中小学教师的幸福感。本书试图通过厘清中小学教师幸福感的影响因素及其机制，最终为提高中小学教师的幸福感提供可供参考的意见和建议。

本书共分为九章，第一章阐述幸福感的理论及影响因素；第二章探讨人口统计学变量对中小学教师幸福感的影响；第三章探讨人口统计学变量对中小学教师幸福感风险性因子的影响；第四章探讨人口统计学变量对中小学教师幸福感保护性因子的影响；第五章探讨风险性因子对中小学教师幸福感的影响；第六章研究风险性因子对中小学教师幸福感的影响机制；第七章研究保护性因子对中小学教师幸福感的影响；第八章研究保护性因子对中小学教师幸福感的影响机制；第九章研究多种因素对中小学教师幸福感的影响机制。

作　者

2020 年 5 月

目　录

第一章　教师幸福感的相关理论

第一节　幸福感的理论

目前关于幸福感的理论有很多,但每种理论只能预测一部分幸福感差异。这里主要介绍几种较有影响力的理论:目标理论、判断理论、期望值理论、活动理论、特质与状态理论、动力平衡理论、人格与情境交互理论、遗传决定理论等。

一、幸福感的目标理论简述

目标是个体行为的目的状态,是幸福感形成与发展重要的参照标准,检验它可以很好地了解人的行为。目标理论认为,幸福感产生于需要的满足和目标的实现。成就高于标准的目标会导致积极情感体验,而成就低于标准的目标会导致消极情感体验。目标理论有两种取向,即需求取向和目标取向。需求取向认为需求的满足导致幸福,而需求一直得不到满足则导致不幸福,这种研究取向主张人具有一些共同的基本需求,有先天本能性的,也有后天习得的,但只要获得满足,个体就会体验到幸福感。目标取向认为目标指的是个人主观的期待,个体有意识地追求这些目标,当目标达成时就会体验到幸福。

努力实现目标的过程帮助人们应对各种日常生活问题,使人在社会和困境中保持良好状态。目标是情感系统重要的参照标准,它影响情绪、主观愿望和快乐,检验它可以很好地了解人的行为。目标种类、结构,向目标接近的过程和目标达成,都影响个人情感和生活满意度。我们追求的目标和我们用以达到目标的策略的成功与否,明显地影响着我们对自己和生活的满意程度。一般认为,正性情感与目标的出现和维持有关,也与靠近目标及实现目标有关;而缺少目标、目标之间的矛盾和冲突、指向目标的活动受干扰则会产生负性情感。目标主要是通过自我效能这一中介变量影响主观幸福感的。成功的体验会使人们更加相信自己的能力,建立起强大的自我效能,从而提高主观幸福感。尽管有目标并不能保证快乐,但有明确目标并努力工作从而成功的人,他们显示出的快乐超过了那些没有目标或达到目标时有困难的人。研究表明,当一个人能以内在价值和自主选择的方式来追求目标并达到可行程度时,主观幸福感才会增加,即目标必须与人的内在动机或需要相适宜,才能提高主观幸福感。自我接受、助人、亲和性等有关的内在价值目标,是自然需要和生长需要的表达,比美貌、名誉、金钱等外在目标对主观幸福感意义更大。目标理论解释了人们以不同的方式达到生活满意的事实,幸福感不仅依赖于普遍的需要,同时也涉及个人的特殊目标。但目标与幸福感的关系是不断转换的,一旦目标达到,人们就可能设定新的目标,已经达到的旧目标就失去了对幸福感的影响力。

二、幸福感的判断理论简述

判断理论的基础是人们判断时使用的标准,在人们将现实条件与某种主观上的标准相比较的时候,如果现实条件高于主观的标准,则幸福感高,当现实条件低于了内心的判断标准的时候,主观幸福感就会偏低。判断标准是一个主观的概念,由于判断标准不同,产生了不同的理论,主要有社会比较理论、适应理论等。

早期社会比较理论强调对比的结果,即个人与周围人比较,如果自己优于别人则感到幸福。近年来,考虑到比较信息的多样性,以及人们运用信息的方式各不相同,社会比较理论变得更加复杂。社会比较可以定义为想到与自我有关的信息或多个他人的信息相比较的过程。社会比较过程包括：获得社会信息,源于读到或想到的某个人或事;思考(比较)信息,包括他人与自己的相同或不同点;对社会比较作出反应,包括认知、情感和行为反应。人格为社会比较涂上"个人色彩",不同的人有不同的比较方式。与更幸福的人比较(向上比较)会降低自己的主观幸福感,与更不幸的人(向下比较)相比会提高自己的主观幸福感。社会比较理论对其他一些相关领域的满意感判断具有较强的预测力。

适应理论的基本思想是人们最初对新的生活事件或环境产生强烈的反应,但是随着时间推移,适应与习惯会回到基本平衡。适应理论是进行纵向比较,是将过去的生活作为标准,即现在的生活比过去好,就会感到幸福。一般来说,第一次出现的事件,由于其性质的好坏,使人产生幸福感与不幸感,但当事情重复出现时,它就会逐渐失去激发情感的能力。相关学者对此的解释为:对重复出现的刺激反应减少、减弱;重新建构有关刺激的认识,以及刺激对生活影响的认识使人们产生反应减弱。这时,只有事件的改变才可再次引发情感的变化。

三、幸福感的期望值理论简述

高期望值是幸福感的主要威胁。一般认为期望值和实际成就之间的差异与幸福感相关,高期望值与个人实际差距过大会使人丧失信心和勇气,期望值过低则会使人厌烦。期望值本身并非是幸福感的预测指标,而期望值、现实条件与个人外在资源(权力地位、社会关系、经济状况等)和内在资源(气质、外貌等)是否一致,可以作为幸福感的预测指标。向期望值接近的过程对幸福感最为重要,具有高期望值的人,尽管当前状态离目标状态相去甚远,也会因处于向目标接近的过程中而感到满足。期望值理论认为个人在进行幸福感的评价时总是与一定的标准相对比,其实这一标准就是个人的期望目标。若目标实现了,则主观幸福感的值就高,反之主观幸福感的值低。但事实上,过高的期望值对个人生活的满意度是不利的。在决定主观幸福感时,期望的内容比期望实现的可能性更重要。内在期望(个人发展)的可能性估计与主观幸福感呈正相关,而达到外部期望(名誉、金钱等)的可能性估计却与主观幸福感呈负相关。

四、幸福感的活动理论简述

活动理论认为幸福感不是来自活动目标的实现而是来自活动本身。幸福感如跑步这项活动过程本身比跑到终点这个结果带给人更多的快乐。对这一观点表达得更为充分的是"流溢论",当人们投入到一项活动中,且活动难度与其能力相匹配时,就会产生一种"幸福流"的感觉,而太容易的活动会使人厌烦,太难的活动又会使人感到焦虑。这种理论与我们今天常说的"幸福在于追求的过程中"的说法非常接近。但活动这一概念过于广泛和模糊,人们甚至可以把社会交往、锻炼、习惯等都看作活动。而且,活动与幸福感的关系还依赖于人们的人格特点,所以使得有些活动并不能很好地预测幸福感。

五、幸福感的特质与状态理论简述

特质理论又称为从上到下的理论,该理论认为人们具有以积极方式体验生活的性格倾向,即具备有快乐的素质。快乐的人总是以一种更为积极的方式看待他们所处的环境。幸福就是以快乐方式进行反应的倾向。研究发现某一领域的满意感(下)对整体生活满意感(上)的产生没有多大关系,前者来源于后者,这一观点支持从上到下的理论。有关记忆网络的研究表明,人们具有积极或消极的记忆网络,因而会以积极或消极的方式对事件作出反应。有些人的积极网络非常强大,以致形成了以快乐方式进行反应的习惯,即使面对没有明显倾向的事件时,这种积极的网络也会起作用,也会使人感到愉快,这就是具有快乐素质的人。外向与神经质对主观幸福感起气质性作用的观点,它们直接决定产生快乐的能力。人类拥有两个动机系统:行为激活系统(通过奖励调节行为)和行为抑制系统(通过惩罚调节行为)。不同的人对奖惩的感受性不同。外向者对正性情感敏感,非神经质及稳定的个体对负性情感不敏感,这两类人的主观幸福感较高。这种观点强调的是性格对人的行为方式的影响。对任何事情都看到它的积极的一面,这对于正处于社会转型时期的我们面对诸多困难之时,具有很强的现实意义。

状态理论又称为从下到上的理论,该理论认为幸福等于各个快乐因素的简单相加。在判断人们的幸福感时,只须对许多暂时的痛苦和快乐作出心理运算即可,即幸福等于快乐减去痛苦。该理论的观点很具代表意义,若用意识努力来减少暂时的消极情绪,确实可以增加幸福感,缺乏愉快的事件确实会导致抑郁。并且,这种理论具有很强的操作价值,能够在实际中得到广泛的应用。从上到下的理论和从下到上的理论分别得到不同证据的支持,都具有一定的合理性。

六、幸福感的动力平衡理论简述

研究者在综合人格理论和判断理论的基础上提出动力平衡理论,该理论弥补人格理论或生活事件理论对幸福感影响的不足。动力平衡理论认为,每个人都有一套平衡的生活事件水平和平衡的幸福感水平,它们都建立在稳定的个人特点之上。生活中任何事件都有可能对幸福感产生影响,这种影响有三种可能:使幸福感升高、降低或保持平衡水平。当生活事件处于平衡水平时,幸福感不变;一旦生活事件偏离正常水平,如变好或变坏时,幸福感会随之升高或降低。但这种偏离是暂时的,因为稳定的人格特点具有重要的平衡功能,会使生活事件和主观幸福感都回返到平衡水平。当然,适应机制也不能极端化,因为尽管环境对幸福感的没有长期影响力,但环境确实在不断地影响着幸福感。

七、幸福感的人格与情境交互理论简述

人格与情境交互理论认为人格特质对幸福感的影响可能被情境削弱或强化,因而其影响超出人格特征的直接效应,个体的人格特质对幸福感的作用会被情境所影响,即人格与环境交互作用影响幸福感。对此,Diener 提出交互作用加法模型、较复杂的交互作用动力模型、人格与情境作用模型三个幸福感交互模型。

交互作用加法模型认为一些人对积极情感反应的心理倾向性强,积极事件的发生会带来更加强烈的幸福感。幸福感需要人格和环境相结合才能产生。外倾者和神经质者对积极情感和消极情感敏感性不同正是这一交互作用的典型例证。与内倾者相比,外倾者对正性刺激的反应更强,若在愉快的情境中,二者所获得的主观幸福感会呈现明显的不同,但在中性的条件下,二者所获得的幸福感并无明显不同。具体而言,外倾者对正性刺激反应强度会高于内倾者,若情境当中存在愉快条件,内、外倾者就可以获得不同的幸福感水平。在中性条件下,外倾、内倾者的情绪体验相似。如果个体对积极情感的反应强,则当积极事件发生时,个体的主观幸福感会随着加强。

交互作用动力模型认为人格和情境是两个既独立又依赖且有着双向因果联系的变量。个人根据其人格特质选择情境,但人们在与其人格一致的情境下未必快乐。情境可以分为主动选择与被迫强加情境。与被迫强加情境相比,在主动选择情境下人格与情境的一致更易提高个体的幸福感。在人格与情境的交互作用中,个人的行为也会在其中起作用。在决定情感方面,人格与情境一致不如人格与具体参与行为一致重要。因而,环境特征、个人行为和人格特点交互作用影响幸福感。

人格与情境作用模型认为人格影响情境从而增加或减少幸福感。外倾者倾向于经历和体验积极生活事件,神经质者倾向于经历消极生活事件,而这些生活事件反过来又对幸福感产生影

响,这不能单独由人格来解释。人格对幸福感的影响超出了以积极或消极方式对生活事件作出反应的心理素质倾向,人格的影响也包括对人的行为的影响,人格可以增加或减少奖励生活事件发生的可能性。

八、幸福感的遗传决定理论简述

遗传决定理论认为个体所拥有的快乐或不快乐的基因是由神经系统的先天差异造成的。在对分开抚养的同卵双生子、异卵双生子以及同时抚养的同卵双生子和异卵双生子的生活情况的调查发现,约有40%的积极情绪方面的变化和约有50%的消极情绪方面的变化可以通过基因变量来得到预测,尽管这些双生子各自的生活环境差异很大,但这种基因因素在情绪体验中的作用非常明显。这说明对于同样的情形,有些人生下来就倾向于比其他人更能体验到幸福,而另外一些人生下来就倾向于比其他人更能体验到不幸。也就说每个人在幸福感的体验上天生就有着某种稳定性和一致性,这种稳定性和一致性并不会受到外界生活环境的太大影响。其中,在不同生活环境下成长的同卵双生子的幸福感的相近程度要大于在同一环境下生活的异卵双生子的幸福感的接近程度。同时,调查还发现,40%的积极情感变化、55%的消极情感变化及48%的生活满意感变化是由基因引起的,而共同生活只能分别解释其变化的22%、2%、13%。

第二节　职业领域的幸福理论

职业是个性的发挥,是任务的实现和维持生活的连续性的人类活动。美国哲学家杜威从实用主义哲学观点出发,认为职业是人们从中可以得到利益的一种生活活动。《现代汉语词典》将职业解释为劳动者为获取生活来源所从事的社会工作类别,如医生、教师。每种职业都具有职业领域的幸福感，人们在自己所从事的职业中都会因为需要的满足和期望的达成而产生的愉悦的心理体验，产生幸福体验。职业领域的幸福理论主要有资源保存理论、工作需求－资源理论模型、工作要求－控制模型等。

一、职业幸福感的资源保存理论简述

资源保存理论认为，人们总是在积极努力地维持、保护和构建他们认为的宝贵资源，这些资源的潜在或实际损失对他们而言是一种威胁。资源可以是个体特征、条件、能量等让个体觉得有价值的东西或者是获得这些东西的方式等，这些资源不但可以满足个体需求，而且可以帮助其准确地进行自我识别和社会定位。资源保存理论将这些资源分成四类：一是物质性资源，其与社会经济地位直接相关，是决定抗压能力的一个重要因素，如汽车、住房等。二是条件性资源，可以为个体获得关键性资源创造条件，决定着个体或群体的抗压潜能，如朋友、婚姻、权力。三是人格特质（尤其是积极的人格特质），是决定个体内在抗压能力的重要因素，如自我效能和自尊。四是能源性资源，是帮助个体获得其他三种资源的资源，如时间、金钱与知识。由此可见，社会关系、社会支持、工作发展机会、参与决策程度、乐观的个性，自主性、回报等都可被个体视为有价值的资源。

资源保存理论认为拥有较多资源的个体不易受到资源损失的攻击，且更有能力获得资源，而资源较少的个体非常容易受到资源损失的攻击，并进一步揭示出资源的两个螺旋效应：丧失螺旋和增值螺旋。丧失螺旋是指缺乏资源的个体不但更易遭受资源损失带来的压力，而且这种压力的存在致使防止资源损失的资源投入往往入不敷出，从而会加速资源损失。增值螺旋是指拥有充足珍贵资源的个体不但更有能力获得资源，而且所获得的这些资源会产生更大的资源增量。不过，资源获取螺旋的形成速度不及丧失螺旋，所以缺乏资源的人更易陷入丧失螺旋中。基于此，资源保存理论有以下几点推论：首先，强调资源保护的重要性。对个体而言越珍贵的资源获得难度更大，对其损耗就越敏感。所以，个体对自有资源的保护意识强于对多余资源的获取意识。当面临资源损失时，个体会倾向于首先采取行动防止资源的继续丧失，避免陷入丧失螺旋，以减少损失。其次，重视多余资源的获取。尽管获取多余资源的重要性不及保护珍贵资源，但拥有更多资源不仅可以降低其他资源损失的风险，而且资源本身也可以创造获取其他珍贵资源的机会。所以，当不存在较大压力时，人们就会努力积攒资源，培植增值。最后，要尽量创造资源盈余。个体总会试图利用机会创造资源盈余，以抵制未来可能面临的资源损失。现实中，个体总是承载多重角色，而资源总是稀缺且分布不均。为了增加资源存量，个体竭力避免丧失螺旋、培育增值螺旋，更愿意将资源投入到那些回报率高或风险小的角色行为中。所以，个体会事先对多重角色进行认知性评估，以此决定降低或放弃什么角色，投资什么角色。资源保存理论揭示了个体对资源的保存、获取和利用的心理动机，不同的资源处理动机会对心理、态度、行为产生不同的影响。所以，资源保存理论可以从资源的损耗和收益视角对压力及情绪耗竭等问题的揭示和解释带来新的启发。

资源保存理论最初主要被运用于压力研究，目前则被广泛运用于倦怠以及组织政治、绩效评价、组织承诺等领域，已成为积极心理学的新型领域研究的理论基础之一。资源保存理论主要从个体资源投入－产出不平衡的角度来解释倦怠、压力、绩效等问题的产生机制。即当个体投入大量的固有资源，如时间、精力、机会和社会关系，却得到微不足道的资源回报时，就会产生倦怠等消极结果。资源保存理论将工作需求和工作资源两个构面作为预测工作态度和行为的向度，认为与需求相关的因素是造成情绪耗竭和去人性化等消极情绪的主要原因，而与资源相关的因素则可为个人价值提供支持，从而缓解消极情绪导致的压力。不同的视角有不同的应用，基于工作视角的运用就是，利用资源保存理论来解释组织中员工工作倦怠等问题产生的内在原因,员工在应对工作需求的过程中,会引起资源失衡,从而导致工作倦怠、情绪耗竭、反馈规避、绩效不足等问题。基于工作资源的视角就是,运用资源保存理论来探析缓解员工压力、改善工作态度和行为因素。个体特征、组织支持等能够为个体价值提供支持,从而减缓情绪耗竭,防止压力的产生。总的来说,资源保存理论改变了过去研究关注独立环境视角的压力和认知视角的压力,从资源角度出发,将这两个领域的压力连接起来。

二、职业幸福感的工作需求－资源理论模型简述

工作需求－资源模型(The Job Demands-Resources Model, JD-R 模型)是在资源保存理论以及职业倦怠相关研究的基础上提出的。工作需求－资源模型最初关注的是职业倦怠问题,其核心假设是每种职业都有其特定的影响倦怠的因素,不论这些具体的影响因素是什么,都可以归为两类:工作要求和工作资源。认为当以下三种情况之中的任意一种情况出现时,就可能导致职业倦怠:个体失去特定的重要资源、工作要求无法充分满足、工作付出无法得到预期的回报。后来发展到关注投入及更为广泛的身心健康指标,如心血管疾病、幸福感、工作满意度等。职业倦怠的研究发现,当工作上长期过度的需求超越个人情绪资源所能负担的范围时,就出现了情绪衰竭。接着,个人开始和他人保持距离,不愿面对真正的自我,企图以疏离的态度来划清自己与工作之间的界限,此时就出现了去个性化。而后,个人认知到现有的工作态度与原先乐观的期望间具有很大的差距,紧接着,怀疑自己并没有足够的能力执行工作任务,遂以负面态度进行自我评价,最终导致个人的成就感逐渐丧失。

工作需求－资源模型认为有两类影响工作结果的因素:工作需求与工作资源。工作需求指的是个体对工作中的身体、心理、社会和组织等因素的需求,如工作压力、角色负荷等;工作资源

指的是能在工作中促进工作目标,减少工作需求的消耗,促进个人成长、学习和发展的因素,如社会支持、工作控制等。工作需求通过引发能量消耗过程产生消极结果,如工作倦怠、健康问题和离职意愿等,工作资源通过引发动机过程产生积极结果,如提高工作满意度和工作投入等。根据 Diener 的主观幸福感理论,工作投入和工作倦怠反映了工作情感体验的积极和消极方面,工作满意度和离职意愿等则反应了工作认知评价的积极、消极方面;而积极、消极的情感体验与对满意度的认知评价正是构成主观幸福感的要素。以往有大量的研究论述了工作倦怠、工作投入、工作满意度等与幸福感的直接关系。因此可以认为工作需求 – 资源模型的能量消耗过程和动机过程会对个体的主观幸福感产生重要影响,这一模型被称为幸福感的积极消极双过程模型。

工作需求 – 资源模型将工作特征分为工作要求和资源两类。其中工作要求涉及工作的物理、社会和组织方面,是超过雇员工作能力时,可能引起紧张的工作特征。其实工作要求就是环境压力源。工作要求和资源对幸福感的主效应表现为引发两个潜在的相对独立的心理过程。首先是压力过程,也称健康损伤过程或能量耗竭过程。即持续的工作要求耗竭工作者的身心资源,带来职业倦怠等问题,从而导致离职意向、低职业幸福感等不良结果。其次是动机过程,即工作资源具有动机作用。能引发工作动机,增加工作投入,从而产生高幸福感、高绩效等结果。除了独立的心理过程之外,工作要求和资源可能存在交互作用,对幸福感产生联合效应。具体说来,一方面,工作资源可能缓解工作要求对幸福感的影响;另一方面,工作要求也能放大工作资源对幸福感的影响。

三、职业幸福感的工作要求 – 控制模型简述

工作要求 – 控制模型理论的提出有着深刻的历史背景,20世纪 70 年代西方世界出现了以滞涨经济为特点的结构性危机,迫切需要进行企业调整和改革。与此同时,对于工作场所民主化

的关注也成为工会的关注重点,工作的全球化和复杂化的时代开始。在这样的背景下,对工作压力的研究成为热点,工作要求 – 控制模型应运而生。

工作要求 – 控制模型从工作特征的要求和控制两个维度出发,提出了关于工作压力的工作要求 – 控制模型,认为工作要求和工作控制共同决定了工作压力。工作压力来源于工作本身所包含的两个关键特征,即工作要求和工作控制的共同影响。工作要求是指在工作情景中反映员工所从事的工作任务的数量和困难程度,即压力源,如工作负荷、角色冲突以及问题解决要求等。而工作控制则反映了员工能够对工作行为施加影响的程度,或者称为工作决策幅度。工作要求 – 控制模型认为如果不能将这两个重要的因素进行有效的区分,一方面会影响对幸福感研究的正确解释,另一方面会造成一种将两者混为一谈的趋势。该模型的提出在理论和操作层面区分了工作的要求特征和控制特征,是工作特征和压力领域的重要研究成果之一。工作要求 – 控制模型有两个基本假设:假设一,高工作要求,低工作控制导致高工作压力,进而产生职业倦怠等消极后果。假设二,当工作要求和工作控制均处于高水平时,工作动机增强,因此有利于提高员工的工作绩效和工作满意度。在这种情况下高工作要求非但不是压力源,反而是对员工的激励因素,产生所谓的"有益的压力"。

工作要求 – 控制模型的提出是为了更好地研究工作者的压力反应,其结果变量的测量指标非常多样化,包括心理健康状况:情绪衰竭、抑郁、工作满意度;身体健康状况:服药量、心血管疾病;组织结果:因病离职、焦虑、倦怠、个人成就感、酗酒情况、工作冲突、工作表现、更换工作、组织承诺、利他主义等等。

第三节　幸福感的影响因素

关于幸福感的影响因素一直是幸福感研究的一个热点,研究者就幸福感的影响因素进行了较多的探讨。这些因素既包括人格、自我价值感等内部因素,还包括社会关系、收入、职业、文化等外部因素。

一、人格因素对幸福感的影响

与其他因素相比,幸福感更多地依赖于人格。不同人格会产生不同的正性情感、负性情感和生活满意感。某些特质如社会性、社会活动、充满活力等产生正向情感,某些特质如焦虑、担心、对身体的关注等则产生负向情感。人格因素即使不是最好的预测指标,至少也是最可靠和最有力的预测指标之一。众多研究一致表明:外向性与幸福感存在正相关,能够增进幸福感;神经质与幸福感存在负相关,会降低幸福感。艾森克在进一步研究中又提出了第三种人格类型——精神质,它代表一种粗暴强横、倔强固执和铁石心肠的特点,在该维度得分高的人往往被看成"自我中心、攻击性的、冷酷及缺乏同情心,而且通常不关心他人的权力和福利"。研究发现,外倾与生活满意度和正向情感的相关为正,与负向情感的相关为负,而神经质正好相反。不同的人格与幸福感的各个成分有着不同的关系,外倾能导致较高的幸福感水平,而神经质能导致较低的幸福感水平。人格特征也是引起教师幸福感的重要因素,在精神质方面得分高的教师,性格孤僻、不关心他人,难以适应环境,与人不友好,这样会导致自身和他人压力水平的提高,在情绪性维度得分高的人常常焦虑、担忧、郁郁不乐,而性格内向的人比较容易受生活事件的影响,从而承受更大的压力。

二、自我价值认同感对幸福感的影响

在诸多认知变量中,自我价值感同幸福感的关系最为密切,所以有时候被认为是幸福感的一个组成部分。另有许多理论家也赞成自我价值感会导致幸福感。研究认为自我价值感与幸福感之间呈正相关,也就是自我价值感高的人有更多的幸福感。理解幸福感是不能忽略自我价值感的,因为它是一个非常关键的因素。由此可见,自我价值感作为个体的心理特征与幸福感之间存在着密切的关系。另外,心理学家长期的研究发现,在人格特质、适应能力、自尊、年龄、婚姻状况、经济水平等预测指标中,自我价值感是预测生活满意度的最佳指标之一。

三、社会关系对幸福感的影响

社会关系包括婚姻关系、家庭关系、朋友关系、邻里关系等,是影响幸福感的重要因素之一。社会关系具有重要的社会支持作用,社会支持可以提供物质或信息上的帮助,增加人们的喜悦感、归属感、提高自尊感、自信心。当人们面临应激性的生活事件时,还可以组织或缓解应激反应、安定神经内分泌系统,从而增加正性情感并抑制负性情感,防止降低幸福感。因此,良好的社会关系可以增加人们的幸福感,而不良的社会关系则会降低主观幸福感。社会支持与幸福感的关系研究大体上可以划分成两个范畴,首先是社会支持来源对幸福感的影响,男性无论在主观支持还是在客观支持上都比女性占优势,但在社会支持的利用度上却显著低于女性。对客观支持上,女性获得的支持大多来自家庭、朋友。男性除这些来源外,同事、工作单位、社会团体等其他来源也显著多于女性。其次是社会支持内容特征与幸福感的关系研究。对青少年的研究表明,不同的关系对青少年有不同的社会支持作用。青少年从父母处寻求情感、自我价值提升。与兄弟姐妹的良好关系对青少年也具有非常重要的作用,是他们获得友谊的重要来源。

四、工作、收入、教育等对幸福感的影响

在当今社会,工作已经成为人们生活中一项非常重要的组成部分。但是,人们喜欢他们的工作吗?或者是这种喜欢程度有多

大？于是研究者们找出了一个至少在一定程度上可以回答这一疑问的指标：工作满意感。工作满意感是一种具体的生活满意感，是指个体对工作领域的具体认知评价。相对于一般生活满意感而言，在预测幸福感时，工作满意感更加不稳定和具体。就收入而言，高收入者一般有较多的正性情感，而低收入者则产生较多的负性情感。但也有研究不支持上述结论。一项研究调查了美国一年间收入对主观幸福感的影响，发现人们的快乐水平并没有随收入的增加而提高，相反倒有下降的趋势。这可能与分配偏差及相对的剥夺感有关。可见，收入的影响是相对的。收入仅在非常贫穷时有影响，而当人们的基本需要得到满足后。收入的影响就很小了。教育与幸福感的关系也存在着两种观点，一种观点认为教育对主观幸福感的影响并不大，而且经常和其他因素收入、职业等共同起作用。另一种观点则相反，认为教育对幸福感会产生影响，且这种影响在女性身上可能表现更为明显。

五、社会文化对幸福感的影响

由于文化对于人们的长期影响，文化把人们的注意力习惯性地引向信息的内部来源或外部来源，因而在不同文化中个体判断生活满意度所依据的外部与内部信息的比例是不同的。在西方个体主义文化中，个体在判断生活满意度时，更多考虑个人的自主性、动机、情感等内部信息。在东方集体主义文化中，重要的是个体要保持和他人的协调，考虑他人的需要与愿望，做符合社会规范的事情。因此，在集体主义文化中的个体作出生活满意判断时，较多依据人际关系、他人期待等外部信息。在个体主义国家中，体现出高水平的总体幸福感，尤其是对婚姻的满意度很高；同时这些国家的离婚率和自杀率也高。这一方面源于个体主义者经常遵从于自己的兴趣和欲望，因而更易于体验到自我实现的感受，同时当个人陷入困境时较少得到社会支持。当情况糟糕时，也有可能离婚或自杀。因此，个体主义者会体验到极端水平的幸福感。而集体主义的安全结构可能使部分人感到很快乐,同样也使部分人感到疏离和压抑。同时两种不同文化体系中对生活满意度的判断标准也不同。个体主义文化背景中的大学生由于个体内在的归因被视为决定心理和行为的主要因素,生活满意度的判断是基于个体近期的情感体验。在集体主义文化背景中,生活满意度的判断同时基于情感和文化价值。

六、健康对幸福感的影响

健康与幸福感具有较强的相关性,但是这种相关性仅仅表现在自我报告健康测试时。如果通过医生进行客观的健康评估,将在很大程度上削弱这种相关。自我评估健康会受到消极的情绪和真实的健康状况影响,生活满意度可以通过主观解释自身的健康进行预测,健康不但受到消极情感和真实的健康状况的影响,而且对健康的认知也受到人格的影响。自我评估健康尺度不仅反映一个人真实的身体健康状况,而且也反映了一个人的情绪适应水平,因此,健康的主观感知比真实的健康评估对主观幸福感的影响更大。健康对主观幸福感的影响依赖于个体对所处环境的感知,当处于一种无能为力、压抑的境况时,将会对主观幸福感产生消极影响。当健康状况妨碍一个人目标的实现时,它将对主观幸福感产生消极影响,但通过改变目标,心理可能会适应新的标准。

七、性别对幸福感的影响

研究发现在大多数国家中,女性比男性的消极情绪体验更多,但在整个幸福感上,男性和女性接近平等。通常女性比男性的强烈情绪体验更多,女性比男性更愿意承认自己幸福。如果女性在遇到不好或难以控制的事件时,这种行为可能导致他们难以抵制消极影响,但是如果她们的生活美好,那么女性比男性更能体会到强烈的幸福感。女性比男性具有更多的极端情绪这种差异主要来自社会角色限制,传统女性角色承担更多的是家庭照料之类的角色,这使得女性的情感比男性更敏感,因此,女性可能更愿意体验和表达情感。

八、婚姻对幸福感的影响

婚姻和幸福感之间有积极的联系,一些大范围的调查发现结婚的人比未婚、离婚、分居、独居的人幸福感要大一些。一些研究认为婚姻具有一些有益的影响,能减缓生活的困境,并得到情感和经济支持,从而婚姻能产生积极的幸福感。文化特征可能对主观幸福感与婚姻状况之间的关系产生影响,不管一个国家离婚率和个人主义水平如何,结婚的人比离婚的、分居的、单身的人感到幸福。同时,婚姻关系是维系心理健康最重要的社会关系之一,婚姻质量差、家庭不和睦必然对个体产生不良影响。

第二章　中小学教师幸福感在人口统计学变量上的差异研究

第一节　中小学教师工作满意度在人口统计学变量的差异研究

一、问题提出

　　教师既是学校教育教学工作的主体,同时又是决定教育教学工作的关键性因素。教学活动是教师的教和学生的学的双边活动过程,随着时代的发展、人们的思想开放以及二胎政策的出台,学生数量变得越来越多,家长对教师的要求也越来越高,加上中考、高考升学与学生未来发展的激烈竞争,中小学教师在工作中的压力越来越大,工作满意度的水平越来越低,进而影响到教师的工作与生活状态。教师的工作满意度不仅影响教师自身,而且对学生也会形成潜移默化的影响。因此,探讨教师工作满意度问题有助于我们深入了解教师的职业态度、执教热情和工作积极性等,直接影响教育教学质量的心理倾向。同时,教师工作满意状况也是影响教师心理健康的重要因素。教师群体作为培养国家人才的主要工作者之一,他们的身心健康必须给予高度重视。那么,研究和探讨人口统计学变量对教师工作满意度有着非常重要的现实意义。

　　工作满意度是指个体对工作本身以及与工作相关的组织机

构的总体看法,是其对工作环节中的各相关要素的整体评估,是一种综合性的概念(石梅,2016)。教师工作满意度是教师对其所从事工作及其工作环境条件的一种态度或看法,它与教师的积极性有很大关系,同时也是工作绩效、身心健康及管理效能的重要评价指标之一(徐富明,朱丛书,2006;甘雄,2010)。当人们谈论教师的态度时,更多的是指工作满意度,工作满意度与很多因素有关,如学校的教学条件、教学待遇和学生状况等等。关于工作满意度的研究在人力资源管理和组织行为学中已有一段时间的历史,只是近年来,工作满意度研究受到重视,其功能有了较大的扩展。工作满意度与种族、信仰、教学经验、工作条件、职业发展、组织承诺等影响因素都有密切的关系。国外对教师工作满意度的人口社会学统计资料变量方面的研究主要从性别差异、婚姻状况差异、工作年限差异等方面进行探索。国内有关教师工作满意度的研究成果非常多,相关的研究测量工具非常丰富。更多的研究是从人口学变量的角度探讨影响教师工作满意度的因素,孙汉银、李虹、林崇德(2008)研究认为,中学教师总体工作满意水平是高的,在年龄、学历、职称等方面工作满意度存在显著差异,但性别因素的差异不大;徐志勇,赵志红(2012)在北京市小学教师工作满意度的实证研究中得出,小学教师工作满意度在人口学变量上存在显著差异。本研究人口统计变量包括性别、学段、学校所在地、重点学校、是否担任班主任、教龄、学历、职称、月工资,重点探讨人口统计学变量在中小学教师工作满意度上的差异。

二、研究方法

(一)研究对象

调查对象来源于贵州省贵阳市、遵义市、毕节市3地级市的5个县,抽取来自34所学校共839名中小学教师参与本次调查研究。为保证调查对象的多样性,在选取学校时大体按照1:1:1:1的比例选取农村、乡镇、县城、市区的学校。贵阳市共抽取 11 所学校,其中农村学校 3 所,乡镇学校 3 所,县城学校 3 所,市区学校 2 所;遵义市共抽取 13 所学校,其中农村学校 4 所,乡镇学校 3 所,县城学校 4 所,市区学校 2 所;毕节市共抽取 10 所学校,其中农村学校 3 所,乡镇学校 3 所,县城学校 2 所,市区学校 2 所;涵盖小学、初中、高中 3 个学段。实测回收有效问卷 839 份。调查对象中男教师 341 人,女教师 498 人;小学教师 294 人,初中教师 438 人,高中教师 107 人;农村学校教师 86 人,乡镇学校教师 271 人,县城学校教师 356 人,市区学校教师 126 人;普通学校教师 542 人,县级重点学校教师 184 人,市级重点学校教师 89 人,省级重点学校教师 24 人;担任班主任的教师 267 人,未担任班主任的教师 572 人;教龄 1～5 年的教师 213 人,教龄 6～10 年的教师 74 人,教龄 11～15 年的教师 81 人,教龄 16～20 年的教师 143 人,教龄 20 年以上的教师 328 人;中专教师 26 人,大专教师 124 人,本科教师 657 人,研究生教师 32 人;三级教师 67 人,二级教师 148 人,一级教师 497 人,高级教师 125 人,正高级教师 2 人;月工资收入为 1 000～3 000 元的教师 53 人,月工资收入为 3 000～5 000 元的教师 587 人,月工资收入为 5 000～8 000 元的教师 191 人,月工资收入为 8 000 元以上的教师 8 人。

（二）工具

采用 Agho、Price 和 Mueller（1992）编制的《整体工作满意度数量表》,并根据专家的意见进行符合施测情境的修改。该量表共包括 6 个项目,量表采用 Likert 5 点计分方式,教师根据自己的真实情况在"完全不符合"到"完全符合"的 5 点量表上进行选择。得分越高表示教师的工作满意度越高。本研究中工作满意度量表的 Cronbach's α=0.87,信度良好。

（三）统计方法

采用常用统计分析软件 SPSS 21.0 对数据进行统计分析处理。

三、结果分析

首先对收集到的问卷进行初步的筛查与整理，剔除可以分辨出的未达到筛选要求的问卷。将问卷的数值进行认真录入，并将被试的人口社会统计学资料进行编码对应输入，再将所得到的数据导入 SPSS 进行下一步操作。

首先对教师工作满意度问卷所得到的数据进行初步的描述统计分析。教师工作满意度得分（$M=3.091$，SD=0.708）数据较集中，教师工作满意度得分处于中等水平。

通过初步的统计分析，采用 t 检验、方差分析 ANOVA 等方法可知，教师工作满意度在性别（$t=-0.078$，$p=0.938$）上不存在显著差异，教师工作满意度在男、女性别上没有差异。教师工作满意度在学段（$F_{2,836}=4.681$，$p=0.009$）上存在显著差异，进一步检验表明，小学教师工作满意度显著高于初中（$p=0.004$）和高中（$p=0.001$），初中教师的工作满意度与高中教师的工作满意度不存在显著差异；教师工作满意度在学校所在地（$F_{3,835}=2.132$，$p=0.094$）上不存在显著差异；同样，教师工作满意度在是否重点学校（$F_{3,835}=0.195$，$p=0.900$）上差异不显著；教师工作满意度在是否班主任（$t=-0.373$，$p=0.709$）上差异不显著；教师工作满意度在教龄（$F_{5,834}=3.141$，$p=0.008$）上存在显著差异，进一步检验结果表明，教龄 1～3 年的教师工作满意度显著高于 7～10 年（$p=0.002$），教龄 7～10 年的教师工作满意度显著低于 16～20 年（$p=0.006$）、20 年以上（$p<0.01$），教龄 11～15 年的教师工作满意度显著低于 20 年以上（$p=0.013$），其中，教龄 7～10 年的教师工作满意度最低，这与前人研究相一致，教龄与教师工作满意度呈"U"形关系（黄海军，高中华，2011）；教师工作满意度在学历（$F_{3,835}=3.913$，$p=0.008$）上也差异显著，进一步事后检验结果表明，中专学历教师的工作满意度显著高于大专（$p=0.004$）、本科（$p<0.01$）、研究生（$p<0.01$）的教师，大专学历教师的工作

满意度显著高于本科（$p=0.007$），与研究生不存在显著差异，本科学历的教师工作满意度与研究生差异不显著；教师工作满意度在职称（$F_{4,836}=1.231$，$p=0.296$）上差异不显著；教师工作满意度在月工资（$F_{3,835}=15.388$，$p<0.01$）上存在显著差异，进一步事后检验结果表明，月工资1 000～3 000元的教师工作满意度显著低于3 000～5 000元（$p=0.001$）、5 000～8 000元（$p<0.01$）、8 000元以上（$p<0.01$），月工资3 000～5 000元的教师工作满意度显著低于5 000～8 000元（$p<0.01$）、8 000元以上（$p<0.01$），月工资5 000～8 000元的教师工作满意度显著低于8 000元以上（$p=0.005$）。

四、讨论

（一）中小学教师工作满意度现状分析

从本研究可以看出，中小学教师的工作满意度处于中等水平。教师的工作满意度是其对工作环节中的各相关要素的整体评估，它会直接影响到中小学教师的工作与生活，尤其是工作的积极性和主动性，从而会影响教育教学质量和师生关系等教育行为。工作满意度是教师主观的对其教育工作的感受，对教职工作满意程度的度衡与考量，一定程度上反映了教师真实的、对工作状态的态度，所以，对于想要探讨教师方方面面的问题和教师相关的心理学研究来说，教师工作满意度是非常重要和必须考虑的重要变量。在本研究中，从搜集到的数据进行整理和分析，发现教师的工作满意度在人口社会学统计资料变量上出现显著差异，如学历、月工资等，这可能与个人对工作的期望、自我价值、社会地位和自我认识等方面有关，其中，教师的工作满意度在月工资变量上的差异非常显著，工资收入成为中小学教师工作满意度较低的因素之一，中小学教师学历高，但是工资低，期望收入与实际收入之间有较大的落差。同时，学段越高，教师的工作满意度越

低,学生的升学压力不仅仅只是学生的,教师也面临着巨大的压力和付出,随着学段的增长,教师的工作任务越重,工作劳累带来的不是高工资,这使教师的工作满意程度降低。因此,这些因素在提高教师的工作满意度方面会有一定的有效作用。

（二）人口统计学变量与中小学教师工作满意度的差异分析

对收集到的问卷数据进行初步统计分析发现,中小学教师的工作满意度在学段、教龄、学历和月工资上存在显著差异,在其他人口社会学统计资料变量上不存在显著差异,可并不能说明教师的工作满意程度与其他变量无关。小学教师工作满意度显著高于初中和高中;教龄 7 ～ 10 年的教师工作满意度最低;教师工作满意度在学历中专、大专、本科、研究生上也存在显著的差异,这与教师的自我价值和自我要求等方面有关。教师工作满意度与月工资的高低存在显著差异,工资越高,教师的工作满意度越高,这与教师对工作的期望、付出和工资待遇对比方面有关。Ismael 等研究中表明,教师的工作满意度在性别上存在差异,女教师显著高于男教师（ Ismael.Abusaad , Richard ,1990 ;石梅,2016 ）。王洁（ 2015 ）在研究中得出中职教师工作满意度在性别、年龄、工龄、学历、职称、教室岗位类别方面均差异显著,这与本研究有相同的地方,但在性别、职称上差异不显著。在穆洪华、胡咏梅等（ 2016 ）的研究中发现,我国中学教师总体工作满意度水平处于中等程度,其中学校所在区域对教师工作满意度的影响极其显著,城市最高,乡镇次之,农村最低,不同学校之间教师工作满意度的差异比较大,这与本研究结果也不太一致。

综上所述,教师工作满意度在人口社会学统计资料变量学段、教龄、学历和月工资上存在显著差异,学段越高,教师的工作满意程度越低;教龄与教师工作满意度呈"U"形关系。

（三）本研究的不足及研究展望

本研究存在一些不足之处，尚且需要未来的研究加以完善和探索。在其他研究中皆发现，影响教师工作满意度的因素分为外部因素和内部因素，性别、教龄、年龄、学历、婚姻状况、学校水平和地区差异等人口学的各变量对教师的工作满意度均有不同程度的影响（石梅，2016），而在本研究中，只从人口社会学统计资料变量的角度对教师工作满意度进行探索，也没有体现教师工作满意度在人口社会学统计资料变量上的总体差异。最后，本研究的样本均来自贵州省贵阳市、遵义市和毕节市等地区，尚且不能代表全贵州的中小学教师，更不要说代表全国的中小学教师，因此，样本无法代表全国中小学教师的工作满意度。在未来的相关研究中，可以对工作满意度的结构，以及与工作满意度存在相关的各个变量之间的关系进行进一步的研究和探讨，为教师群体的心理健康问题提供更多具有参考价值的研究贡献一份力量。

五、结论

（1）中小学教师的工作满意度在学段、教龄、学历、月工资等人口统计学变量上存在显著性的差异。

（2）学段越高，教师的工作满意程度越低；教龄与教师工作满意度呈"U"关系；学历越高，教师工作满意度越低；月工资越高，教师工作满意度越高。

（3）中小学教师的工作满意度处于中等水平。

第二节 中小学教师生活满意度在人口统计学变量的差异研究

一、问题提出

随着社会压力的剧增和生活节奏的加快,矛盾凸显,人们所承受的精神压力也越来越大。同时,因教育体制改革的不断深入和新课程改革的推进,中小学心理健康教育已经逐渐被摆在了重要的位置上。由于教师职业的特殊性,教师每天要面对众多的学生,这些学生大多是独生子女,而二胎政策的开放,学生的数量也会大大增加,随之而来的,国家、社会和家长对教师的要求会越来越高,教师群体的心理健康问题也日益凸显出来,尤其是中小学教师群体,更是引起了心理学研究者们高度的关注。工作是教师群体生活中最必不可少的一个领域,工作与生活之间的关系会直接影响到中小学教师的工作状态与生活状况,从而影响教师的教学质量和生活质量。教师的生活满意度与中小学教师的心理健康状况密切相关,因此,在促进教师心理健康的各个方面,探讨中小学教师的生活满意度对教师的教学和生活都有着重要的作用和价值。

生活满意度是指个体依据自我标准对自己大部分时间或特定时期生活状况进行总体评价后的主观体验(马元广,贾文芝,2017)。即在总体上对个人生活作出满意评判的程度。生活满意度是属于主观幸福感定义的基本成分之一。一般来说,很少将主观幸福感的两个基本成分拆开来进行研究。生活满意度与积极情感和消极情感包含于主观幸福感,是指个体依据自己设定的标准对其生活质量所作的整体评价(Diener,1984),包括认知评价和情感体验两个成分,是量化个体生活质量的重要综合性指标之一(姜永杰,2007)。生活满意度作为认知因素,是主观幸福感的关键指标,是独立于积极情感和消极情感的一个更有效的肯定性衡量标准(黄琨,2010)。有一些学者认为教师生活满意度可以作为教师幸福感的一个重要方面加以研究,并且得出了教师的生活满意度受一些人口社会学变量影响的结论。所以,生活满意度与正负情感是不同的,将二者分开对其单独研究极为必要。从人口统计学变量的角度探讨影响教师生活满意度的因素来看,国内有关教师生活满意度的研究成果非常多,陈晓晨和翟冬梅(2008)的研究表明,不同性别和地区的教师在生活满意度上的差异边缘显著,具体表现为在近郊,女教师的生活满意度显著高于男教师,而在市区和远郊,不同性别教师的生活满意度不存在显著差异。婚姻状况对中小学教师生活满意度有显著影响,任教年龄对中小学教师的生活满意度有显著影响(黄海军,高中华,2011)。在农村中小学教师生活满意度的相关研究中得出,男教师的生活满意度显著高于女教师(王雨露,2007)。

二、研究方法

(一)研究对象

调查对象来源于贵州省贵阳市、遵义市、毕节市3地级市的5个县,抽取来自34所学校共742名中小学教师参与本次调查研究。为保证调查对象的多样性,在选取学校时大体按照1∶1∶1∶1的比例选取农村、乡镇、县城、市区的学校。贵阳市共抽取11所学校,其中农村学校3所,乡镇学校3所,县城学校3所,市区学校2所;遵义市共抽取13所学校,其中农村学校4所,乡镇学校3所,县城学校4所,市区学校2所;毕节市共抽取10所学校,其中农村学校3所,乡镇学校3所,县城学校2所,市区学校2所;涵盖小学、初中、高中3个学段。实测回收有效问卷742份。其中男教师253人,女教师489人;小学教师314人,初中教师347人,高中教师81人;农村学校教师43人,乡镇学校教师287人,县城学校教师390人,市区学校教师22人;普通学校教师 516 人，县级重点学校教师 141 人，市级重点学校教师 62 人，省级重点学校教师 23 人；担任班主任的教师 243 人，未担任班主任的教师 499 人；教龄 1 ~ 5 年的教师 183 人，教龄 6 ~ 10 年的教师 35 人，教龄 11 ~ 15 年的教师 42 人，教龄 16 ~ 20 年的教师 94 人，教龄 20 年以上的教师 388 人；中专教师 21 人，大专教师 163 人，本科教师 532 人，研究生教师 26 人；三级教师 54 人，二级教师 173 人，一级教师 465 人，高级教师 47 人，正高级教师 3 人；月工资收入为 1 000 ~ 3 000 元的教师 41 人，月工资收入为 3 001 ~ 5 000 元的教师 507 人，月工资收入为 5 001 ~ 8 000 元的教师 181 人，月工资收入为 8 000 元以上的教师 13 人。

（二）工具

采用 Diener、Emmons、Larsen 和 Griffin（1985）编制的《生活满意度量表》，该量表包含 5 个项目，所有项目均采用 Likert 7 点计分。得分越高，说明教师的生活满意度越高。在本研究中，量表的 Cronbach's $\alpha=0.89$。

（三）统计方法

采用常用统计分析软件 SPSS 21.0 对数据进行统计分析处理。

三、结果分析

对收集到的问卷进行初步的筛查与整理，剔除可以分辨出的未达到筛选要求的问卷。将问卷的数值进行认真录入，并将被试的人口社会统计学资料进行编码对应输入，再将所得到的数据导入 SPSS 进行下一步操作。

首先对教师生活满意度问卷量表所得到的数据进行初步的描述统计分析。教师生活满意度得分（$M=3.443$，$SD=1.351$）数据较集中，教师生活满意度得分处于中高等水平。

通过初步的统计分析，采用 t 检验、方差分析 ANOVA 等方法可知，教师生活满意在变量性别（$t=-2.614$，$p=0.009$）上存在显著性差异，女教师的生活满意度显著高于男教师，教师生活满意度在学段（$F_{2,739}=12.751$，$p < 0.01$）上存在显著差异，进一步事后检验表明，小学教师的生活满意度显著高于初中（$p < 0.01$）和高中（$p=0.012$），初中教师的生活满意度与高中教师的生活满意度不存在显著差异；教师生活满意度在学校所在地（$F_{3,738}=3.302$，$p=0.020$）上存在显著差异，进一步事后检验表明，乡镇教师的生活满意度显著高于市区（$p=0.037$）；同样，教师生活满意度在是否重点学校（$F_{3,738}=0.655$，$p=0.580$）上差异不显著；教师生活满意度在是否班主任（$t=-1.767$，$p=0.077$）上差异不显著；教师生活满意度在教龄（$F_{5,736}=2.459$，$p=0.031$）上存在显著性差异，进一步事后检验结果表明，教龄 7 ~ 10 年的教师生活满意度显著低于 20 年以上（$p=0.031$），教龄 16 ~ 20 年的教师生活满意度显著低于 20 年以上（$p=0.031$），即 20 年以上的教师生活满意度显著高于 7 ~ 10 年、16 ~ 20 年；教师生活满意度在学历（$F_{3,738}=6.013$，$p < 0.01$）上也差异显著，进一步事后检验结果表明，中专学历的教师的生活满意度显著高于大专（$p=0.004$）、本科（$p < 0.01$）、研究生（$p < 0.01$），大专学历的教师生活满意度显著高于本科（$p=0.011$）、研究生（$p=0.003$），本科学历的教师生活满意度显著高于研究生（$p=0.037$）；教师生活满意度在职称（$F_{4,737}=1.595$，$p=0.173$）上差异不显著；教师生活满意度在月工资（$F_{3,738}=27.397$，$p < 0.01$）上存在显著差异，进一步事后检验结果表明，月工资 1 000 ~ 3 000 元的教师生活满意度显著低于 3 000 ~ 5 000 元（$p=0.004$）、5 000 ~ 8 000 元（$p < 0.01$）、8 000 元以上（$p < 0.01$）的教师，月工资 3 000 ~ 5 000 元的教师生活满意度显著低于 5 000 ~ 8 000 元（$p < 0.01$）、8 000 元以上（$p < 0.01$）的教师，月工资 5 000 ~ 8 000 元的教师生活满意度显著低于 8 000 元以上（$p < 0.001$）。

四、讨论

（一）中小学教师生活满意度现状分析

从本研究可以看出，中小学教师的生活满意度处于中等水平。教师的生活满意度是教师心理幸福感的重要组成部分，是教师根据自己内心预期对其当前生活状态和生活质量方方面面所做出的主观感受评价。而工作是教师生活中必须有的部分，教师的角色身份对其生活满意度具有重要的研究意义。目前，有关生活满意度的研究较多，但是研究得到的当今教师生活满意度的水平高低参差不齐，对人口社会学统计资料变量与教师生活满意度二者之间的差异分析也不尽相同。对本研究收集到的数据进行整理和分析，发现教师的生活满意度在人口统计学变量上出现显著差异，如性别、学段、学历和月工资等，这与个人的生活方式、生活理念、对生活的需求和自我价值等方面有关，其中，教师的生活满意度在月工资变量上的差异非常显著，可以看出，工资收入成为中小学教师生活满意度影响较大的因素之一。同时，学历越高，教师的生活满意度越低，如果学历高的教师月工资较低，教师心里难免会有落差，加上收入难以维持日常生活开销，对生活的满意程度自然较低。

（二）人口统计学变量与中小学教师生活满意度的差异分析

对收集到的问卷进行初步统计分析发现，中小学教师的生活满意度在性别、学段、学历和月工资等变量上存在显著差异，在其他人口统计学变量上不存在显著差异。前人研究中表明，在性别上，男教师的生活满意度显著高于女教师（王雨露，2007），这与本研究结果不一致，这或许跟样本、时代变化等方面有关；也有与前人研究相一致的地方，不同性别在生活满意度上差异边缘显著，具体表现为，女教师均显著高于男教师，地区在生活满意度上存在显著差异（陈晓晨，翟冬梅，2008）。李明军（2015）研究数据统计分析表明，教师生活满意度在职称和教龄结构等方面均存在显著差异，在性别方面差异不显著。这与本研究有相同的地方，教龄在生活满意度上存在显著差异。

综上所述，教师生活满意度在性别、学段、学校所在地、教龄、学历和月工资上存在显著差异。教师在学校从事工作，从而获取生活收入，并在工作中建立许多人际关系，不同地区的学校、待遇、接触学生的年龄阶段不同，会给教师带来不同的感受，这影响了教师对生活的满意程度。

（三）本研究的不足及研究展望

本研究尚且存在一些不足之处，需要未来的研究加以完善与改进。首先，本研究的样本均来自贵州省贵阳市、遵义市和毕节市3个地区，样本不能代表全国的中小学教师；其次，人口统计学变量是教师生活满意度研究最基本的影响因素，只对二者进行了统计数据分析，未从其他角度考虑二者之间的关系；最后，运用问卷法进行研究，仅仅根据主观情况填写问卷，不能排除一些主观的期望和疲劳效应等误差。在未来的研究中，可以增加获取数据的渠道，引入一些客观的方法收集数据，在人口统计学变量在教师生活满意度上的差异分析的基础上，对教师生活满意度的其他影响因素进行进一步的探索，为教师群体的心理健康问题提供更多有价值的研究。

五、结论

（1）中小学教师的生活满意度处于中等水平。

（2）中小学教师的生活满意度在性别、学段、学校所在地、教龄、学历、月工资上存在显著性差异。

（3）学历越高，教师的生活满意度越低；月工资越高，教师的生活满意度越高。

第三节　中小学教师积极情感在人口 统计学变量的差异研究

一、问题提出

十九大报告提出要"优先发展教育事业",强调建设教育强国是中华民族复兴的基础工程。而教师作为教育工作的重要组织者,责任重大,为更好实现教育强国梦,则需要更进一步促进教师的全面发展,提高教师队伍的素质。因此,教师群体一直受到社会和各领域研究者的重点关注。教师职业与其他职业相比有特殊的地方,教师在教育过程中投入情感比较多,能体会到更多情感上的剧烈变化,反观过来,教师的情感化反应与心理状态容易在当前的教学实践中表现出来,从而对学生造成影响。有研究表明,人的情感发展和智力发展同样重要,情感的积极稳定发展能够使学生在补充知识的同时,充分发挥出个人的潜质(王永亮,2007)。所以,教师积极的情感会给教学和学生带来正性的影响;而严重的消极情感会给学生带来负性的影响。所以,探讨教师的积极情感和消极情感具有现实意义。

积极情感是指个体由于体内外刺激、事件满足个体需要而产生的伴有愉悦主观感受的情感(李昌庆,2019)。积极情感是主观幸福感的一个基本成分,通常与消极情感、生活满意度共同研究,是个体生活中的情感体验,包括消极情感(何西超,胡婧,2014)。小学教师积极的情感不仅对教师个人的心理健康和幸福感形成很大的作用,也对学生、同伴群体有感染效应(张珊珊,韦雪艳,2018)。因此,将二者拆分开对其探究极为必要。本研究重点是人口统计学变量在中小学教师积极情感上的差异。国内有关人口统计学变量在中小学教师积极情感上的差异的研究成果非常多,有的研究显示,男性乡村教师的正性情感得分高于女性,且差异有统计学意义。但也有研究证明积极情感在性别上没有显著差异,在高校教师积极情感、个人资源与职业倦怠的关系研究中表明,性别在积极情感体验上不存在显著差异。为探索人口统计学变量在中小学教师积极情感上的差异,本研究人口统计学变量主要包括性别、学段、学校所在地、重点学校、是否担任班主任、教龄、学历、职称和月工资。

二、研究方法

(一)研究对象

调查对象来源于贵州省贵阳市、遵义市、毕节市 3 地级市的 5 个县,抽取来自 34 所学校共 917 名中小学教师参与本次调查研究。为保证调查对象的多样性,在选取学校时大体按照 1:1:1:1 的比例选取农村、乡镇、县城、市区的学校。贵阳市共抽取 11 所学校,其中农村学校 3 所,乡镇学校 3 所,县城学校 3 所,市区学校 2 所;遵义市共抽取 13 所学校,其中农村学校 4 所,乡镇学校 3 所,县城学校 4 所,市区学校 2 所;毕节市共抽取 10 所学校,其中农村学校 3 所,乡镇学校 3 所,县城学校 2 所,市区学校 2 所;涵盖小学、初中、高中 3 个学段。实测回收有效问卷 917 份。其中男教师 391 人,女教师 526 人;小学教师 371 人,初中教师 398 人,高中教师 148 人;农村学校教师 77 人,乡镇学校教师 349 人,县城学校教师 408 人,市区学校教师 83 人;普通学校教师 653 人,县级重点学校教师 154 人,市级重点学校教师 83 人,省级重点学校教师 27 人;担任班主任的教师 306 人,未担任班主任的教师 611 人;教龄 1~5 年的教师 221 人,教龄 6~10 年的教师 68 人,教龄 11~15 年的教师 74 人,教龄 16~20 年的教师 115 人,教龄 20 年以上的教师 439 人;中专教师 17 人,大专教师 252 人,本科教师 617 人,研究生教师 31 人;三级教师 64 人,二级教师 213 人,一级教师 544 人,高级教师 92 人,正高级教师 4 人；月工资收入为 1 000 ～ 3 000 元的教师 62 人，月工资收入为 3 001 ～ 5 000 元的教师 587 人，月工资收入为 5 001 ～ 8 000 元的教师 259 人，月工资收入为 8 000 元以上的教师 9 人。

（二）工具

采用邱林、郑雪和王雁飞（2008）修订的《积极情感消极情感量表》，该量表包含 18 个项目，其中 9 个项目测量的是积极情感，另 9 个项目测量的是消极情感。所有项目均采用 Likert 5 点计分。在本研究中，量表的 Cronbach's $\alpha=0.89$。采用前人的计算方法，将积极情感和消极情感标准化，用积极情感的标准分减去消极情感的标准分得出积极情感总分。

（三）统计方法

采用常用统计分析软件 SPSS 21.0 对数据进行统计分析处理。

三、结果分析

首先对教师积极情感消极情感问卷所得到的数据进行初步的描述统计分析。教师总正性情感得分（$M=0.78$，SD=1.296）处于较低水平。

通过初步的统计分析，采用 t 检验、方差分析 ANOVA 等方法可知，教师的积极情感即总正性情感得分在一些人口社会统计学变量上存在显著差异，另外，在一些人口社会统计学变量上不存在显著差异。教师的总正性情感得分在性别（$t=-2.108$，$p=0.035$）上存在显著差异，数据表明，女教师（$M=0.051$，SD=1.310）的积极情感显著高于男教师（$M=-0.071$，SD=1.272）；教师总正性情感得分在学段（$F_{2,914}=1.584$，$p=0.205$）上不存在显著差异；教师的总正性情感得分在学校所在地（$F_{3,913}=0.487$，$p=0.691$）

上也不存在显著差异；教师的总正性情感得分在重点学校（$F_{3,913}=1.226$，$p=0.299$）上没有显著差异；教师总正性情感得分在是否班主任（$t=-2.022$，$p=0.043$）上存在显著性差异，未担任班主任（$M=0.049$，$SD=1.237$）的教师积极情感显著高于担任班主任（$M=-0.073$，$SD=1.376$）的教师；教师的积极情感得分在教龄（$F_{5,911}=5.736$，$p<0.01$）上存在显著的差异，进一步事后比较检验得知，教龄 1～3 年的教师的总正性情感得分显著高于 7～10 年（$p=0.003$）的教师、11～15 年（$p<0.01$）、16～20 年（$p<0.01$）和 20 年以上（$p=0.005$）的教师，教龄为 4～6 年的教师总正性情感得分显著高于 7～10 年（$p=0.025$）、11～15 年（$p=0.001$）、16～20 年（$p<0.01$），教龄 11～15 年的教师的总正性情感得分显著低于 20 年以上（$p=0.039$）的教师，教龄 16～20 年的教师的总正性情感得分显著低于 20 年以上（$p=0.005$）的教师；教师的总正性情感得分在学历（$F_{3,913}=0.916$，$p=0.432$）上不存在显著差异；教师总正性情感得分在职称（$F_{4,912}=0.648$，$p=0.629$）上也不存在显著性差异；最后，教师的积极情感得分在月工资（$F_{3,913}=8.269$，$p<0.01$）上存在显著差异，通过进一步事后检验可知，月工资 1 000～3 000 元的教师的总正性情感得分显著低于 5 000～8 000 元（$p=0.023$）、8 000 元以上（$p<0.01$）的教师，月工资 3 000～5 000 元的教师的总正性情感得分显著低于 5 000～8 000 元（$p=0.040$）、8 000 元以上（$p=0.001$），月工资 5 000～8 000 元的教师总正性情感得分显著低于 8 000 元以上（$p=0.002$）的教师。

四、讨论

（一）中小学教师积极情感现状分析

从本研究可以看出，中小学教师的工作满意度处于较低水平。本研究所得到的中小学教师积极情感是通过填写的积极情感消极情感问卷中的得分,用积极情感得分减去消极情感得分所得到的总正性情感得分进行统计和测量的,得到的数据是,总正性情感得分为负,即消极情感得分大于积极情感得分的教师数量较多,这一状况是值得我们关注和深思的。积极情感给人带来积极、向上、肯定的感受,促使人积极行动,消极情感会给人带来消极、停滞、否定的感受,削弱活动能力(Fredrickson,2001)。教师积极情感较低会使其不能很好地投入教育活动,从而影响教学质量和学生学业,所以,教师群体积极情感较低的情况我们应该重视,存在哪些影响因素,怎样才能提高教师积极情感是未来大家继续探索的重要方面和问题。

(二)人口统计学变量与中小学教师积极情感的差异分析

对收集到的问卷数据进行初步统计分析发现,中小学教师的积极情感得分在性别、是否班主任、教龄和月工资上存在显著差异,在其他人口统计学变量上不存在显著差异,可这并不能说明教师的积极情感与其他变量无关,只是不具有统计学上的差异。女教师的总正性情感得分显著高于男教师,这可能与工作风格冲突、任务量和师生关系融和度等方面有关。教龄 1 ～ 3 年的教师的总正性情感得分显著高于 7 ～ 10 年的教师、11 ～ 5 年、16 ～ 20 年和 20 年以上的教师,教龄为 4 ～ 6 年的教师总正性情感得分显著高于 7 ～ 10 年、11 ～ 15 年、16 ～ 20 年,教龄 11 ～ 15 年的教师的总正性情感得分显著低于 20 年以上,教龄 16 ～ 20 年的教师的总正性情感得分显著低于 20 年以上的教师,其中 16 ～ 20 年的教师总正性情感得分都比其他教龄阶段低,只是与 7 ～ 10 年和 11 ～ 15 年之间不存在显著性。16 ～ 20 年教龄的教师年龄多处于 40 ～ 50 岁,进入教师行业已有一定的年限,这与精力动力不足、热情不高、稳重等方面有关。未担任班主任的教师积极情感显著高于担任班主任,班主任的事务比任课教师更繁杂,在一定程度上,班主任耗费的精力较多,进而很难体验到积极情感。另外,教师的积极情感得分在月工资上存在显著差异,月工资1 000~3 000元的教师的总正性情感得分显著低于5 000~8 000元、8 000元以上,月工资3 000~5 000元的教师的总正性情感得分显著低于5 000~8 000元、8 000元以上,月工资5 000~8 000元的教师总正性情感得分显著低于8 000元以上的教师,数据表明,月工资越低,教师的总正性情感得分越低,收入是日常稳定生活的保障之一,月工资越低,教师提不起干劲,对生活也体验不到更多的积极情感。前人研究表明,男教师的积极情感显著低于女教师,随着教龄的增加,教师的积极情感得分逐次降低(丁亚坤,2016),这与本研究相一致,但也有与本研究不一致的结果,教师的积极情感得分在是否班主任上不存在显著差异。教师的积极情感是一项复杂的主观因素,除了人口统计学变量,影响积极情感的因素还有很多,又该怎样提高教师的积极情感,未来对教师积极情感的进一步研究是非常必要的。

(三)本研究的不足及研究展望

本研究尚且存在一些不足之处,需要未来的研究加以完善与改进。首先,本研究的样本均来自贵州省贵阳市、遵义市和毕节市3个地区,样本不能代表全国的中小学教师;其次,人口统计学变量是教师积极情感研究最基本的影响因素,只对二者进行了统计数据分析,未从其他角度考虑二者之间的关系;最后,运用问卷法进行研究,仅仅根据主观情况填写问卷,不能排除一些主观的期望和疲劳效应等误差。在未来的研究中,可以增加获取数据的渠道,引入一些客观的方法收集数据,在人口统计学变量在教师积极情感上的差异分析的基础上,对教师积极情感的其他影响因素进行进一步的探索,为教师群体的心理健康问题提供更多有价值的研究。

五、结论

（1）教师总正性情感得分处于较低水平。

（2）中小学教师的积极情感得分在性别、是否班主任、教龄和月工资上存在显著差异。

（3）随着教龄的增加，教师的积极情感得分均逐渐降低；月工资越低，教师的总正性情感得分越低。

第三章 幸福感风险性因子在人口统计学变量上的差异研究

第一节 中小学教师职业压力在人口统计学变量的差异研究

一、问题提出

随着世界环境的快速变化,知识信息的爆炸增长,人们的生活节奏变得越来越快,个人的负担愈来愈重,加上新的职业不断出现,带来了许多的工作需求,但激烈的竞争等给就业者带来了无数的职业压力。新课程改革等政策的提出使广大中小学教师承受着来自各方面巨大的职业压力。教师职业是高压力职业,教师压力具有普遍性。国内外研究表明,教师职业压力导致教师产生不良的情绪、不健全的心理和不同程度的生理疾病,如焦虑、压抑、疲惫、沮丧等,并且经常感受到心理紧张不安、烦躁、性格敏感脆弱、对工作不满意,教师职业压力常常导致失眠、消化不良、内分泌失调和心脏病等(黄依林,刘海燕,2006;闫芳芳,2014)。面对教师群体面临的严峻问题,我们要从促进教师心理健康的各个方面去深入探讨教师职业压力这一心理健康影响因素。

20世纪70年代,Kriacou和Sutcliffe率先在《教育评论》上提出教师职业压力的概念,表明教师在教学中感受到压力并不是一件好事,会产生对教学不利的情绪(徐晓宁,2005;谭翠翠,

2019）。不同教师对压力感受的临界点和压力到来时的应对方式,根据教师的个人性格、品质、心理素质等方面的不同而有所区别(朱从书,申继亮,2002)。目前,在有关教师职业压力的研究中,主要是从教师的心理健康程度、工作的积极性和对现在工作的认同程度等方面展开。国内有关人口统计学变量在教师职业压力上的差异研究成果也有很多,张宇(2019)研究认为,高校青年教师职业压力在职称上存在明显差异,文科的青年教师压力显著高于理科与工科的青年教师,男青年教师的压力显著高于女教师。同样,也有研究表明,男教师的压力显著高于女教师(朱孟斐,2019)。本研究的对象中小学教师群体,主要研究人口统计学变量在教师职业压力上的差异,而人口统计学变量主要包括性别、学段、学校所在地、重点学校、是否担任班主任、教龄、学历、职称、月工资。

二、研究方法

(一)研究对象

调查对象来源于贵州省贵阳市、遵义市、毕节市3地级市的5个县,抽取来自34所学校共1 000名中小学教师参与本次调查研究。为保证调查对象的多样性,在选取学校时大体按照1∶1∶1∶1的比例选取农村、乡镇、县城、市区的学校。贵阳市共抽取11所学校,其中农村学校3所,乡镇学校3所,县城学校3所,市区学校2所;遵义市共抽取13所学校,其中农村学校4所,乡镇学校3所,县城学校4所,市区学校2所;毕节市共抽取10所学校,其中农村学校3所,乡镇学校3所,县城学校2所,市区学校2所;涵盖小学、初中、高中3个学段。实测回收有效问卷682份。其中男教师285人,女教师397人;小学教师231人,初中教师326人,高中教师125人;农村学校教师68人,乡镇学校教师222人,县城学校教师274人,市区学校教师118人;普通学校教师495人,县级重点学校教师143人,市级重点学校教师

57人,省级重点学校教师13人;担任班主任的教师250人,未担任班主任的教师432人;教龄1~5年的教师192人,教龄6~10年的教师31人,教龄11~15年的教师43人,教龄16~20年的教师86人,教龄20年以上的教师330人;中专教师26人,大专教师146人,本科教师491人,研究生教师19人;三级教师43人,二级教师167人,一级教师438人,高级教师32人,正高级教师2人;月工资收入为1 000~3 000元的教师45人,月工资收入为3 001~5 000元的教师472人,月工资收入为5 001~8 000元的教师154人,月工资收入为8 000元以上的教师11人。

（二）工具

采用朱从书、申继亮和刘加霞（2002）编制的《中小学教师职业压力问卷》,该问卷包括6个维度:考试压力维度、学生因素维度、自我发展维度、家庭人际维度、工作负荷维度和职业期望层维度,共46个项目。问卷采用Likert 5点计分方式,教师根据自己的真实情况在"没有压力"到"压力很大"的5点量表上进行选择。得分越高表示教师感受到的职业压力强度越大。在本研究中,中小学教师职业压力问卷的Cronbach's $\alpha=0.96$,信度良好。

（三）统计方法

采用常用统计分析软件SPSS 21.0对数据进行统计分析处理。

三、结果分析

首先对收集到的问卷进行初步的筛查与整理,剔除可以分辨出的未达到筛选要求的问卷。将问卷的数值进行认真录入,并将被试的人口社会统计学资料进行编码对应输入,再将所得到的数据导入SPSS进行下一步操作。

首先对中小学教师职业压力问卷所得到的数据进行初步

的描述统计分析。中小学教师职业压力总分得分（$M=3.283$，$SD=0.760$）处于中高等水平。

通过初步的统计分析，采用 t 检验、方差分析 ANOVA 等方法可知，教师职业压力总分在性别（$t=1.130$，$p=0.259$）上不存在显著差异；教师的职业压力总分在学段（$F_{2,679}=6.660$，$p=0.01$）上存在显著差异，进一步通过事后检验表明，小学教师的职业压力显著低于初中（$p < 0.01$）教师的职业压力，初中教师的职业压力显著高于高中（$p=0.001$），也就是说中小学教师初中教师职业压力最大；教师职业压力总分在学校所在地（$F_{3,678}=1.540$，$p=0.202$）变量上不存在显著性差异；教师职业压力总分在是否重点学校（$F_{3,678}=9.295$，$p < 0.01$，$\eta^2=0.014$）上存在显著的差异，经过进一步事后检验表明，普通学校的教师职业压力显著高于县级重点学校（$p < 0.01$）、市级重点学校（$p=0.001$）、省级重点学校（$p < 0.01$）；教师职业压力在是否班主任（$t=1.410$，$p=0.159$）上不存在显著差异；教师的职业压力总分在教龄（$F_{5,676}=5.657$，$p < 0.01$）上存在显著差异，进一步事后比较检验得知，教龄 1 ~ 3 年的教师的职业压力显著低于 7 ~ 10 年（$p=0.007$）、11 ~ 15 年（$p=0.002$）、16 ~ 20 年（$p=0.002$）、20 年以上（$p=0.006$）的教师；教师的职业压力总分在学历（$F_{3,678}=9.032$，$p < 0.01$）上存在显著的差异，进一步事后检验结果表明，中专学历的中小学教师的职业压力显著低于大专（$p < 0.01$）、本科（$p < 0.01$）、研究生（$p < 0.01$）；中小学教师职业压力总分在职称（$F_{4,677}=1.420$，$p=0.225$）上不存在显著差异；中小学教师职业压力总分在月工资（$F_{3,678}=13.073$，$p < 0.01$）上存在显著性的差异，进一步通过事后比较检验可知，月工资 1 000 ~ 3 000 元的中小学教师的职业压力显著高于 5 000 ~ 8 000 元（$p=0.006$）、8 000 元以上（$p=0.001$），月工资 3 000 ~ 5 000 元的中小学教师职业压力显著高于 5 000 ~ 8 000 元（$p < 0.01$）、8 000 元以上（$p=0.003$），月工资 5 000 ~ 8 000 元的中小学教师职业压力显著高于 8 000 元以上（$p=0.017$）的中小学教师。

四、讨论

（一）中小学教师职业压力现状分析

从本研究可以看出，中小学教师的职业压力处于中等水平。教师的职业压力是由工作职业引起的一种不愉快的情感体验，这些不愉快的情感体验导致了主体心理和身体的不良反应（张宇，2019）。教师的职业压力具有消极影响和积极影响，但是现实研究表明职业压力的消极作用更为明显（闫芳芳，2014）。一定程度的职业压力有利于教师群体的发展，超出教师承受能力的职业压力会给教师带来很大的负面影响，甚至造成心理健康问题。教师确实是一种"高压力"职业（华唯砚，2018）。因此，面对中小学教师中高等水平的职业压力状况，教师职业压力是教师群体心理健康问题的不容忽视的因素。对收集到的数据进行整理和分析来看，本研究中教师的职业压力在人口统计学变量上出现显著差异，如重点学校、学段、月工资等，可能与外部因素工作负荷、职位保障、内部因素自我发展、职业期望等方面有关，这些因素在减小教师职业压力方面有一定的影响。

（二）人口统计学变量与中小学教师职业压力的差异分析

对收集到的问卷数据进行初步统计分析发现，中小学教师职业压力总分在学段、重点学校、教龄、学历和月工资上存在显著差异。小学教师的职业压力显著低于初中教师的职业压力，初中教师的职业压力显著高于高中教师，数据表明，初中教师的职业压力最大，初中阶段的学生正处于青春期，不光是学业上，心理上也要教师格外重视，如自我意识增强，渴望独立和自主、有更多对外界的好奇心，而教师又不能采取单一的方式去引导和指引学生，而又因为任务量加重、身心疲惫等方面因素，初中教师的职业压力要比其他学段的教师职业压力大。普通学校的教师职业压力显著高于县级重点学校、市级重点学校、省级重点学校,是否重点学校涉及的因素也比较多,学生学业成绩和文化素养、学校资源、学校升学率等方面对教师的职业压力形成影响。教龄 1～3 年的教师职业压力显著低于 7～10 年、11～15 年、16～20 年、20 年以上的教师,教龄 1～3 年的中小学教师职业压力也较大,但对于教龄更高的教师来说,教龄 1～3 年的中小学教师才进入教师行业不久,这可能与职业热情、工作量和职业期望等方面有关。中专学历的中小学教师的职业压力显著低于大专、本科、研究生学历的教师,随着经济的发展,教育水平慢慢上升,对于教师学历的要求也越来越高,中小学教师基本是本科学历,研究生学历的教师都较少,而各中小学校提高了对教师学历的要求,那么教师群体之间的竞争就会慢慢变大,中专学历的教师基本上是属于快退休的局面,不会出现较大的变动,也就不会比较高学历教师的职业压力大。月工资 1 000～3 000 元的中小学教师的职业压力显著高于 5 000～8 000 元、8 000 元以上,月工资 3 000～5 000 元的中小学教师职业压力显著高于 5 000～8 000 元、8 000 元以上,月工资 5 000～8 000 元的中小学教师职业压力显著高于 8 000 元以上,月工资越低,中小学教师的职业压力越大,数据表明,月工资 1 000～3 000 元的中小学教师在考试压力、自我发展因素压力、工作负荷因素压力和职业期望因素压力方面显著高于较高月工资的教师,工资低却做最多的事,付出与回报不成正比,在自我发展、职业期望等方面,成就感、情绪低,因此具有异于其他较高工资的较大职业压力。前人研究表明,教师职业压力与中小学教师的性别、教龄、职务、所教学段、婚姻状况有显著关联,职业压力在学历上没有显著差异(王晨,2019),这与本研究结果不完全一致。一方面,本研究人口统计学变量中不包括婚姻状况、职务等变量;另一方面,在本研究中,中小学教师职业压力在性别上不存在显著差异,教师职业压力与教龄、学段和学历有显著性差异。教师职业压力是一种较主观的情感体验,在教师群体心理健康问题中,教师职业压力是十分重要的因素。

（三）本研究的不足及研究展望

本研究尚且存在一些不足之处,需要未来的研究加以完善与改进。首先,本研究的样本均来自贵州省贵阳市、遵义市和毕节市3个地区,样本不能代表全国的中小学教师;其次,人口统计学变量是教师职业压力研究最基本的影响因素,只对二者进行了统计数据分析,未从其他角度考虑二者之间的关系;最后,运用问卷法进行研究,仅仅根据主观情况填写问卷,不能排除一些主观的期望和疲劳效应等误差。在未来的研究中,可以增加获取数据的渠道,引入一些客观的方法收集数据,在人口统计学变量在教师职业压力上的差异分析的基础上,对教师职业压力的其他影响因素进行进一步的探索,为教师群体的心理健康问题提供更多有价值的研究。

五、结论

（1）中小学教师的职业压力处于中高等水平。

（2）中小学教师的职业压力总分在学段、是否重点学校、教龄、学历、月工资等人口统计学变量上存在显著性差异。

第二节　中小学教师职业倦怠在人口统计学变量的差异研究

一、问题提出

学生群体作为未来国家人才的核心群体,一直是社会和各领域研究者重点关注的群体,在心理健康领域也不例外。教育的目的是培养全面发展的人,而一个全面发展的人必然是身心方面都得到健康的和正向的发展。当代学生面临着巨大的学习、生活和人际交往压力,他们的心理状态直接影响着日常的学习活动。教师群体作为培养学生的主要力量之一,担任的角色更加重要,尤其是在中小学阶段,教师的职业状态在教学过程中会潜移默化地影响着学生。想要有一个良好的教学效果,教师丰富的知识技能是远远不够的,与此同时,还应该看到教师心理健康问题对教育的影响。在教师的职业状态中,教师职业倦怠是一个不容忽视的重要因素。教师的职业倦怠极大地加重了教师职业历程的难度,甚至正在成为缩短教师职业生命的主要原因之一;教师的职业倦怠所带来的一系列问题都直接或间接影响了教师所在的教学环境和生活环境(丁亚坤,2015)。所以,教师职业倦怠的研究就显得十分重要。

教师职业倦怠是指教师不能顺利应对工作压力时的一种极端反应,是教师伴随于长时期压力体验下而产生的情感、态度和行为的衰竭状态(郑晓芳,2013)。国外对教师职业倦怠的研究总结出工作负荷过重、控制感、学生问题、角色冲突与角色模糊、人际情绪压力、社会支持等几大教师职业倦怠的易感因素(唐芳贵,蒋莉,2005)。本研究采用的教师职业倦怠问卷包括情绪衰竭、去个性化、个人成就感低3个维度。人口统计学变量是与教师心理健康、生活质量相关的重要因素,在张露(2014)研究中发现,学历在中学教师工作倦怠各维度上不存在显著差异,性别在中学教师工作倦怠各维度上得分存在显著差异,女教师更容易有"情绪衰竭"的工作体验,男教师更易于有"成就感低落"的体验。也有研究表明,性别在教师职业倦怠方面不存在显著性(王世华,2010)。职业倦怠是教师群体心理健康研究的核心之一,本研究主要探究人口统计学变量在中小学教师职业倦怠上的差异,包括性别、学段、学校所在地、重点学校、是否担任班主任、教龄、学历、职称和月工资等,为教师心理健康问题提供一些有参考价值的研究。

二、研究方法

（一）研究对象

调查对象来源于贵州省贵阳市、遵义市、毕节市 3 地级市的 5 个县,抽取来自 34 所学校共 700 名中小学教师参与本次调查研究。为保证调查对象的多样性,在选取学校时大体按照 1∶1∶1∶1 的比例选取农村、乡镇、县城、市区的学校。贵阳市共抽取 11 所学校,其中农村学校 3 所,乡镇学校 3 所,县城学校 3 所,市区学校 2 所;遵义市共抽取 13 所学校,其中农村学校 4 所,乡镇学校 3 所,县城学校 4 所,市区学校 2 所;毕节市共抽取 10 所学校,其中农村学校 3 所,乡镇学校 3 所,县城学校 2 所,市区学校 2 所;涵盖小学、初中、高中 3 个学段。实测回收有效问卷 657 份。

（二）工具

采用李超平和汪海梅(2009)修订的《教师职业倦怠量表》(简版),该量表包括情绪衰竭、去个性化、个人成就感低 3 个维度,共 15 个项目。本量表采用 Likert 7 点计分方式,调查对象根据自己的真实情况在"从不发生"到"每天发生"的 7 点量表上进行选择。得分越高表示教师的职业倦怠程度越高。在本研究中,职业倦怠量表的 Cronbach's $\alpha=0.87$,信度良好。

（三）统计方法

采用常用统计分析软件 SPSS 21.0 对数据进行统计分析处理。

三、结果分析

首先对收集到的问卷进行初步的筛查与整理,剔除可以分辨出的未达到筛选要求的问卷。将问卷的数值进行认真录入,并将被试的人口社会统计学资料进行编码对应输入,再将所得到的数据导入 SPSS 进行下一步操作。

（一）中小学教师职业倦怠的描述性统计

首先对中小学教师职业倦怠问卷所得到的数据进行初步的描述统计分析。中小学教师职业倦怠得分（M=3.497,SD=0.907）处于中等水平。其中,中小学教师职业倦怠情绪衰竭维度得分（M=3.697,SD=1.418）,去个性化维度得分（M=2.877,SD=1.405）,个人成就感低维度得分（M=3.743,SD=1.228）。

（二）中小学教师职业倦怠的学校所在地差异

通过初步的统计分析,采用 t 检验、方差分析 ANOVA 等方法可知,教师职业倦怠总分（$F_{3,653}$=3.408,p=0.017）、情绪衰竭维度（$F_{3,653}$=5.983,$p < 0.01$）和去个性化维度（$F_{3,653}$=3.775,p=0.010）在学校所在地上存在显著差异。进一步事后检验结果表明,在教师职业倦怠总分上,乡镇教师得分显著低于市区（p=0.001）,县城教师得分显著低于市区（$p < 0.01$）;在情绪衰竭维度上,农村教师得分显著高于乡镇（p=0.004）、县城教师（p=0.001）,乡镇教师得分显著低于市区（p=0.002）,县城教师得分显著低于市区（$p < 0.01$）;在去个性化维度上,农村教师得分显著低于市区（p=0.036）,乡镇教师得分显著低于市区（$p < 0.01$）,县城教师得分显著低于市区（$p < 0.01$）,数据表明,市区教师的职业倦怠情感衰竭维度得分最高。市区教师的职业倦怠的感受更加明显。

（三）中小学教师职业倦怠的是否担任班主任差异

情绪衰竭维度（t=3.425,p=0.001）和个人成就感低维度（t=−2.983,p=0.003）在是否担任班主任上存在显著差异。在情绪衰竭维度上,担任班主任(M=3.832, SD=1.502)的教师得分显著高于未担任班主任(M=3.607, SD=1.352);在个人成就感低维度上,未担任班主任的教师(M=3.811, SD=1.178)的教师得分显著高于担任班主任(M=3.642, SD=1.294)的教师。

（四）中小学教师职业倦怠的教龄差异

情绪衰竭维度($F_{5,651}$=4.786, $p < 0.01$)、去个性化维度($F_{5,651}$=2.281, p=0.044)和个人成就感低维度($F_{5,651}$=4.394, p=0.001)在教龄上存在显著性差异。进一步通过事后比较可知,在情绪衰竭维度上,教龄1～3年的教师得分显著低于7～10年(p=0.01)、11～15年(p=0.001)、16～20年(p=0.004)、20年以上($p < 0.01$),教龄4～6年的教师得分显著低于7～10年(p=0.032)、11～15年(p=0.005)、16～20年(p=0.019)、20年以上($p < 0.01$);在去个性化维度上,教龄1～3年的教师得分显著低于7～10年(p=0.031),教龄4～6年的教师得分显著高于20年以上(p=0.004),教龄7～10年的教师得分显著高于11～15年(p=0.035)、20年以上($p < 0.01$),教龄16～20年的教师得分显著高于20年以上(p=0.003);在个人成就感低维度上,教龄1～3年的教师得分显著高于16～20年(p=0.020)、20年以上($p < 0.01$),教龄4～6年的教师得分显著高于20年以上(p=0.005),教龄7～10年的教师得分显著高于20年以上(p=0.001),教龄11～15年的教师得分显著高于20年以上($p < 0.01$)。

（五）中小学教师职业倦怠的学历差异

教师职业倦怠总分($F_{3,653}$=4.661, p=0.003)、情绪衰竭维度($F_{3,653}$=5.292, p=0.001)和去个性化维度($F_{3,653}$=4.870, p=0.002)在学历上存在显著差异。经过事后比较检验得知,在教师职业倦怠总分上,中专学历的教师得分显著低于本科(p=0.024)、研究生教师($p < 0.01$),大专学历的教师得分显著低于研究生

（$p < 0.01$），本科学历的教师得分显著低于研究生（$p=0.001$）；在情绪衰竭维度上，中专学历的教师得分显著低于大专（$p=0.046$）、研究生（$p=0.009$），本科学历的教师得分显著低于研究生（$p=0.041$）；在去个性化维度上，中专学历的教师得分显著低于大专（$p=0.004$）、本科（$p < 0.01$）、研究生（$p < 0.01$），大专学历的教师得分显著低于本科（$p=0.014$）、研究生（$p < 0.01$），本科学历的教师得分显著低于研究生（$p=0.004$），学历越高，教师的职业倦怠去个性化维度得分越高。

（六）中小学教师职业倦怠的职称差异

个人成就感低维度在职称（$F_{4,654}=2.583$，$p=0.036$）上存在显著性的差异。进一步事后检验表明，二级教师得分显著高于一级教师（$p=0.025$）、高级教师（$p < 0.01$），一级教师得分显著高于高级教师（$p=0.032$）。职称较低的教师个人成就感低的感受更加明显。

（七）中小学教师职业倦怠的月工资差异

教师职业倦怠总分（$F_{3,653}=16.880$，$p < 0.01$）、情绪衰竭维度（$F_{3,653}=25.758$，$p < 0.01$，）和去个性化维度（$F_{3,1995}=14.592$，$p < 0.01$）在月工资上存在显著差异。进一步事后检验可知，在教师职业倦怠总分上，月工资 1 000～3 000 元的中小学教师得分显著高于 3 000～5 000 元（$p=0.016$）、5 000～8 000 元（$p < 0.01$）、8 000 元以上（$p=0.001$），月工资 3 000～5 000 元的中小学教师得分显著高于 5 000～8 000 元（$p < 0.01$）、8 000 元以上（$p=0.007$）；在情绪衰竭维度上，月工资 1 000～3 000 元的教师得分显著高于 3 000～5 000 元（$p < 0.01$）、5 000～8 000 元（$p < 0.01$）、8 000 元以上（$p < 0.01$），月工资 3 000～5 000 元的教师得分显著高于 5 000～8 000 元（$p=0.001$）、8 000 元以上（$p=0.001$），月工资 5 000～8 000 元的教师得分显著高于 8 000 元以上（$p=0.004$）；在去个性化维度上，月工资 1 000～3 000 元

的教师得分显著高于 3 000 ~ 5 000 元（p=0.006）、5 000 ~ 8 000 元（$p < 0.01$）、8 000 元以上（p=0.001），月工资 3 000 ~ 5 000 元的教师得分显著高于 5 000 ~ 8 000 元（$p < 0.01$）、8 000 元以上（p=0.009）。月工资越低，中小学教师职业倦怠情绪衰竭得分越高。

四、讨论

（一）中小学教师职业倦怠现状分析

从本研究可以看出，中小学教师的职业倦怠处于中等水平。教师职业倦怠是在以人为服务对象的职业领域中，个体一种情感衰竭、人格解体和个人成就感降低的症状（李永鑫，张阔，2005；刘毅，2009）。中小学教师职业倦怠各维度在人口统计学变量的各水平之间会出现显著差异，这一状况是值得关注的，中小学教师存在情感衰竭、去个性化和个人成就感低等方面的感受，心理健康状况不容忽视，这些问题直接影响着中小学教师的工作、生活和中小学生的教育教学质量，教师职业倦怠是提高中小学教师群体心理健康水平的重要因素，学校所在地、学历和月工资等因素，可能与工作负荷、个人对工作的期望、热情减少和自我发展等方面有关，这些因素在教师职业倦怠研究方面具有一定的作用。

（二）人口统计学变量与中小学教师职业倦怠的差异分析

对收集到的问卷数据进行初步统计分析发现，中小学教师职业倦怠各维度及职业倦怠总分在性别、学段和是否重点学校上不存在显著差异。在王文增与郭黎岩（2007）的研究中发现，不同性别教师的职业倦怠总分及各维度得分均无显著差异，这与本研究研究结果一致。在本研究中，中小学教师职业倦怠总分在学校所在地、学历和月工资上存在显著性差异；职业倦怠情绪衰竭维度在学校所在地、是否担任班主任、教龄、学历和月工资上存在显著性差异,这与教师教学工作的新鲜感、热情度减少和身心疲惫等方面有关;职业倦怠去个性化维度在学校所在地、教龄、学历和月工资上存在显著性差异;职业倦怠个人成就感低维度在是否班主任、教龄和职称上存在显著性差异,这与教师个人职业期望、自我价值和自我发展等方面有关。前人研究表明,班主任与非班主任的工作倦怠得分除了情绪衰竭维度之外的两个维度得分不存在显著差异,班主任的情绪衰竭维度得分显著高于非班主任得分(张露,2014)。这与本研究结果不是完全一致,班主任与非班主任在情绪衰竭维度得分、个人成就感低维度得分上存在显著差异,班主任的情绪衰竭维度得分显著高于未担任班主任的教师,非班主任的个人成就感低维度得分显著高于班主任。但是,想要降低教师职业倦怠,除了一些客观的人口统计学变量,还要重视其他影响因素。

(三)本研究的不足及研究展望

本研究尚且存在一些不足之处,需要未来的研究加以完善与改进。首先,本研究的样本均来自贵州省贵阳市、遵义市和毕节市 3 个地区,样本不能代表全国的中小学教师;其次,人口统计学变量是教师职业倦怠研究最基本的影响因素,只对二者进行了统计数据分析,未从其他角度考虑二者之间的关系;最后,运用问卷法进行研究,仅仅根据主观情况填写问卷,不能排除一些主观的期望和疲劳效应等误差。在未来的研究中,可以增加获取数据的渠道,引入一些客观的方法收集数据,在人口统计学变量在教师职业倦怠上的差异分析的基础上,对教师职业倦怠的其他影响因素进行进一步的探索,为教师群体的心理健康问题提供更多有价值的研究。

五、结论

(1)中小学教师的职业倦怠处于中等水平。

（2）中小学教师职业倦怠各维度及职业倦怠总分在性别、学段和是否重点学校上不存在显著差异。

（3）中小学教师职业倦怠总分在学校所在地、学历和月工资上存在显著性差异。职业倦怠情绪衰竭维度得分在学校所在地、是否担任班主任、教龄、学历和月工资上存在显著性差异。职业倦怠去个性化维度得分在学校所在地、教龄、学历和月工资上存在显著性差异。职业倦怠个人成就感低维度得分在是否班主任、教龄和职称上存在显著性差异。

第四章 幸福感保护性因子在人口统计学变量上的差异研究

第一节 中小学教师组织支持感在人口统计学变量的差异研究

一、问题提出

随着科技的高速发展和社会的不断进步,心理学在社会生活领域的应用越来越广泛。国家和政府近几年在各方面进行了多项关注人们心理健康问题的工作,旨在将心理健康问题相关知识与防范工作向人民群众做好广泛的科普,强有力地预防更多心理健康问题的发生和发展,心理健康逐渐成为人们不可忽视的一部分。同时,随着我国对学校心理健康教育事业的重视和推动,教师的心理健康问题也备受关注,其中中小学教师群体,更是引起了高度关注。研究教师的心理行为及相关问题可以从很多角度出发,目前,前人有从积极心理学和适应性角度研究教师群体的心理健康问题(石梅,2015;吴伟炯,刘毅,2012),也有从多个角度揭示了教师心理健康问题众多内在因素,以及因素之间的联系,为教师群体心理健康问题的预防与临床治疗提供了丰富和行之有效的理论基础。本研究主要从人口统计学变量对教师组织支持感的差异分析的角度,对中小学教师组织支持感方面的心理健康问题予以关注。

组织支持感（perceived organizational support）是 Eisenberger 等人 1986 年提出的，是指一个组织中的员工对于所在组织对自己在组织中做出的贡献和工作所在组织对员工的幸福感的关注的全面而整体的看法，这个定义包含两个方面的问题：第一，是员工对于组织是否重视员工在组织中的贡献的切身体会与看法；第二，是员工对于组织对员工的幸福感是否给予了应有的关注的切身体会与看法。前人研究表明，成员感受到的组织关怀照顾有利于帮助减轻工作压力（Kelly，2002）。在有关教师心理健康方面的研究中，教师组织支持感这一因素得到了越来越多研究者的重视和日益广泛的应用。对于高职教师、高校教师等教师群体，有关教师组织支持感的研究均认为，教师组织支持感在研究教师群体心理健康问题时，可作为变量考虑的重要心理因素（郝天侠，2011；万晓红，2009）。而关于人口统计学变量对教师组织支持感的差异检验方面的研究成果也有很多，在张少芳（2019）的研究中发现，对高职教师组织支持感有影响的人口学变量有编制、年龄、学历、职称、研究学科、教龄和月收入 7 个项目。教师组织支持感在婚姻和教龄上有显著差异（张昊智，2009）。本研究目的是探究人口统计学变量在教师组织支持感上的差异，为实践中提高中小学教师组织支持感提供一些可参考的依据。

二、研究方法

（一）研究对象

调查对象来源于贵州省贵阳市、遵义市、毕节市 3 地级市的 5 个县，抽取来自 31 所学校共 1 100 名中小学教师参与本次调查研究，共回收有效问卷 874 份。为保证调查对象的多样性，在选取学校时大体按照 1:1:1:1 的比例选取农村、乡镇、县城、市区的学校。贵阳市共抽取 10 所学校，其中农村学校 3 所，乡镇学校 3 所，县城学校 2 所，市区学校 2 所；遵义市共抽取 12 所学校，其中农村学校 4 所，乡镇学校 3 所，县城学校 3 所，市区学校 2 所；

毕节市共抽取 9 所学校,其中农村学校 2 所,乡镇学校 3 所,县城学校 2 所,市区学校 2 所;涵盖小学、初中、高中 3 个学段。其中男教师 362 人,女教师 512 人;小学教 348 人,初中教师 387 人,高中教师 139 人;农村学校教师 86 人,乡镇学校教师 298 人,县城学校教师 394 人,市区学校教师 96 人;普通学校教师 588 人,县级重点学校教师 210 人,市级重点学校教师 38 人,省级重点学校教师 38 人;担任班主任的教师 359 人,未担任班主任的教师 515 人;教龄 1 ~ 3 年的教师 97 人,教龄 4 ~ 6 年的教师 82 人,教龄 7 ~ 10 年的教师 92 人,教龄 11 ~ 15 年的教师 147 人,教龄 16 ~ 20 年的教师 161 人,教龄 20 年以上的教师 295 人;中专教师 11 人,大专教师 159 人,本科教师 696 人,研究生教师 8 人;三级教师 37 人,二级教师 218 人,一级教师 493 人,高级教师 127 人,正高级教师 1 人;月工资收入为 1 000 ~ 3 000 元的教师 36 人,月工资收入为 3 001 ~ 5 000 元的教师 565 人,月工资收入为 5 001 ~ 8 000 元的教师 270 人,月工资收入为 8 000 元以上的教师 3 人。

（二）工具

采自 Eisenberger、Huntington、Hutchison 和 Sowa（1986）编制的《组织支持感量表》,该量表共 36 个项目,根据专家的意见进行符合施测情境的修改。参照前人的做法(倪昌红,叶仁荪,黄顺春,夏军,2013),本研究选取这些项目中因子载荷最高的 8 个项目用来衡量教师的组织支持感。量表采用 Likert 5 点计分方式,教师根据自己的真实情况在"完全不符合"到"完全符合"的 5 点量表上进行选择。得分越高表示教师的组织支持感越高。在本研究中,组织支持感量表的 Cronbach's $\alpha=0.94$,信度良好。

（三）统计方法

采用常用统计分析软件 SPSS 21.0 对数据进行统计分析处理。

三、结果分析

首先对收集到的问卷进行初步的筛查与整理，剔除可以分辨出的未达到筛选要求的问卷。将问卷的数值进行认真录入，并将人口社会统计学资料进行编码对应输入，再将所得到的数据导入SPSS进行下一步操作。

首先对中小学教师组织支持感问卷所得到的数据进行初步的描述统计分析。中小学教师组织支持感得分（M=2.911，SD=0.791）处于中等偏低水平。

通过初步的统计分析，采用 t 检验、方差分析 ANOVA 等方法可知，教师组织支持感在性别（t=1.463，p=0.144）上不存在显著差异；在是否班主任上，教师组织支持感也不存在显著差异（t=0.627，p=0.514）；教师组织支持感在学段（$F_{2,871}$=3.924，p=0.02）上存在显著差异，进一步事后检验表明，小学教师的组织支持感显著高于初中（p=0.017）、高中（$p < 0.01$），初中教师的组织支持感显著高于高中（p=0.002），数据表明，教师的组织支持感随着学段的增高而降低；教师组织支持感在学校所在地（$F_{3,870}$=0.401，p=0.752）、教龄（$F_{5,868}$=1.679，p=0.137）、学历（$F_{3,870}$=2.116，p=0.097）、职称（$F_{4,869}$=0.319，p=0.865）上不存在显著差异；教师组织支持感在是否重点学校（$F_{3,870}$=2.667，p=0.047）上存在显著差异，进一步事后检验表明，普通学校教师的组织支持感显著高于省级重点学校（$p < 0.01$）的教师，县级重点学校教师的组织支持感显著高于省级重点学校（$p < 0.01$）的教师，市级重点学校教师的组织支持感显著高于省级重点学校（$p < 0.01$）的教师，省级重点学校教师的组织支持感最低（M=2.365，SD=0.686）；教师组织支持感在月工资（$F_{3,870}$=2.826，p=0.038）上也存在显著差异，进一步事后检验表明，月工资 1 000 ~ 3 000 元教师的组织支持感显著低于 8 000 元以上（p=0.03）的教师。

四、讨论

（一）中小学教师组织支持感现状分析

从本研究可以看出，中小学教师的组织支持感处于中等偏低水平。这与前人研究中高校教师组织支持感总体属于中等偏低（郭俊林，2007）结果相一致，有较大的提升空间。教师组织支持感是教师的一种心理知觉，来源于其幸福感体验及工作价值是否被组织重视（徐晓峰，2004）。组织支持感是压力的缓冲器，感受到情感和物质支持的工作者比较少感受到支持的人更加健康（Kelly，2002），对于中小学教师来说，学校提供的组织支持感是强有力的一种社会支持，它能有效地提升教师的幸福感（王黎华，2008）。组织支持感是教师主观的、在教师工作过程中对组织给予的支持感的衡量，一定程度上反映了教师最真实、对学校组织支持的看法，所以，教师的组织支持感这一指标，对于想要探讨教师方方面面的问题及教师相关的心理学研究来说，是非常重要且不容忽视的变量。对收集到的数据进行整理和分析，我们发现教师的组织支持感在人口统计学变量上存在显著差异，如是否重点学校、月工资等，可能与自我价值、对工作的期望等方面有关，这些因素在提高教师的组织支持感方面会有一定的作用。

（二）人口统计学变量与中小学教师组织支持感的差异分析

对收集到的问卷数据进行初步统计分析发现，中小学教师的组织支持感在学段、重点学校类型、月工资变量上也存在显著差异。前人研究表明，组织支持感在婚姻、教龄上存在显著差异（张昊智，2009），组织支持感在学历、职称、月收入等变量上存在显著差异（张少芳，2019）。这与本研究结果有相一致的地方，教师组织支持感在学段上存在显著差异，小学教师的组织支持感显著高于初中、高中教师，初中教师的组织支持感显著高于高中教师，这可能是因为不同学段学校的教学重点偏向不同,初中、高中学校组织更看重学生的升学率,对教师的要求更多是与学生的学业关联,加上较高学段的学生任务较重,因而老师的任务量也比较大,在较大压力下,教师的组织支持感没有低学段教师的组织支持感高。教师的组织支持感在是否重点学校上存在显著差异,普通学校教师的组织支持感显著高于省级重点学校,县级重点学校教师的组织支持感显著高于省级重点学校,市级重点学校教师的组织支持感显著高于省级重点学校,可能与学校给予的帮助、工作负荷方面有关,由于学校层次不同,学生的素质也可能不同,省级重点学校的学生是比较优秀的一部分人,教师的付出与工作负荷比其他层次学校的教师要多,而学校的要求较高,给予的帮助又可能较少,在待遇方面,与普通学校差别不大,因此体验到较低的组织支持感。教师组织支持感在月工资上存在显著差异,月工资1 000 ~ 3 000元教师的组织支持感显著低于8 000元以上的教师,一般来说,个体价值是用肉眼看不到的,但是薪酬待遇通常作为衡量一个人自我价值的外部表现,月工资较高的教师的个人价值被学校认可,月工资较低的教师则可能认为自己是不被学校认可的,因此,月工资较低的教师体验到较低的组织支持感,月工资较高的教师体验到较高的组织支持感。综上所述,教师组织支持感是关注教师群体心理健康问题非常关键的因素,人口统计学资料是心理学相关研究必须考虑的变量,因此,探究人口统计学变量在教师组织支持感上的差异是必不可少的。

(三)本研究的不足及研究展望

本研究存在一些不足之处,尚需未来的研究加以完善与探索。首先,本研究的样本均来自贵州省,样本不能代表全国的中小学教师;其次,人口统计学变量是教师组织支持感研究最基本的影响因素,只对二者进行了统计数据分析,未从其他角度考虑二者之间的关系,也没有对教师组织支持感各个维度进行方差检验;最后,运用问卷法进行研究,仅仅根据主观情况填写问卷,不能排除一些主观的期望和疲劳效应等误差。

五、结论

（1）中小学教师的组织支持感处于中等偏低水平。

（2）中小学教师的组织支持感在学段、重点学校类型、月工资上存在显著性差异。

第二节　中小学教师职业认同在人口统计学变量的差异研究

一、问题提出

习近平总书记指出教育是提高人民综合素质、促进人的全面发展的重要途径，是民族振兴、社会进步的重要基石，是对中华民族伟大复兴具有决定性意义的事业。教师群体是教育事业的主要推动者，教书育人是教师的职责，而随着社会发展的增速和教育改革的深入，社会及家长对教师这一职责的要求越来越高，这样的高要求给教师群体带来了巨大的挑战和压力。研究表明，过度的压力使得各个阶层群体的主观幸福感出现了不同水平的波动（周旻，2013），长期的过度压力，教师极易出现一些心理健康问题。面对这样的社会现象，教师群体的社会地位主观感受、社会支持感、职业认同感等主观的心理指标都可能是引发教师群体心理问题的关键因素，这其中各个方面的问题都需要我们去仔细探索和研究。

教师职业认同是教师对其职业及个体内化的职业角色的积极认知、体验和行为倾向的综合体（魏淑华，宋广文，2013），包括角色价值观、职业行为倾向、职业价值观、职业归属感 4 个维度。其中，角色价值观是指中小学教师愿意以"中小学教师"自称的意愿；职业行为倾向是指教师在工作过程中做出行动倾向；职业价值观是指教师对队自己职业的评价；职业归属感是指教师对职业荣辱与共的情感（刘伟，2019）。教师的职业认同感越强，会在教学工作中更加积极主动地投入热情，教学活动的效率越高，教学氛围越好（孙钰华，2008）。因此，对教师职业认同的研究具有重要的现实意义。人口统计学变量是与教师心理健康、生活质量相关的重要因素，在邹佳颖（2019）的研究中表明，教师职业认同在性别、学段、职称上存在显著的差异，在上海市初中教师职业认同研究中，职业认同在性别、家庭月收入和任教科目上存在显著性差异（欧阳慧琴，2019）。本研究主要探究人口统计学变量在中小学教师职业认同上的差异，为教师心理健康问题提供一些有参考价值的研究。

二、研究方法

（一）研究对象

调查对象来源于贵州省贵阳市、遵义市、毕节市 3 地级市的 5 个县，抽取来自 27 所学校共 1 000 名中小学教师参与本次调查研究，共回收有效问卷 665 份。为保证调查对象的多样性，在选取学校时大体按照 1∶1∶1∶1 的比例选取农村、乡镇、县城、市区的学校。贵阳市共抽取 8 所学校，其中农村学校 2 所，乡镇学校 2 所，县城学校 2 所，市区学校 2 所；遵义市共抽取 10 所学校，其中农村学校 3 所，乡镇学校 2 所，县城学校 3 所，市区学校 2 所；毕节市共抽取 9 所学校，其中农村学校 3 所，乡镇学校 2 所，县城学校 2 所，市区学校 2 所；涵盖小学、初中、高中 3 个学段。实测回收有效问卷 665 份。其中男教师 277 人，女教师 388 人；小学教 245 人，初中教师 294 人，高中教师 127 人；农村学校教师 70 人，乡镇学校教师 230 人，县城学校教师 259 人，市区学校教师 106 人；普通学校教师 466 人，县级重点学校教师 123 人，市级重点学校教师 44 人，省级重点学校教师 32 人；担任班主任的教师

254人,未担任班主任的教师411人;月工资收入为1 000~3 000元的教师25人,月工资收入为3 001~5 000元的教师427人,月工资收入为5 001~8 000元的教师208人,月工资收入为8 000元以上的教师5人。

（二）工具

采用魏淑华、宋广文、张大均（2013）编制的《中小学教师职业认同量表》,该量表包含角色价值观、职业行为倾向、职业价值观、职业归属感4个维度,共18个项目。量表采用Likert 5点计分方式,教师根据自己的真实情况在"完全不符合"到"完全符合"的5点量表上进行选择。得分越高表示教师的职业认同程度越高。在本研究中,中小学教师职业认同量表的Cronbach's $\alpha=0.91$,信度良好。

（三）统计方法

采用常用统计分析软件SPSS 21.0对数据进行统计分析处理。

三、结果分析

对收集到的问卷进行初步的筛查与整理,剔除可以分辨出的未达到筛选要求的问卷,得到665份有效问卷。将问卷的数值进行认真录入,并将人口社会统计学资料进行编码对应输入,再将所得到的数据导入SPSS进行下一步操作。首先对中小学教师职业认同问卷所得到的数据进行初步的描述统计分析。中小学教师职业认同总分得分（$M=3.874$,SD=0.559）处于中高等水平。其中,教师职业认同角色价值观维度得分（$M=3.417$,SD=0.857）、职业行为倾向维度得分（$M=4.106$,SD=0.596）、职业价值观维度得分（$M=4.269$,SD=0.661）、职业归属感维度得分（$M=3.948$,SD=0.75）。

通过初步的统计分析,采用 t 检验、方差分析ANOVA等方法可知,教师职业认同在性别($t=-3.10$, $p=0.002$)上存在显著差异,女教师($M=3.91$, SD=0.02)的职业认同显著高于男教师($M=3.82$, SD=0.023);在教龄上,教师职业认同也存在显著差异($F_{5,659}=4.432$, $p=0.001$),进一步事后检验表明,教龄1~3年的教师显著高于教龄7~10年($p<0.01$)、11~15年($p=0.005$)、16~20年($p=0.001$)的教师,教龄4~6年的教师显著高于7~10年($p<0.01$)、11~15年($p=0.033$)、16~20年($p=0.012$)的教师,教龄7~10年的教师显著低于20年以上($p<0.01$)的教师,教龄11~15年的教师显著低于20年以上($p<0.01$)的教师,教龄16~20年的教师显著低于20年以上($p=0.005$);中小学教师职业认同在月工资($F_{3,661}=4.432$, $p<0.01$)上存在显著差异,进一步事后检验表明,月工资1 000~3 000元的教师显著低于月工资8 000元以上($p<0.01$)的教师,月工资3 000~5 000元的教师显著低于5 000~8 000元($p=0.033$)、8 000元以上($p<0.01$)的教师,月工资5 000~8 000元的教师显著低于8 000以上($p<0.01$)的教师,教师的职业认同随着月工资的增加而显著增加。中小学教师职业认同各个维度在学校所在地、重点学校类型、学历、职称等变量上均不存在显著差异。

四、讨论

(一)中小学教师职业认同现状分析

从本研究可以看出,中小学教师的职业认同处于中高等水平。这与前人研究中小学教师职业认同总体水平相对较高(张晶,2019)结果相一致。各维度中,得分较高的是职业价值观,认同程度最高,得分最低的是角色价值观,认同程度最低。教师的职业认同是教师对所从事的职业在内心里对它的价值与意义的认定,并能够从中体验到乐趣与幸福(孙钰华,2008)。职业认同是教师主观的、对教职工作价值与意义的衡量,一定程度上反映了教师最真实、对工作认同的看法,所以,教师的职业认同这一指标,对于想要探讨教师方方面面的问题以及教师相关的心理学研究来说,是必须考虑的重要变量。对收集到的数据进行整理和分析,我们发现教师的职业认同在几个人口统计学变量各水平之间会出现显著差异,这些因素,如性别、月工资,可能与职业热情、自我认识和个人对工作的期望等方面有关,这些因素在提高教师的职业认同方面会有一定的作用。

(二)人口统计学变量与中小学教师职业认同的差异分析

对收集到的问卷数据进行初步统计分析发现,中小学教师的职业认同在性别、教龄和月工资等变量上存在显著差异。前人研究表明,教师职业认同在婚姻状况、教龄等方面存在显著差异,在学段、学历、职称和月收入等方面不存在显著差异(王海涛,2019),这与本研究结果有相一致的地方,教师职业认同在教龄存在显著差异,教龄1～3年的教师显著高于教龄7～10年、11～15年、16～20年的教师,教龄4～6年的教师显著高于7～10年、11～15年、16～20年,教龄7～10年的教师显著低于20年以上的教师,教龄11～15年的教师显著低于20年以上的教师,教龄16～20年的教师显著低于20年以上的教师,刚入职的年轻教师和教学经验丰富、年龄较长的教师职业认同较高,这可能是因为刚入职的年轻教师对于自己通过奋斗实现的教师角色充满强烈的认可感和归属感以及职业热情,保持对学生和教学的激情和热爱,老教师在多年的工作过程中能够更明确自己的教师角色和对教师职业有自己的理解,而工作7～10年、11～16年的教师最容易产生身心疲倦的感受,所以职业认同程度较低。在性别、月工资上,女教师的职业认同显著高于男教师,月工资越低,教师的职业认同越低,可能是因为教师职业的工作性质、工资薪酬与工作量等方面不能够满足社会对于男性的要求,而女性教师职业的稳定性占很大优势,女教师可能更善于表达与交际,在师生关系中也能处理得较好。综上所述,教师职业认同是关注教师群体心理健康问题不容忽视的因素,人口社会统计学资料是心理学相关研究非常重要的变量,因此,探究人口统计学变量在教师职业认同上的差异是非常必要的。

（三）本研究的不足及研究展望

本研究存在一些不足之处,尚且需要未来的研究加以完善与改进。首先,本研究的样本均来自贵州省贵阳市、遵义市和毕节市3个地区,样本不能代表全国的中小学教师;其次,人口统计学变量是教师职业认同研究最基本的影响因素,只对二者进行了统计数据分析,未从其他角度考虑二者之间的关系;最后,运用问卷法进行研究,仅仅根据主观情况填写问卷,不能排除一些主观的期望和疲劳效应等误差。

五、结论

（1）中小学教师的职业认同处于中高等水平。

（2）中小学教师的职业认同在性别、教龄、月工资上存在显著差异;中小学教师的职业认同及其各个维度在学校所在地、重点学校类型、学历、职称等变量上不存在显著差异。

第三节　中小学教师心理资本在人口统计学变量的差异研究

一、问题提出

中小学阶段是学生成长的关键期,他们在生理和心理上都面临着快速的发展,同时,由于我国教育体制的要求,这一阶段的教育主要是由学校教育来承担。学生大多数时间是在学校度过的,接触最多的人便是教师。教师作为教育教学活动的主要组织者和承担者,是教育教学质量的关键。教师拥有丰富的专业知识技能、良好的心理状态和较好的身体素质,对学生的学习与发展都有着举足轻重的作用和影响。教师如何正确引导和积极影响学生是这一阶段教育的关键部分,因此,中小学教师的心理状态和心理健康状况变得尤为重要。随着积极心理学的兴起,有关教师心理资本的研究逐渐增多起来,教师也是有关压力和幸福感的研究较早予以关注的群体之一(吴伟炯,刘毅,2012)。心理资本具有激发个体潜能、提高个体动力的效果,而幸福感是反映教师生活质量的一个重要指标,如何开发中小学教师的心理资本,提高其幸福感,从而激发教师的工作潜能,进而提升教师教学质量和心理健康,促进学校、教师队伍和学生的共同发展,是我们目前关心的问题。

管理学家 Luthans 提出了心理资本这一新概念,认为心理资本是个体在成长和发展过程中表现出来的一种积极心理状态(李力,郑治国,2015),是超越人力资本和社会资本的,有长久性、唯一性、可积累、相互连通和可更新等特点的组织性的心理优势竞争资源。一些研究认为,心理资本是可以测量的,并且可以用来提高个体的工作效率的一种积极的心理能力和心理资源。因此,我们在关注教师工作方面的心理健康问题时,可以将心理资本作为重要的因素进行探究。在国内,关于教师心理资本的影响因素,研究者的探讨主要集中于人口学变量的差异检验方面(王静,2014)。心理资本在年龄、所在学校、职称和学科上存在显著差异(金梦,2015)。宁嘉鹏(2017)在研究中表明,教师心理资本在婚姻状况、年龄、月收入、教龄上差异显著。本研究的目的是探究人口统计学变量在教师心理资本上的差异,为实践中开发中小学教师心理资本提供一些可参考的依据。

二、研究方法

(一)研究对象

调查对象来源于贵州省贵阳市、遵义市、毕节市 3 地级市的

5 个县,抽取来自 34 所学校共 900 名中小学教师参与本次调查研究,共回收有效问卷 715 份。为保证调查对象的多样性,在选取学校时大体按照 1∶1∶1∶1 的比例选取农村、乡镇、县城、市区的学校。贵阳市共抽取 10 所学校,其中农村学校 3 所,乡镇学校 3 所,县城学校 2 所,市区学校 2 所;遵义市共抽取 13 所学校,其中农村学校 4 所,乡镇学校 3 所,县城学校 4 所,市区学校 2 所;毕节市共抽取 11 所学校,其中农村学校 3 所,乡镇学校 3 所,县城学校 3 所,市区学校 2 所;涵盖小学、初中、高中 3 个学段。其中男教师 303 人,女教师 412 人;小学教 283 人,初中教师 291 人,高中教师 141 人;农村学校教师 77 人,乡镇学校教师 203 人,县城学校教师 316 人,市区学校教师 119 人;普通学校教师 480 人,县级重点学校教师 158 人,市级重点学校教师 32 人,省级重点学校教师 45 人;担任班主任的教师 291 人,未担任班主任的教师 424 人;教龄 1～3 年的教师 84 人,教龄 4～6 年的教师 84 人,教龄 7～10 年的教师 83 人,教龄 11～15 年的教师 104 人,教龄 16～20 年的教师 109 人,教龄 20 年以上的教师 251 人;中专教师 9 人,大专教师 125 人,本科教师 568 人,研究生教师 13 人;三级教师 35 人,二级教师 200 人,一级教师 362 人,高级教师 118 人;月工资收入为 1 000～3 000 元的教师 48 人,月工资收入为 3 001～5 000 元的教师 443 人,月工资收入为 5 001～8 000 元的教师 219 人,月工资收入为 8 000 元以上的教师 5 人。

（二）工具

采用张文编制的《中小学教师心理资本问卷》,并根据专家的意见进行符合施测情境的修改。该量表包括韧性、自信、乐观、希望 4 个维度,共 19 个项目。量表采用 Likert 6 点记分方式,教师根据自己的真实情况从"非常不同意"到"非常同意"的 6 点量表上进行选择。得分越高表示教师的心理资本越高。本次测验中,量表的 Cronbach's $\alpha=0.896$。

（三）统计方法

采用常用统计分析软件 SPSS 21.0 对数据进行统计分析处理。

三、结果分析

对收集到的问卷进行初步的筛查与整理,剔除可以分辨出的未达到筛选要求的问卷。将问卷的数值进行认真录入,并将人口社会统计学资料进行编码对应输入,再将所得到的数据导入SPSS 进行下一步操作。首先对中小学教师心理资本问卷所得到的数据进行初步的描述统计分析。中小学教师心理资本、韧性资本、自信资本、乐观资本、希望资本的描述性统计结果:中小学教师心理资本得分(M=4.175, SD=0.60)、韧性资本得分(M=4.375, SD=0.751)、自信资本得分(M=4.525, SD=0.71)、乐观资本得分(M=3.622, SD=0.74)、希望资本得分(M=4.218, SD=0.804)、均处于中高等水平。

通过初步的统计分析,采用 t 检验、方差分析 ANOVA 等方法可知,教师心理资本总分在教龄($F_{5,709}$=2.291, p=0.044)上存在显著差异,进一步事后检验表明,教龄 1 ~ 3 年的教师显著低于教龄 20 年以上($p < 0.01$)的教师,教龄 4 ~ 6 年的教师显著低于 20 年以上($p < 0.01$)的教师,教龄 7 ~ 10 年的教师显著低于 20 年以上(p=0.005)的教师,教龄 11 ~ 15 年的教师显著低于 20 年以上($p < 0.01$)的教师,教龄 16 ~ 20 年的教师显著低于 20 年以上(p=0.001)的教师,数据表明,教龄 20 年以上的教师的心理资本得分最高。在性别上,教师心理资本总分也存在显著差异(t=2.057, p=0.04),男教师(M=4.229, SD=0.60)的心理资本显著高于女教师(M=4.136, SD=0.599)。各分量表,韧性资本得分在性别(t=3.385, p=0.001)上存在显著差异,男教师(M=4.485, SD=0.749)的韧性资本得分显著高于女教师(M=4.294, SD=0.743);韧性资本得分在学段($F_{2,712}$=5.225, p=0.006)

上存在显著差异,进一步事后检验表明,小学教师的韧性资本得分显著高于初中($p=0.015$)和高中($p < 0.01$),初中教师的韧性资本得分显著高于高中($p=0.025$)教师,中小学教师的韧性资本随着学段的增高而降低;韧性资本得分在教龄($F_{5,709}=3.185$,$p=0.008$)上存在显著差异,进一步事后检验表明,教龄 20 年以上的教师的韧性资本得分显著高于教龄 1～3 年($p < 0.01$)、4～6 年($p < 0.01$)、7～10年($p=0.002$)、11～15 年($p < 0.01$)、16～20 年($p < 0.01$)的教师;乐观资本得分在学校所在地($F_{3,711}=5.065$,$p=0.002$)上存在显著差异,进一步事后检验表明,学校所在地为农村的教师的乐观资本得分显著低于乡镇($p=0.002$),学校所在地为乡镇的教师的乐观资本得分显著高于县城($p=0.039$)、市区($p=0.024$);自信资本和希望资本在性别、学校所在地、教龄、学历和月工资上均不存在显著差异。

四、讨论

(一)中小学教师心理资本现状分析

从本研究可以看出,中小学教师的心理资本处于中高等水平。这与前人研究中小学教师的心理资本水平较高(金梦,2015)结果相一致。各维度中,得分最高的是自信资本,得分最低的是乐观资本。心理资本是个体在成长和发展过程中出现的一种积极的心理状态。这种状态能帮助个体提高工作绩效也能提升个体的积极行为,同时心理资本能积极影响个体的认知和满意度等(杨小雨,2018)。心理资本是教师主观的,是教师工作过程中心理状态的体现,一定程度上反映了教师对工作情况的真实看法,所以,教师的心理资本这一指标,对于想要探讨教师方方面面的问题及教师相关的心理学研究来说,是非常重要且不可忽视的变量。对收集到的数据进行整理和分析,我们发现教师的心理资本在几个人口统计学变量上存在显著差异,如性别、教龄,可能与教师认知观念、归因方式等方面有关,这些因素在开发教师的心理资本方面会有一定的作用。

（二）人口统计学变量与中小学教师心理资本的差异分析

对收集到的问卷数据进行初步统计分析发现，中小学教师的心理资本在性别、教龄变量上存在显著差异。前人研究表明，心理资本在收入水平、年龄、教龄和性别等方面存在显著差异，这与本研究结果有相一致的地方，教师心理资本在性别上存在显著差异，男教师的心理资本显著高于女教师，男教师的韧性资本得分显著高于女教师，即男教师相对女教师会表现出更多的积极状态，这可能是因为男教师的认知观念与女教师相比更乐观，在问题的归因上更倾向于将有利因素归于自身，不利因素归因于外界，女教师相比男教师心思更细腻一些，在人格特征上更感性等。教师心理资本在教龄上也存在显著差异，教师的心理资本随着教龄的增加而增加，这可能与阅历和经验方面有关，教龄 20 年以上的教师年龄大多在 40 ~ 55 岁之间，他们拥有丰富的教学经验和生活阅历，能够根据不同的教学情境调节自己的情绪和状态，尽快想出解决问题的办法，因此在教学工作中，教龄较高的教师能够展现出更多的积极状态。综上所述，教师心理资本是关注教师群体心理健康问题非常关键的因素，人口社会统计学资料是心理学相关研究必须考虑的变量，因此，探究人口统计学变量在教师心理资本上的差异是非常有必要的。

（三）本研究的不足与展望

本研究存在一些不足之处，尚需未来的研究加以完善与探索。首先，本研究的样本均来自贵州省，样本不能代表全国的中小学教师；其次，人口统计学变量是教师心理资本研究最基本的影响因素，只对二者进行了统计数据分析，未从其他角度考虑二者之间的关系；最后，运用问卷法进行研究，仅仅根据主观情况填写问卷，不能排除一些主观的期望和疲劳效应等误差。

五、结论

（1）中小学教师的心理资本处于中高等水平。

（2）中小学教师的心理资本在性别、教龄上存在显著性差异；中小学教师心理资本及其各个维度在学历、是否班主任、职称、月工资等变量上不存在显著性差异。

第五章　风险性因子对中小学教师幸福感的影响研究

第一节　职业压力对中小学教师工作满意度的影响研究

一、问题提出

教师工作满意度是教师对其工作与所从事职业，以及工作条件与状况的一种总体的、带有情绪色彩的感受与看法。作为影响教师专业发展的核心因素，有关教师工作满意度影响因素的研究已成为教师心理研究与教育研究的前沿领域。教师工作满意度具有重要的作用，不仅影响教师自身专业发展、身心健康、工作投入和工作绩效等，还会影响教师队伍的稳定性，甚至关系到学生是否能够全面健康成长。

在影响教师工作满意度的诸多因素中，职业压力是研究者关注较多的风险性因素之一。教师职业压力是指在工作环境中使教师个人目标受到威胁的压力源长期、持续地作用于教师而使教师产生一系列生理、心理和行为反应的过程。教师职业压力会对教师的心理、生理、行为等诸多方面产生消极的影响，不但会导致教师产生焦虑、沮丧等消极情绪，还会导致教师出现失眠、心脏等疾病，甚者会导致教师出现冲动、暴躁等不良行为反应。长期的职业压力会使得教师的工作满意度降低，缺乏工作热情，无法全身心地投入到教育、教育工作中。研究表明，职业压力是影响教师工作满意度最为直接的因素之一（胡国华，朱勇军，王颖，2018）。

虽然前人的研究发现职业压力能显著预测中小学教师工作满意度，但关于职业压力影响中小学教师工作满意度的探究还不够深入，尤其是对不同来源的职业压力对中小学教师工作满意度可能存在的不同影响探究不够。综上所述，本研究主要目的有：（1）探究职业压力能否显著预测中小学教师工作满意度；（2）检验不同来源的职业压力对中小学教师工作满意度可能的不同影响。通过对以上假设的检验可以进一步了解职业压力对于中小学教师工作满意度的影响，为实践中提升中小学教师工作满意度提供可参考的依据。

二、研究方法

（一）调查对象

调查对象来源于贵州省贵阳市、遵义市、毕节市 3 地级市的 5 个县，抽取来自 24 所学校共 1 800 名中小学教师参与本次调查研究。为保证调查对象的多样性，在选取学校时大体按照 1：1：1：1 的比例选取农村、乡镇、县城、市区的学校。贵阳市共抽取 8 所学校；遵义市共抽取 10 所学校；毕节市共抽取 6 所学校；涵盖小学、初中、高中 3 个学段。共回收有效问卷 1 651 份，其中男教师 688 人，女教师 963 人；小学教师 621 人，初中教师 735 人，高中教师 295 人；农村学校教师 176 人，乡镇学校教师 575 人，县城学校教师 655 人，市区学校教师 245 人；教龄 1 ~ 5 年的教师 392 人，教龄 6 ~ 10 年的教师 186 人，教龄 11 ~ 15 年的教师 231 人，教龄 16 ~ 20 年的教师 290 人，教龄 20 年以上的教师 552 人。

（二）工具

1. 中小学教师职业压力问卷

采用朱从书、申继亮和刘加霞（2002）编制的《中小学教师职业压力问卷》,该问卷包括 6 个维度：考试压力维度、学生因素维度、自我发展维度、家庭人际维度、工作负荷维度和职业期望维度,共 46 个项目。问卷采用 Likert 5 点计分方式,教师根据自己的真实情况在"没有压力"到"压力很大"的 5 点量表上进行选择。得分越高表示教师感受到的职业压力强度越大。在本研究中,中小学教师职业压力问卷的 Cronbach's $\alpha=0.96$。

2. 工作满意度量表

采用 Agho et al.（1992）编制的《整体工作满意度数量表》,并根据专家的意见进行符合施测情境的修改。该量表共包括 6 个项目,量表采用 Likert 5 点计分方式,教师根据自己的真实情况在"完全不符合"到"完全符合"的 5 点量表上进行选择。得分越高表示教师的工作满意度越高。本研究中,工作满意度量表的 Cronbach's $\alpha=0.87$。

（三）施测过程

利用每个学校业余学习后的时间进行问卷调查。每个学校的问卷调查均由 10 名经过培训的大学生调查员进行,每名调查员负责对 8～15 名教师进行问卷调查。问卷调查前由主试宣读指导语,强调本次调查的匿名性、保密性以及数据仅用于科学研究。要求教师根据自己真实的想法进行回答,回答完毕后立即回收问卷。

（四）数据筛选与处理

采用 SPSS 24.0 软件对数据进行分析处理。

三、结果分析

对收集到的问卷进行初步筛查与整理,剔除可以分辨出的未达到筛选要求的问卷,得到 1 651 份有效问卷。将两个问卷的数值进行认真录入,并将被试的人口社会统计学资料进行编码对应输入,再将所得到的数据导入 SPSS 进行下一步操作。

（一）各变量描述统计结果及相关分析

首先对教师职业压力问卷以及教师工作满意度问卷所得到的数据进行初步的描述统计分析。教师职业压力总分（$M=3.275$，$SD=0.757$）较高,处于中等偏上水平;其中,各个来源的压力排序依次为:职业期望方面的压力（$M=3.70$）、工作负荷方面的压力（$M=3.62$）、考试压力方面的压力（$M=3.56$）、自我发展方面的压力（$M=3.23$）、学生因素方面的压力（$M=3.16$）、家庭人际方面的压力（$M=2.62$）。除了家庭人际方面的压力以外,其他方面的压力均高于中位数。教师工作满意度得分（$M=3.275$，$SD=0.757$）,处于中等水平。

对本研究所要重点研究的职业压力和教师工作满意度之间的关系进行相关分析,运用皮尔逊相关进行运算,得出教师职业压力与教师工作满意度之间的相关系数为 -0.344，$p < 0.01$,二者呈显著负相关,教师职业压力与教师工作满意度之间存在密切联系。

（二）中小学教师职业压力及工作满意度差异检验结果

通过初步的统计分析,采用 t 检验、方差分析 ANOVA 等方法可知,教师职业压力在学段（$F_{2,1648}=6.964$，$p < 0.01$）上存在显著差异,进一步事后检验表明,初中教师职业压力显著高于小学（$p=0.001$）和高中（$p < 0.05$）;在月收入上,教师的职业压力也存在显著差异（$F_{3,1647}=6.590$，$p < 0.001$）,进一步事后检验表明,月收入为 1 000 ~ 3 000 元的教师显著高于月收入 8 000 元以上的教师（$p < 0.01$）,月收入为 3 000 ~ 5 000 元的教师显著高于月收入为 5 000 ~ 8 000 元的教师（$p < 0.001$）、8 000 元以上的教师（$p < 0.05$）;在学校所在地上,教师职业压力存在显

著性差异（$F_{3,1647}=2.962$，$p < 0.05$），进一步事后检验表明，学校所在地为乡镇的中小学教师显著高于学校所在地位县城的教师（$p=0.009$）；在学校重点类型上，教师的职业压力也存在显著差异（$F_{3,1647}=6.505$，$p < 0.001$），进一步事后检验表明，普通学校教师的职业压力显著低于县级重点学校（$p=0.001$）、市级重点学校（$p=0.003$）、省级重点学校（$p=0.035$）。教师工作满意度在学段上存在显著差异（$F_{2,1648}=5.675$，$p=0.004$，），进一步事后检验发现，小学教师工作满意度显著高于初中教师（$p=0.009$）和高中教师（$p=0.003$）；在月收入上，教师的工作满意度也存在显著差异（$F_{3,1647}=13.519$，$p < 0.001$），进一步事后检验表明，教师的工作满意度随着教师的月收入的增加而显著增加。

为进一步考察不同来源的职业压力对中小学教师工作满意度的影响，以中小学教师工作满意度为因变量，考试压力维度、学生因素维度、自我发展维度、家庭人际维度、工作负荷维度和职业期望维度为自变量，采用强行进入法（Enter）进行多元线性回归。结果表明：各预测指标的容忍度（tolerance）在 0.32 ~ 0.86 之间，方差扩大因子 VIF 在 1.12 ~ 2.19 之间，说明这些指标的共线性对回归分析没有不良影响。回归分析得出 $R^2=0.21$，$\Delta R^2 =0.20$，$F = 73.45$，$p < 0.001$，说明建立的回归方程是有意义的。对中小学教师工作满意度具有显著预测作用的变量为：职业期望方面，$\beta=-0.452$，$p < 0.001$；学生因素方面，$\beta=-0.281$，$p < 0.001$；考试因素方面，$\beta=-0.162$，$p < 0.001$；家庭人际关系方面，$\beta=-0.093$，$p < 0.01$。自我发展方面、工作负荷方面的压力对中小学教师工作满意度不具有显著预测作用。

四、讨论

（一）中小学教师工作满意度现状分析

本研究结果表明，中小学教师的工作满意度处于中等偏上水平。教师的工作满意度是其对所从事的工作、环境的满意程度，它直接影响教师工作的主动性和积极性,并且也会影响到例如教学成果、师生关系这样的教学行为(朱从书,2006)。工作满意度是教师主观的、对教职工作满意程度的衡量,一定程度上反应了教师最真实的、对工作情况的看法,所以,教师的工作满意度这一指标,对于想要探讨教师方方面面的问题以及教师相关的心理学研究来说,是必须考虑的重要变量。对搜集到的数据进行整理和分析,我们发现教师的工作满意度在几个人口统计学的变量各水平之间会出现显著差异,这些因素,如工资,可能与个人对工作的期望、自我认识等方面有关,这些因素在提高教师的工作满意度方面会有一定的作用。

(二)中小学教师职业压力与工作满意度的关系

对收集到的问卷中的数据进行相关与回归分析后,我们可以得出,教师职业压力与教师工作满意度的相关关系显著,且二者的相关系数达到了 -0.344,这就说明二者之间存在较高程度的负相关。之后为了进一步确认二者之间的关系,将考试压力维度、学生因素维度、自我发展维度、家庭人际维度、工作负荷维度和职业期望维度作为自变量,教师的工作满意度作为因变量,对二者进行了回归分析,得出职业期望方面、学生因素方面、考试因素方面、家庭人际关系方面能显著负向预测中小学教师工作满意度。而自我发展方面、工作负荷方面的压力对中小学教师工作满意度不具有显著预测作用。其中影响最大的是来自职业期望方面的压力。

综上所述,当致力于提高教师对工作的满意程度时,除一些客观的人口社会统计学变量,我们更要重视教师承受的不同来源的职业压力。我们必须正视中小学教师所面临的巨大的职业压力,尤其是注意缓解中小学教师职业期望、学生、考试方面的压力。中小学教师的工作具有非常明显的特殊之处,教师工作每天会接触大量的学生,秉持教书育人的责任与担当,教师有着巨大的压力,容易在各种压力之下产生心理健康问题,从而影响正常的教学活动以及与学生之间的师生关系,甚至影响到工作满意度,进而出现离职或消极怠工等不良现象。

五、结论

（1）中小学教师的职业压力和工作满意度在学段、教龄、职称等人口统计学变量上存在显著性差异。

（2）中小学教师的职业压力与工作满意度处于中等水平。

（3）中小学教师的职业压力与工作满意度存在较高程度负相关,教师职业压力是中小学教师工作满意度的风险性因素,不同来源的职业压力对中小学教师工作满意度有着不同的影响,影响大小排序依次为：职业期望方面、学生因素方面、考试因素方面和家庭人际关系方面。

第二节　职业压力对中小学教师生活满意度的影响研究

一、问题提出

随着我国经济社会的发展,科技水平的不断提高,人们的生活水平也得到了很大的改善,但同时也给各个职业人群带了各方面的压力。为更好地适应社会的发展,他们不得不加快原来的生活节奏,由此引发了焦虑、烦恼等心理问题,严重者直接影响到了他们的生活状态。在众多职业中,有研究发现教师这一群体面临的压力更多,也更容易出现心理问题。中小学教师作为教师群体中的一部分,每天在学校不仅要备课、上课、关注学生成长,还要完成学校任务等一系列高强度的工作,除此之外还要面临来自生活、自我提升方面的压力。看似两点一线的生活,却需要耗费自身大量的脑力和体力,心理健康状况不容乐观。教师该如何在高强度工作下调节自己的生活满意度成为众多研究者关注的重点。

Beehr 和 Newman 认为职业压力是指由于工作因素和工作者的相互影响,进而对工作者的生理、心理和行为产生影响,从而使个体被迫偏离正常工作状态的一种情况。对教师职业压力的研究可以更清楚地了解教师的压力源,从而从根本上缓解他们的心理状态,这有助于提高他们的教学水平和专业水平,进而提升他们的主观幸福感。国内学者已经对中小学教师职业压力的影响源进行了探索和综述(黄依林,刘海燕,2006)。相关研究也发现,职业压力是中小学教师生活满意度的风险性因素之一,中小学教师面临的职业压力越大,生活满意度就会越低(傅俏俏,叶宝娟,2016)。

虽然前人的研究发现职业压力能显著预测中小学教师生活满意度,但关于职业压力影响中小学教师生活满意度的探究还不够深入,尤其是对不同职业压力源对中小学教师生活满意度可能存在的不同影响探究不够。综上所述,本研究主要目的有:(1)探究职业压力能否显著预测中小学教师工作生活度;(2)检验不同来源的职业压力对中小学教师生活满意度可能的不同影响。通过对以上假设的检验可以进一步了解职业压力对于中小学教师生活满意度的影响,为实践中提升中小学教师生活满意度提供可参考的依据。

二、研究方法

(一)调查对象

调查对象来源于贵州省贵阳市、遵义市、毕节市 3 地级市的 5 个县,抽取来自 34 所学校共 2 568 名中小学教师参与本次调查研究。所抽取的一些社会人口统计学资料如下:为保证调查对象的多样性,在选取学校时大体按照 1∶1∶1∶1 的比例选取农村、乡镇、县城、市区的学校。贵阳市共抽取 11 所学校,其中农村学校 3 所,乡镇学校 3 所,县城学校 3 所,市区学校 2 所;遵义市共抽取 13 所学校,其中农村学校 4 所,乡镇学校 3 所,县城学校 4

所,市区学校 2 所;毕节市共抽取 10 所学校,其中农村学校 3 所,乡镇学校 3 所,县城学校 2 所,市区学校 2 所;涵盖小学、初中、高中 3 个学段。实测问卷有效回收 1 856 份,其中,男教师 767人,女教师 1 089 人;小学教师 707 人,初中教师 805 人,高中教师 344 人;农村学校教师 200 人,乡镇学校教师 626 人,县城学校教师 727 人,市区学校教师 303 人;普通学校 1305 人,县级重点 348 人,市级重点 117 人,省级重点 86 人;735 人担任班主任,1 121 人未担任班主任;教师学历,中专 25 人,大专 298 人,本科1 494 人,研究生 39 人;正高级教师 2 人,高级教师 289 人,一级教师 943 人,二级教师 525 人,三级教师 97 人。

（二）工具

1.中小学教师职业压力问卷

采用朱从书、申继亮和刘加霞（2002）编制的《中小学教师职业压力问卷》,该问卷包括 6 个维度:考试压力维度、学生因素维度、自我发展维度、家庭人际维度、工作负荷维度和职业期望维度,共46 个项目。问卷采用 Likert 5 点计分方式,教师根据自己的真实情况在"没有压力"到"压力很大"的 5 点量表上进行选择。得分越高表示教师感受到的职业压力强度越大。在本研究中,中小学教师职业压力问卷的 Cronbach's α=0.96。

2.生活满意度量表

采用 Diener、Emmons、Larsen 和 Griffin（1985）编制的《生活满意度量表》,该量表包含 5 个项目,所有项目均采用 Likert 7点计分。得分越高,说明教师的生活满意度越高。在本研究中,量表的 Cronbach's α=0.89。

（三）数据筛选与处理

采用 SPSS 20.0 软件对数据进行分析处理。

三、结果分析

对收集到的问卷进行初步的筛查与整理,剔除可以分辨出的未达到筛选要求的问卷,得到 1 856 份有效问卷。将两个问卷的数值认真录入,并将被试的人口社会统计学资料进行编码对应输入,再将所得到的数据导入 SPSS 进行下一步操作。

(一)各变量描述统计结果及相关分析

对中小学教师职业压力问卷以及教师生活满意度问卷所得到的数据进行初步的描述统计分析。结果显示:教师职业压力总得分(M=3.28,SD=0.76),各维度考试压力得分(M=3.56,SD=0.97)、工作负荷因素压力得分(M=3.62,SD=0.94)、职业期望压力得分(M=3.71,SD=0.84),三者处于中等偏上水平,学生因素压力得分(M=3.16,SD=0.84)、自我发展因素压力得分(M=3.24,SD=0.78),二者处于中等水平,家庭人际关系压力得分(M=2.62,SD=0.85),处于中等偏下水平,中小学教师生活满意度得分(M=3.43,SD=1.35),处于中等偏上水平。之后对中小学教师职业压力及其各维度与中小学教师生活满意度的关系进行分析,结果显示中小学教师生活满意度与职业压力(r=−0.34,$p < 0.01$)、考试因素(r=−0.30,$p < 0.01$)、学生因素(r=−0.27,$p < 0.01$)、自我发展因素(r=−0.30,$p < 0.01$)、家庭人际关系因素(r=−0.27,$p < 0.01$)、工作负荷因素(r=−0.31,$p < 0.01$)、职业期望因素(r=−0.40,$p < 0.01$)均存在显著负相关。

(二)中小学教师生活满意度及职业压力差异检验结果

通过初步的统计分析,采用 t 检验、单因素方差分析 ANOVA 等可得,中小学教师生活满意度在性别上存在显著差异(t=−2.91,$p < 0.01$),女教师生活满意度显著高于男教师;在学段上存在显著差异($F_{2,1852}$=12.27,$p < 0.05$),经事后检验,小学教师生活满意度

显著高于初中和高中教师;在学科上存在显著差异($F_{13,1841}$=2.10,$p < 0.05$),事后检验发现,生物教师生活满意度显著低于语文教师、数学教师、化学教师、体育教师和科学教师;在任教年级上存在显著差异($F_{11,1843}$=3.58,$p < 0.05$),经事后检验,一、二、三、四、五年级教师生活满意度显著高于七、八、九、高三年级教师;在学历上存在显著差异($F_{3,1851}$=7.53,$p < 0.05$),事后检验结果显示,中专学历教师生活满意度显著高于大专学历教师、本科学历教师和研究生学历教师;在月工资上也存在显著性差异($F_{3,1851}$=26.55,$p < 0.01$),经事后检验得知,月工资 1 000 ~ 3 000 的教师生活满意度显著低于月工资 3 000 ~ 5 000、月工资 5 000 ~ 8 000 和月工资在 8 000 以上的教师;月工资 3 000 ~ 5 000 的教师,生活满意度显著低于月工资 5 000 ~ 8 000 和月工资在 8 000 以上的教师。

经过同样的均值比较,我们发现中小学教师职业压力也在人口学变量上存在差异。中小学教师职业压力在学段上存在显著差异($F_{2,1852}$=9.62,$p < 0.01$),事后检验结果显示,小学教师职业压力显著低于初中教师,初中教师显著高于高中教师;在是否重点学校上存在显著差异($F_{3,1851}$=9.896,$p < 0.01$),经事后检验,普通学校教师职业压力显著高于县级重点学校教师、市级重点学校教师和省级重点学校教师;在学科上存在显著差异($F_{13,1841}$=4.847,$p < 0.01$),事后检验得知,语文教师职业压力显著低于数学教师、英语教师和物理教师,数学教师高于体育教师和音乐教师;在任教年级上也存在显著差异($F_{11,1843}$=3.585,$p < 0.01$),经事后检验,高三级教师职业压力显著高于高一级教师和三年级教师,高二级教师显著低于初中各年级教师;在教龄上也存在显著差异($F_{5,1849}$=2.39,$p < 0.05$),经过事后检验得知,1 ~ 3 年教龄教师职业压力显著低于教龄 7 ~ 10 年的教师和教龄 11 ~ 15 年的教师,教龄 16 ~ 20 年的教师显著高于 20 年以上和教龄 1 ~ 3 年的教师;在学历上存在显著差异($F_{3,1851}$=5.17,$p < 0.01$),事后检验发现,中专学历教师职业压力显著低于大

专学历教师和本科学历教师；在月工资上也存在显著差异（$F_{3,1851}$=8.67，$p < 0.01$），事后检验发现，月工资 1 000 ~ 3 000 元的教师职业压力显著高于月工资 5 000 ~ 8 000 元的教师和月工资 8 000 元以上的教师，月工资 3 000 ~ 5 000 元的教师显著高于月工资 5 000 ~ 8 000 元的教师和月工资 8 000 元以上的教师。

为进一步考察不同来源的职业压力对中小学教师生活满意度的影响，以中小学教师生活满意度为因变量，考试压力维度、学生因素维度、自我发展维度、家庭人际维度、工作负荷维度和职业期望维度为自变量，采用强行进入法进行多元线性回归。结果表明：各预测指标的容忍度为 0.22 ~ 0.38，方差扩大因子 VIF 为 1.28 ~ 2.63，说明这些指标的共线性对回归分析没有不良影响。回归分析得出 R^2=0.18，ΔR^2=0.17，F=67.71，$p < 0.001$，说明建立的回归方程是有意义的。对中小学教师生活满意度具有显著预测作用的变量依次为：职业期望方面，β=-0.622，$p < 0.001$；学生因素方面，β=-0.325，$p < 0.001$；家庭人际关系方面，β=-0.201，$p < 0.001$。考试方面、自我发展方面、工作负荷方面的压力对中小学教师工作满意度不具有显著预测作用。

四、讨论

（一）中小学教师生活满意度现状分析

根据本研究的相关结果，中小学教师生活满意度处于中等水平，说明中小学教师生活满意度较好；中小学教师职业压力及各维度总体上呈中等水平，表明其压力程度较大。中小学教师的生活满意度是教师对于当前生活状态和生活中的各个方面是否符合内心预期的主观感受，与他们的工作、生活等各个方面联系紧密且会影响他们的心理健康状态。有研究表明，教师生活满意度能够有效预测个体的主观幸福感和心理健康水平（张洵，赵振国，赵华民，2018）。

（二）中小学教师职业压力与教师生活满意度的关系

通过相关分析结果显示，中小学教师职业压力与教师生活满意度存在相关关系，相关系数为 −0.343，中小学教师职业压力与生活满意度呈较低的负相关，之后又将中小学教师职业压力的各维度与生活满意度进行相关分析，结果发现，职业压力各维度均与教师生活满意度呈显著负相关，说明中小学教师生活满意度受到教师本身各个方面的影响。为进一步探索中小学教师职业压力与生活满意度之间是否存在因果关系，将教师职业压力及其各维度作为自变量，教师生活满意度作为因变量进行回归分析，结果显示，中小学教师职业压力对教师的生活满意度有显著影响，也就是说，教师职业压力越大，生活满意度越低，这与前人的研究结果相一致（王艳红，荆玉梅，2019）。但并不是教师职业压力的各个维度都对教师生活满意度有显著影响，除学生因素、职业期望和家庭人际关系对其有显著影响外，其余三个维度均无显著影响。

综上所述，中小学教师职业压力对教师生活满意度存在一定的影响。若要提升教师的生活满意度，首先可以从影响源出发，再进行探索。综合本研究结果，教师生活满意度受到职业压力的影响，所以要从根本上减少他们的职业压力，这就要求了解每位教师的职业压力来自哪些方面，在这其中，哪方面对其影响最大，之后再提出相应对策，以此降低教师的职业压力，从而更好地平衡中小学教师工作同生活的关系，保持心理健康，更好地提升教师在校的教学水平以及各方面的行事效率。

（三）研究不足与研究展望

本研究由于自身条件及其他方面的限制，还存在一些不足之处。第一，本研究运用问卷法进行调查，被试根据主观想法填写问卷，可能存在期望和疲劳效应等被试误差；第二，本研究的样本均来自贵州省，样本无法代表全国的中小学教师，不具有推广性；第三,本研究采用问卷法探索中小学教师职业压力和生活满意度之间的关系,仅做了数据统计分析,并未深入探索是否还存在其他因素对两者关系产生了影响。在未来的研究中可以运用多种研究方法相结合进行调查研究,提升研究的准确性。同时,对于本研究中职业压力维度中的考试维度、自我发展维度、工作负荷维度对教师生活满意度不存在显著影响的问题,未来还需要进行更多的探索,增强其推广性。

五、结论

（1）中小学教师的职业压力在学段、是否重点学校、学科、任教年级、教龄、及其月工资的人口社会学统计变量上存在显著性差异；中小学教师的生活满意度在性别、学段、学科、任教年级、学历、月工资的人口社会学统计变量上存在显著性差异；

（2）中小学教师的职业压力及其各个子维度均处于中等水平；中小学教师的生活满意度处于中等水平；

（3）中小学教师的职业压力及其各维度均与教师生活满意度呈显著负相关,教师的职业压力及职业期望维度、学生维度和家庭人际关系维度对教师的生活满意度有显著影响。

第三节　职业压力对中小学教师积极情感的影响研究

一、问题提出

在 21 世纪这个经济、科技等各方面迅速发展的时代,人们的生活水平已得到了很大的改善,人们在保证物质需要的同时更多地追求实现自我。在这个实现自我的过程中,人们面临不同程度的挑战和压力,这严重影响了他们的心理状态,进而导致工作效率低下、生活幸福感降低。近年来,人们的心理健康问题成为研究的热点,特别是教师群体的心理健康问题更是研究者关注的重点。教师作为学生的启蒙者和解疑答惑者,是学生的直接接触对象,他们的心理状态会间接影响到学生的发展。众多研究发现,教师所承受的心理压力比其他职业群体要大,而且教师是遭受心理问题和精神疾病的高发人群之一,他们的心理健康状况令人担忧。因此,中小学教师该如何在高强度的心理压力下平衡自己的工作和生活越来越成为研究者关注的重点。

Beehr 和 Newman 认为职业压力是指由于工作因素和工作者的相互影响,进而对工作者的生理、心理和行为产生影响,从而使个体被迫偏离正常工作状态的一种情况。对中小学教师职业压力状况进行研究,可以更清楚地了解他们在职业方面所承受的心理压力的来源。从而进行深入探索,了解目前中小学教师的职业压力现状,以便对症下药,提升教师的工作效率和生活质量,使教师产生更多的积极情绪体验。有研究已经对中小学教师的职业压力和影响因素进行了综述和探索(黄依林,刘海燕,2006;邓坚阳,程雯,2009),发现职业压力是影响教师主观幸福感的关键因素之一,主观幸福感中包含积极和消极两个情感体验成分,情感体验是指个体主观的情感感受。有研究发现,积极情感可以减少教师一定的心理压力,放松地进行工作,从一定程度上平衡了自身的工作和生活状况(石梅,2016)。也有研究表明,教师职业压力越大,所体验的积极情感越少(苏可媛,2012)。

虽然有相关研究表明,中小学教师职业压力对教师积极情感有显著影响,但对中小学教师职业压力对积极情感的影响探索不够深入,如中小学教师职业压力的不同来源对其积极情感的影响可能存在不同,而关于这方面的研究较少。综上所述,本研究主要探讨职业压力与中小学教师积极情感两者之间的关系以及不同的职业压力源对中小学教师积极情感可能的不同影响。通过以上研究假设可以更深入地了解职业压力对中小学教师积极情感的影响,在实践中为增强教师的积极情感提供理论和实践依据。

二、研究方法

（一）调查对象

调查对象来源于贵州省贵阳市、遵义市、毕节市 3 地级市的 5 个县，抽取来自 34 所学校共 2 568 名中小学教师参与本次调查研究。所抽取的一些社会人口统计学资料如下：为保证调查对象的多样性，在选取学校时大体按照 1∶1∶1∶1 的比例选取农村、乡镇、县城、市区的学校。贵阳市共抽取 11 所学校，其中农村学校 3 所，乡镇学校 3 所，县城学校 3 所，市区学校 2 所；遵义市共抽取 13 所学校，其中农村学校 4 所，乡镇学校 3 所，县城学校 4 所，市区学校 2 所；毕节市共抽取 10 所学校，其中农村学校 3 所，乡镇学校 3 所，县城学校 2 所，市区学校 2 所；涵盖小学、初中、高中 3 个学段。实测问卷有效回收 1 771 份，其中，男教师 756 人，女教师 1 015 人；小学教师 666 人，初中教师 777 人，高中教师 328 人；农村学校教师 188 人，乡镇学校教师 597 人，县城学校教师 706 人，市区学校教师 280 人；普通学校 1 238 人，县级重点 346 人，市级重点 106 人，省级重点 81 人；703 人担任班主任，1 068 人未担任班主任；教师学历，中专 25 人，大专 283 人，本科 1 426 人，研究生 37 人；正高级教师 1 人，高级教师 279 人，一级教师 897 人，二级教师 494 人，三级教师 100 人。

（二）工具

1. 中小学教师职业压力问卷

采用朱从书、申继亮和刘加霞（2002）编制的《中小学教师职业压力问卷》，该问卷包括 6 个维度：考试压力维度、学生因素维度、自我发展维度、家庭人际维度、工作负荷维度和职业期望维度，共 46 个项目。问卷采用 Likert 5 点计分方式，教师根据自己的真实情况在"没有压力"到"压力很大"的 5 点量表上进行选择。

得分越高表示教师感受到的职业压力强度越大。在本研究中，中小学教师职业压力问卷的 Cronbach's $\alpha=0.96$。

2. 积极情感消极情感量表

采用邱林、郑雪和王雁飞（2008）修订的积极情感消极情感量表，该量表包含 18 个项目，其中 9 个项目测量的是积极情感，另 9 个项目测量的是消极情感。所有项目均采用 Likert 5 点计分。在本研究中，量表的 Cronbach's $\alpha=0.89$。采用前人的计算方法，将积极情感和消极情感标准化，用积极情感的标准分减去消极情感的标准分得出积极情感总分。

（三）数据筛选与处理

采用 SPSS 20.0 软件对数据进行分析处理。

三、结果分析

对收集到的问卷进行初步的筛查与整理，剔除可以分辨出的未达到筛选要求的问卷，得到 1 788 份有效问卷。将两个问卷的数值进行认真录入，并将被试的人口社会统计学资料进行编码对应输入，再将所得到的数据导入 SPSS 进行下一步操作。

（一）各变量描述统计结果及相关分析

对中小学教师职业压力问卷和积极情感消极情感量表的数据进行描述统计分析，结果显示：教师职业压力总得分（$M=3.28$，$SD=0.76$），各维度，考试压力得分（$M=3.57$，$SD=0.972$）、工作负荷因素压力得分（$M=3.62$，$SD=0.93$）、职业期望压力得分（$M=3.71$，$SD=0.84$），三者处于中等偏上水平，学生因素压力得分（$M=3.16$，$SD=0.84$）、自我发展因素压力得分（$M=3.24$，$SD=0.78$），二者处于中等水平，家庭人际关系压力得分（$M=2.62$，$SD=0.85$），处于中等偏下水平，中小学教师积极情感得分

（M=2.64，SD=0.81），处于中等水平。之后对中小学教师职业压力及其各维度与中小学教师积极情感进行相关分析，结果显示：中小学教师积极情感与职业压力（r=-0.166，$p < 0.01$）、考试因素（r=-0.184，$p < 0.01$）、学生因素（r=-0.138，$p < 0.01$）、自我发展因素（r=-0.090，$p < 0.01$）、家庭人际关系因素（r=-0.117，$p < 0.01$）、工作负荷因素（r=-0.179，$p < 0.01$）、职业期望因素（r=-0.182，$p < 0.01$）均存在显著负相关。

（二）中小学教师积极情感及职业压力差异检验结果

通过初步的统计分析，采用 t 检验、单因素方差分析 ANOVA 可得，中小学教师积极情感在学校所在地上存在显著差异（$F_{3,1767}$=4.05，$p < 0.01$），经事后检验发现，县城学校教师积极情感（$p < 0.05$）显著低于农村学校教师（p=0.01）、乡镇学校教师（p=0.00）和市区学校教师（p=0.01）；在是否重点学校上存在显著差异（$F_{3,1767}$=4.56，$p < 0.05$），事后检验结果显示，县级重点学校教师积极情感（$p < 0.01$）显著低于普通学校（p=0.00）和市级重点学校（p=0.00）；在教龄上存在显著差异（$F_{5,1765}$=13.49，$p < 0.01$），事后检验发现，教龄 1 ~ 3 年的教师积极情感（$p < 0.01$）显著高于教龄 7 ~ 10 年、11 ~ 15 年、16 ~ 20 年和 20 年以上的教师，教龄 4 ~ 6 年教师积极情感显著高于教龄 16 ~ 20 年和 20 年以上的教师；在月工资上也存在显著差异（$F_{3,1767}$=4.66，$p < 0.01$），经事后检验，月工资 8 000 元以上教师积极情感（$p < 0.01$）显著高于月工资 1 000 ~ 3 000 元、3 000 ~ 5 000 元和 5 000 ~ 8 000 元的教师。

通过同样的均值比较结果显示，中小学教师职业压力在学段上存在显著差异（$F_{3,1767}$=8.50，$p < 0.01$），经事后检验，初中学校教师职业压力（$p < 0.01$）显著高于小学教师和高中教师；在是否重点学校上存在显著差异（$F_{3,1767}$=7.67，$p < 0.01$），事后检验发现，普通学校教师职业压力（$p < 0.01$）显著低于县级重点学校

和省级重点学校；在学科上存在显著差异（$F_{13,1757}=5.01$，$p<0.01$），事后检验结果显示，化学教师职业压力显著低于语文教师和数学教师，地理教师职业压力显著高于化学教师；在学历上存在显著差异（$F_{3,1767}=6.09$，$p<0.01$，），事后检验发现，中专学历教师职业压力显著高于大专学历教师、本科学历教师和研究生学历教师；在月工资上同样存在显著差异（$F_{3,1767}=7.79$，$p<0.01$），事后检验结果显示，月工资 8 000 元以上教师职业压力显著低于月工资 1 000 ~ 3 000 元、3 000 ~ 5 000 元和 5 000 ~ 8 000 元的教师，月工资 3 000 ~ 5 000 元的教师职业压力显著低于月工资 5 000 ~ 8 000 元和月工资 8 000 元以上的教师。

为进一步考察不同来源的职业压力对中小学教师积极情感的影响，以中小学教师积极情感为因变量，考试压力维度、学生因素维度、自我发展维度、家庭人际维度、工作负荷维度和职业期望维度为自变量，采用强行进入法（Enter）进行多元线性回归。结果表明：各预测指标的容忍度（tolerance）为 0.21 ~ 0.39，方差扩大因子 VIF 为 1.49 ~ 2.67，说明这些指标的共线性对回归分析没有不良影响。回归分析得出 $R^2=0.253$，$\Delta R^2=0.250$，$F=16.545$，$p<0.001$，说明建立的回归方程是有意义的。对中小学教师积极情感具有显著预测作用的变量依次为：职业期望方面：$\beta=-0.188$，$p<0.001$；自我发展方面：$\beta=-0.172$，$p<0.001$；考试方面：$\beta=-0.126$，$p<0.001$。学生方面、家庭人际关系方面和工作负荷方面对中小学教师积极情感不具有显著预测作用。

四、讨论

（一）中小学教师积极情感现状分析

根据本研究描述统计结果显示，中小学教师积极情感处于较低水平，意味着他们的积极情感体验较少。而中小学教师职业压力及其各维度总体上呈中等水平，说明压力程度较为一般。在本研究中，中小学教师的积极情感，是通过教师填写的积极情感的消极情感问卷中的得分得出的,数据结果显示,消极情绪得分要大于积极情绪得分,所以中小学教师在生活和工作中所体验的消极情感较多,是什么原因引起的呢？这一现象值得我们去关注。有研究发现,教师的积极情感对自身、学生、教育教学活动和整个教育事业的态度有着不可磨灭的作用(支娜,2019)。所以,教师群体的积极情感状况水平较低,是什么因素导致这一结果,同样值得我们去进行更深入的研究,为在实践中具体提出相关的对策提供理论依据。

(二)中小学教师职业压力与积极情感的关系

通过相关分析结果显示,中小学教师职业压力与积极情感两者间的相关系数 –0.166,表明中小学教师职业压力与积极情感呈较低水平的负相关,为更深入地探讨职业压力各维度与教师积极情感之间的关系,进行了相关分析,结果显示,中小学教师职业压力各维度均与教师积极情感呈显著负相关。为进一步探索中小学教师职业压力与积极情感之间是否存在因果关系,将教师职业压力及其各维度作为自变量,教师积极情感作为因变量进行回归分析,结果显示,中小学教师职业压力对教师积极情感有显著负向预测作用。说明中小学教师职业压力越大,积极情感体验就越少,这与之前的研究结论相一致(傅俏俏,叶宝娟,2016)。将中小学教师职业压力各维度同积极情感做回归分析发现,并不是各维度均对积极情感有显著影响,考试因素、自我发展、职业期望因素对其有显著影响,其中自我发展对积极情感有显著正向预测作用,其余两个有显著负向预测作用。这表明,中小学教师积极情感并不完全是由他们的职业压力引起的,可能还存在其他因素共同作用。

综上所述,职业压力对中小学教师积极情感存在一定的影响。对于该如何提升中小学教师的积极情感,我们可以将职业压力作为出发点,进行探索。在教师的自我发展方面,各政府和各校要加大政策支持,如专业水平、职位晋升等。在教师职业期望方面,国家相关部门要落实好教师薪资方面的具体措施,如提升基本工资水平、不拖欠漏发工资等。除此之外,还可以对教师积极情感影响因素的各方面进行协同作用,更好地提升中小学生的积极情感体验,减少职业压力,拥有更好的生活质量,进而对教育事业发挥更高的水平。

（三）研究不足与研究展望

本研究由于自身条件及其他方面的限制,还存在一些不足之处。第一,本研究运用问卷法进行调查,被试根据主观想法填写问卷,可能存在期望和疲劳效应等误差;第二,本研究的样本均来自贵州省,样本无法代表全国的中小学教师,不具有推广性;第三,本研究采用问卷法探索中小学教师职业压力和积极情感之间的关系,仅做了数据统计分析,并未深入探索是否还存在其他因素对两者关系产生了影响。在未来的研究中可以运用多种研究方法相结合进行调查研究,增强研究的准确性。同时,对于中小学教师的消极情感要进行更多的关注和多方面的研究,以提升教师的积极情感水平。

五、结论

（1）中小学教师的职业压力在学段、是否重点学校、学科、学历、教龄和月工资的人口社会学统计变量上存在显著性差异;中小学教师积极情感在学校所在地、是否重点学校、学科、学历和月工资的人口社会学统计变量上存在显著性差异。

（2）中小学教师职业压力及其各维度均处于中等水平;中小学教师积极情感处于较低水平。

（3）中小学教师的职业压力及其各维度均与教师积极情感度存在显著负相关;中小学教师职业压力及职业期望维度、学生维度和自我发展维度对教师积极情感有显著影响。

第四节 职业倦怠对中小学教师工作满意度的影响研究

一、问题提出

教师工作满意度是教师对其工作与所从事职业,以及工作条件与状况的一种总体的、带有情绪色彩的感受与看法。作为影响教师专业发展的核心因素,有关教师工作满意度影响因素的研究已成为教师心理研究与教育研究的前沿领域。教师工作满意度具有重要的作用,不仅影响教师自身专业发展、身心健康、工作投入和工作绩效等,还会影响教师队伍的稳定性,甚至关系到学生是否能够全面健康成长。

在影响教师工作满意度的诸多因素中,职业倦怠是研究者关注较多的风险性因素之一。

教师职业倦怠是指教师不能顺利应对工作压力时的一种极端反应,是教师伴随长时期压力体验下而产生的情感、态度和行为的衰竭状态,包含情绪衰竭、去人性化、低个人成就感3个维度。其中,情绪衰竭是职业倦怠的核心成分,指由于身心资源过度透支而产生的极度衰竭的情绪、情感状态;去个性化通常表现为个体对工作的冷漠、消极、排斥、反抗态度;低个人成就感则指个体对自我的负面评价,认为自己无法有效胜任工作,并感受到无助及低落的自尊。作为职业倦怠的高发人群,教师职业倦怠受到国内研究者的高度关注。职业倦怠不但危害教师的身心健康、阻碍教师的专业发展、降低教师的工作满意度,而且危害教师队伍的稳定性。

虽然前人的研究发现职业倦怠能显著预测中小学教师工作满意度,但关于职业倦怠影响中小学教师工作满意度的探究还不够深入,尤其是对职业倦怠的不同维度对中小学教师工作满意度可能存在的不同影响探究不够。综上所述,本研究主要目的有:

（1）探究职业倦怠能否显著预测中小学教师工作满意度；（2）检验职业倦怠的不同维度对中小学教师工作满意度可能的不同影响。通过对以上假设的检验，可以进一步了解职业倦怠对于中小学教师工作满意度的影响，为实践中提升中小学教师工作满意度提供可参考的依据。

二、研究方法

（一）调查对象

调查对象来源于贵州省贵阳市、遵义市、毕节市 3 地级市的 5 个县，抽取来自 22 所学校共 1 909 名中小学教师参与本次调查研究。为保证调查对象的多样性，在选取学校时大体按照 1∶1∶1∶1 的比例选取农村、乡镇、县城、市区的学校。贵阳市共抽取 8 所学校；遵义市共抽取 8 所学校；毕节市共抽取 6 所学校；涵盖小学、初中、高中 3 个学段。其中男教师 794 人，女教师 1 115 人；小学教师 726 人，初中教师 828 人，高中教师 355 人；农村学校教师 204 人，乡镇学校教师 649 人，县城学校教师 746 人，市区学校教师 310 人；教龄 1 ~ 5 年的教师 463 人，教龄 6 ~ 10 年的教师 224 人，教龄 11 ~ 15 年的教师 258 人，教龄 16 ~ 20 年的教师 317 人，教龄 20 年以上的教师 647 人。

（二）工具

1.教师职业倦怠量表

采用李超平和汪海梅（2009）修订的《教师职业倦怠量表》（简版），该量表包括情绪衰竭、去个性化、个人成就感低 3 个维度，共 15 个项目。本量表采用 Likert 7 点计分方式，调查对象根据自己的真实情况在"从不发生"到"每天发生"的 7 点量表上进行选择。得分越高表示教师的职业倦怠程度越高。在本研究中，职业倦怠量表的 Cronbach's $\alpha=0.87$。

2. 工作满意度量表

采用 Agho et al.（1992）编制的《整体工作满意度数量表》，并根据专家的意见进行符合施测情境的修改。该量表共包括 6 个项目，采用 Likert 5 点计分方式，教师根据自己的真实情况在"完全不符合"到"完全符合"的 5 点量表上进行选择。得分越高表示教师的工作满意度越高。本研究中，工作满意度量表的 Cronbach's $\alpha=0.87$。

（三）施测过程

利用每个学校业务学习后的时间进行问卷调查。每个学校的问卷调查均由 10 名经过培训的大学生调查员进行，每名调查员负责对 8 ~ 15 名教师进行问卷调查。问卷调查前由主试宣读指导语，强调本次调查的匿名性、保密性，数据仅用于科学研究之用。要求教师根据自己真实的想法进行回答，回答完毕后立即回收问卷。

（四）数据筛选与处理

采用 SPSS 24.0 软件对数据进行分析处理。

三、结果分析

首先对收集到的问卷进行初步的筛查与整理，剔除可以分辨出的未达到筛选要求的问卷，得到 1 909 份有效问卷。将两个问卷的数值进行认真录入，并将被试的人口社会统计学资料进行编码对应输入。再将所得到的数据导入 SPSS 进行下一步操作。

（一）各变量描述统计结果及相关分析

首先对教师职业倦怠问卷以及教师工作满意度问卷所得到的数据进行初步的描述统计分析。教师职业倦怠总分（ $M=3.491$，

SD=0.904）较高，处于中等偏上水平。其中，职业倦怠不同维度排序依次为：个人成就感低（M=3.74）、情绪衰竭（M=3.69）、去个性化（M=2.87）。除了去个性化以外，其他方面的压力均高于中位数。教师工作满意度得分（M=3.095，SD=0.712），处于中等水平。

对本研究所要重点研究的职业倦怠和教师工作满意度之间的关系进行相关分析，运用皮尔逊相关进行运算，得出教师职业倦怠与教师工作满意度之间的相关系数为 −0.471，$p < 0.01$，说明二者呈显著负相关，教师职业倦怠与教师工作满意度之间存在密切联系。

（二）中小学教师职业倦怠及工作满意度差异检验结果

通过初步的统计分析，采用 t 检验、方差分析 ANOVA 等方法可知，教师职业倦怠在学段（$F_{2,1906}$=7.254，$p < 0.01$）上存在显著差异，进一步事后检验表明，初中教师职业倦怠显著高于小学（p=0.004）和高中（$p < 0.01$）；在月收入上，教师的职业倦怠也存在显著差异（$F_{3,1905}$=8.278，$p < 0.001$），进一步事后检验表明，月收入为 1 000 ~ 3 000 元的教师显著高于月收入 8 000 元以上的教师（$p < 0.05$），月收入为 3 000 ~ 5 000 元的教师显著高于月收入为 5 000 ~ 8 000 元的教师（$p < 0.05$）、8 000 元以上的教师（$p < 0.01$）；在学校所在地上，教师职业倦怠存在显著性差异（$F_{3,1905}$=2.682，$p < 0.05$），进一步事后检验表明，学校所在地为乡镇的中小学教师显著高于学校所在地位县城的教师（p=0.04）；在学校重点类型上，教师的职业倦怠也存在显著差异（$F_{3,1905}$=6.505，$p < 0.001$），进一步事后检验表明，普通学校教师的职业倦怠显著低于县级重点学校（p=0.006）、市级重点学校（p=0.005）、省级重点学校（p=0.041）。

教师工作满意度在学段上存在显著差异（$F_{2,1906}$=5.342，p=0.005），进一步事后检验发现，小学教师工作满意度显著高于初中教师（p=0.007）和高中教师（p=0.006）；在月收入上，教师的工作满意度也存在显著差异（$F_{3,1905}$=13.519，$p < 0.001$），进一步事后检验表明，教师的工作满意度随着教师的月收入的增加而显著增加。

为进一步考察职业倦怠不同维度对中小学教师工作满意度的影响，以中小学教师工作满意度为因变量，个人成就感低、情绪衰竭、去个性化为自变量，采用强行进入法进行多元线性回归。结果表明：各预测指标的容忍度在 0.19 ~ 0.73，方差扩大因子 VIF 为 1.06 ~ 2.86，说明这些指标的共线性对回归分析没有不良影响。回归分析得出 R^2=0.279，ΔR^2=0.278，$F = 246.09$，$p < 0.001$，说明建立的回归方程是有意义的，所有 3 个变量能够解释中小学教师工作满意度总变异的27.8%。对中小学教师工作满意度具有显著预测作用的变量为：去个性化，β=−0.452，$p < 0.001$；情绪衰竭，β=−0.143，$p < 0.001$；个人成就感低，β=−0.064，$p < 0.05$。去个性化、情绪衰竭、个人成就感低对中小学教师工作满意度具有显著负向预测作用。

四、讨论

（一）中小学教师工作满意度现状分析

本研究结果表明，中小学教师的工作满意度处于中等偏上水平。教师的工作满意度是其对所从事的工作、环境的满意程度，它直接影响教师工作的主动性和积极性，并且也会影响到例如教学成果、师生关系这样的教学行为（朱从书，2006）。工作满意度是教师主观的，对教职工作满意程度的衡量，一定程度上反应了教师最真实的对工作情况的看法，所以，教师的工作满意度这一指标，对于想要探讨教师方方面面的问题以及教师相关的心理学研究来说，是必须考虑的重要变量。从搜集到的数据进行整理和分析，我们发现教师的工作满意度在几个人口统计学的变量上，各水平之间会出现显著差异，这些因素，如工资，可能与个人对工作的期望、自我认识等方面有关，这些因素在提高教师的工作满意度方面会有一定的作用。

(二)中小学教师职业倦怠与工作满意度的关系

对收集到的问卷中的数据进行相关与回归分析后,我们可以得出,教师职业倦怠与教师工作满意度的相关关系显著,且二者的相关系数达到了 -0.471,这就说明二者之间存在较高程度的负相关。之后为了进一步确认二者之间的关系,将去个性化、情绪衰竭、个人成就感低作为自变量,教师的工作满意度作为因变量,对二者进行了回归分析,得出个性化、情绪衰竭、个人成就感低均能显著负向预测中小学教师工作满意度,其中影响最大的是去个性化。这说明,表现为个体对工作的冷漠、消极、排斥、反抗态度的去个性化,会使得中小学教师产生对工作的消极、不满意的态度,这也符合当今中小学的现状。

综上所述,当致力于提高教师对工作的满意程度时,除一些客观的人口统计学变量,更要重视教师的职业倦怠。我们必须正视中小学教师所面临巨大的职业倦怠,尤其是注意缓解中小学教师可能出现的去个性化的情况。当代中小学教师承担的角色日趋多样化与复杂化,他们不但要面对繁重的教学任务,还要面对灵活的培养目标以及社会与家长的过高期望。在长期压力过度的情况下,中小学教师极易出现情感衰竭、人格解体的症状。当这种职业倦怠症状不能得到有效的控制和缓解,就会对中小学教师的身心健康和生活质量产生消极影响,甚至影响到工作满意度,进而出现离职或消极怠工等不良现象。

(三)本研究的不足与展望

本篇研究存在一些不足之处,尚需未来的研究加以完善与探索。首先,本研究涉及两个主要地变量,即教师的职业倦怠以及教师的工作满意度,并想要探寻二者之间的关系,但只对二者进行了统计数据分析,并未考虑是否存在其他能够对二者之间关系产生影响的因素；其次，本研究的样本均来自贵州省，样本可能无法代表全国的中小学教师。

五、结论

（1）中小学教师的职业倦怠和工作满意度在学段、教龄、职称等人口统计学变量上存在显著性差异。

（2）中小学教师的职业倦怠与工作满意度处于中等水平。

（3）中小学教师的职业倦怠与工作满意度存在较高程度负相关，教师职业倦怠是中小学教师工作满意度的风险性因素，职业倦怠的不同维度对中小学教师工作满意度有着不同的影响，影响大小排序依次为：去个性化、情绪衰竭、个人成就感低。

第五节　职业倦怠对中小学教师生活满意度的影响研究

一、问题提出

生活满意度是个体依据自我标准对自己大部分时间或特定时期生活状况进行总体评价后的主观体验（马元广，贾文芝，2017），它与积极情绪和消极情绪一起包含于主观幸福感（姜永杰，2007）中。生活满意度作为认知因素，是主观幸福感的关键指标，是独立于积极情感和消极情感的一个更有效的肯定性衡量标准（黄琨，2010）。作为影响教师专业发展的核心因素，有关教师生活满意度影响因素的研究已成为教师心理研究与教育研究前沿领域。教师生活满意度具有重要的作用，不仅影响教师身心健康、生活状态、工作投入和工作绩效等，还会影响教师队伍的稳定性，甚至关系到学生的健康成长。

在影响教师生活满意度的诸多因素中，职业倦怠是研究者关注较多的风险性因素之一。Edelwich 和 Brodsky（1980）认为职业倦怠是助人工作者在工作情境中所体验到的逐渐丧失理想、精力与工作目标的一种状态,同时认为工作倦怠的原因是缺乏动机所引起的(张露,2014),包括情感衰竭、去个性化和个人成就感低三个维度。其中,情绪衰竭是指情感上过度投入和情感资源的严重消耗;去个性化常表现为个体对服务对象的消极、冷酷和冷漠的态度;个人成就感低是指个体对自己的工作能力和获得成功的信心下降(徐晓宁,2005)。国内外有关教师职业倦怠的研究认为,城乡小学教师的职业压力、社会支持与职业倦怠之间存在显著相关(闫芳芳,2014)。组织支持感对工作倦怠有显著影响,感受到组织支持感的员工情绪上更不容易衰竭(Helen,Valerie,2006)。李金波(2006)等人也认为组织支持感对工作倦怠有一定的影响。还有研究者认为职业倦怠与压力有着密不可分的联系,工作压力会导致职业倦怠,职业倦怠会影响主观幸福感(沈虹,2013)。本研究重点关注教师职业倦怠与教师的生活满意度之间的关系。

有关教师职业倦怠与教师生活满意度的关系方面的研究,前人也有一些可供参考的优秀成果,工作家庭冲突和职业倦怠是反映教师职业压力、职业情绪的两个重要指标,与教师的生活满意度存在密切联系(刘旺,冯建新,2010;张丽华,王丹,2007;李明军,2015)。陈晓晨,翟冬梅(2008)研究中发现,生活满意度对职业倦怠各维度存在显著的预测作用,这一结果具有一定的理论和实际应用价值。综上所述,本研究主要目的是探究职业倦怠能否显著预测中小学教师生活满意度;检验职业倦怠的不同维度对中小学教师生活满意度可能的不同影响。通过对以上假设的检验可以进一步了解职业倦怠对于中小学教师生活满意度的影响,为实践中提升中小学教师生活满意度提供可参考的依据。

二、研究方法

(一)调查对象

调查对象来源于贵州省贵阳市、遵义市、毕节市 3 地级市的 5 个县,抽取来自 26 所学校共 750 名中小学教师参与本次调查研究,共回收有效问卷701份。所抽取的一些社会人口统计学资料如下:为保证调查对象的多样性,在选取学校时大体按照1:1:1:1的比例选取农村、乡镇、县城、市区的学校。贵阳市共抽取9所学校,其中农村学校2所,乡镇学校3所,县城学校3所,市区学校1所;遵义市共抽取11所学校,其中农村学校4所,乡镇学校3所,县城学校3所,市区学校2所;毕节市共抽取6所学校,其中农村学校2所,乡镇学校2所,县城学校1所,市区学校1所;涵盖小学、初中、高中3个学段。其中男教师292人,女教师409人;小学教师252人,初中教师321人,高中教师128人;农村学校教师76人,乡镇学校教师267人,县城学校教师262人,市区学校教师96人;普通学校教师513人,县级重点学校教师116人,市级重点学校教师43人,省级重点学校教师29人;中专学历教师8人,大专学历教师105人,本科学历教师572人,研究生学历教师16人;三级教师42人,二级教师199人,一级教师352人,高级教师108人;月工资收入为1 000～3 000元的教师19人,月工资收入为3 001～5 000元的教师468人,月工资收入为5 001～8 000元的教师211人,月工资收入为8 000元以上的教师3人。

(二)工具

1. 教师职业倦怠量表

采用李超平和汪海梅(2009)修订的《教师职业倦怠量表》(简版),该量表包括情绪衰竭、去个性化、个人成就感低三个维度,共15个项目。本量表采用Likert 7点计分方式,调查对象根据自己的真实情况在"从不发生"到"每天发生"的7点量表上进行选择。得分越高表示教师的职业倦怠程度越高。在本研究中职业倦怠量表的Cronbach's $\alpha=0.87$,信度良好。

2. 生活满意度量表

采用Diener、Emmons、Larsen和Griffin(1985)编制的《生活满意度量表》,该量表包含5个项目,所有项目均采用Likert 7点计分。得分越高,说明教师的生活满意度越高。在本研究中,量表的 Cronbach's α=0.89。

（三）数据筛选与处理

采用 SPSS 21.0 软件对数据进行统计分析处理。

三、结果分析

首先对收集到的问卷进行初步的筛查与整理,剔除可以分辨出的未达到筛选要求的问卷,得到 701 份有效问卷。将两个问卷的数值进行认真录入,并将被试的人口社会统计学资料进行编码对应输入。再将所得到的数据导入 SPSS 进行下一步操作。

（一）各变量描述统计结果及相关分析

首先对教师职业倦怠问卷以及教师生活满意度问卷所得到的数据进行初步的描述统计分析。中小学教师职业倦怠、情绪衰竭、去个性化、个人成就感低、生活满意度描述性统计及相关结果:教师职业倦怠总得分(M=3.45, SD=0.92),各分量表,情绪衰竭得分(M=3.61, SD=1.39),个人成就感得分(M=3.76, SD=1.24),二者处于中等偏上水平,去个性化得分(M=2.79, SD=1.34),处于较低水平;教师生活满意度得分(M=3.46, SD=1.33),处于中等水平。中小学教师生活满意度与职业倦怠(r=-0.385, $p < 0.01$)、情绪衰竭(r=-0.363, $p < 0.01$)、去个性化(r=-0.398, $p < 0.01$)、个人成就感低(r=-0.089, p=0.018)均呈显著负相关,教师职业倦怠与教师生活满意度之间存在密切联系。

（二）中小学教师生活满意度及职业倦怠差异检验结果

通过初步的统计分析,采用 t 检验、方差分析 ANOVA 等方法可知,教师职业倦怠在学历($F_{3,697}$=3.688, p=0.012)上存在显著差异,进一步事后检验表明,中专学历教师的职业倦怠显著低于本科学历（p=0.014）和研究生学历（p=0.001）的教师,大专学历教师的职业倦怠显著低于研究生学历（p=0.003）的教师,本科学历教师的职业倦怠显著低于研究生学历（p=0.016）的教师,据数据,教师的职业倦怠随着教师的学历增高而显著增加;在月工资上,教师的职业倦怠也存在显著差异（$F_{3,697}$=2.804,p=0.039）,进一步事后检验表明,月工资 1 000 ~ 3 000 元的教师显著高于月工资 5 000 ~ 8 000 元（p=0.032）的教师,月工资 3 000 ~ 5 000 元的教师显著高于月工资 5 000 ~ 8 000 元（p=0.003）的教师。教师生活满意度在学段（$F_{2,698}$=9.084,$p < 0.01$）上存在显著差异,进一步事后检验表明,小学教师的生活满意度显著高于初中（$p < 0.01$）和高中（p=0.001）;教师生活满意度在学历（$F_{3,697}$=3.555,p=0.014）上也存在显著差异,进一步事后检验表明,中专学历教师的生活满意度显著高于研究生（p=0.02）,大专学历教师的生活满意度显著高于本科（$p < 0.01$）、研究生（p=0.001）;在月工资上,教师的生活满意度也存在显著差异（$F_{3,697}$=5.935,p=0.001）,进一步事后检验表明,教师的生活满意度随着教师的月工资增加而显著增加。

为进一步考察职业倦怠不同维度对中小学教师生活满意度的影响,以中小学教师生活满意度为因变量,情绪衰竭、去个性化、个人成就感低为自变量,采用强行进入法进行多元线性回归。结果表明:各预测指标的容忍度为 0.28 ~ 0.82,方差扩大因子 VIF 为 1.04 ~ 2.47,说明这些指标的共线性对回归分析没有不良影响。回归分析得出 R^2=0.177,ΔR^2=0.174,F = 50.028,$p < 0.001$,说明建立的回归方程是有意义的,所有 3 个变量能够解释中小学教师生活满意度总变异的 17.4%。对中小学教师生活满意度具有显著预测作用的变量为:去个性化,β=-0.264,$p < 0.001$;情绪衰竭,β=-0.184,$p < 0.001$;个人成就感低,β=-0.062,p=0.077。职业倦怠各维度对中小学教师生活满意度均具有显著负向预测作用。

四、讨论

（一）中小学教师生活满意度现状分析

本研究结果表明，中小学教师的生活满意度处于中等水平。教师生活满意度是教师心理健康心理幸福感的重要组成部分，不仅可以反映教师生活质量，而且可以有效预测教师工作绩效、离职倾向和身心健康（李明军，2015）。生活满意度是教师主观的对其生活质量的衡量，在一定程度上反映了教师真实的对生活的看法，所以，教师生活满意度这一指标对于想要探讨教师群体方方面面的问题及教师相关的心理学研究是不容忽视的重要变量。对本研究收集到的数据进行整理和分析发现，教师的生活满意度在几个人口统计学变量上出现显著差异，如学段、学历、月工资等，这与个人的生活方式、对生活的期望、需求和自我价值等方面有关，这些因素在提高教师生活满意度的方面具有一定的作用。

（二）中小学教师职业倦怠与生活满意度的关系

对收集到的问卷中的数据进行相关与回归分析后，我们得出，教师职业倦怠与教师生活满意度的相关关系显著，且二者的相关系数达到了 -0.385，这就说明二者之间存在较高程度的负相关。之后为了进一步确认二者之间的关系，将情绪衰竭维度、去个性化维度和个人成就感低维度作为自变量，教师的生活满意度作为因变量，对二者进行了回归分析，得出情绪衰竭方面、去个性化方面能显著负向预测中小学教师生活满意度，而个人成就感低方面的职业倦怠对中小学教师生活满意度不具有显著预测作用。其中，影响最大的是来自去个性化方面。这说明，表现为个体对工作的疏远、冷漠、排斥和反抗态度的去个性化，会使得中小学教师产生对生活的不满意、消极的态度。

综上所述，当致力于提高教师对生活的满意程度时，除一些客观的人口社会统计学变量，更要重视教师的职业倦怠。我们必须关注中小学教师所面临的巨大职业倦怠,尤其是注意缓解中小学教师可能出现的去个性化的情况。教育工作者利用自身的知识和能力作为工具,通过一定手段去教会学生如何学习和思考,从而实现自我的价值,中小学教师群体在这其中起着基奠和举足轻重的作用,但是在这个过程中,中小学教师承受着过度的期望和压力,在这样的情况下,中小学教师极易出现情绪衰竭、人格解体的症状。当这种职业倦怠症状不能得到有效缓解时,就会对中小学教师群体的身心健康和生活质量产生负面的影响,进而出现无所事事、沮丧消极等不良生活状态。

(三)本研究的不足与展望

本研究尚存在一些不足之处,需要未来的研究加以完善和改进。首先,本研究涉及两个主要地变量,即教师的职业倦怠和教师的生活满意度,想要探寻二者之间的关系,但只对二者进行了统计数据分析,并未考虑是否存在其他能够对二者之间关系产生影响的因素;再者,本研究的样本均来自贵州省,样本可能无法代表全国的中小学教师。在未来的研究中,以期能对二者关系之间存在的相关影响因素进行深入的探索,增加获取数据的渠道,引入一些客观的方法收集数据,为教师群体的心理健康问题提供有参考价值的研究。

五、结论

(1)中小学教师的职业倦怠和生活满意度在学历、月工资等人口统计学变量上存在显著性差异。

(2)中小学教师的职业倦怠与生活满意度处于中等水平。

(3)中小学教师的职业倦怠与生活满意度存在较高程度的负相关,教师职业倦怠是中小学教师生活满意度的风险性因素,职业倦怠的不同维度对中小学教师生活满意度有着不同的影响,影响大小排序依次为:去个性化、情绪衰竭、个人成就感低。

第六节　职业倦怠对中小学教师积极情感的影响研究

一、问题提出

教师这一群体,作为学校教育的主要组织者,其幸福感不仅关乎自身的身心健康,还会影响到学生的身心发展,甚至影响整个学校和社会教育发展水平。教师职业与其他职业相比有特殊的部分,教师在教育过程中投入情感比较多,能体会到更多情绪上的变化,相反,教师的情绪反应和心理状态极易在教学行为中表现出来,从而对学生产生影响。这时,教师拥有一种正向的、积极情绪显得至关重要。有研究表明,人的情感发展和智力发展的重要性处于同样的地位,情感的积极稳定发展能够使学生在补充知识的同时,充分发挥出个人的潜质(王永亮,2007)。教师情感发展具有重要的作用,教师积极的情绪会给教学和学生带来正性的影响,而消极的情感会给学生、自身以及教师队伍带来负面的影响,在影响教师积极情感的诸多因素中,职业倦怠是研究者关注较多的风险性因素之一。

教师职业倦怠是指教师不能顺利应对工作压力时的一种极端反应,是教师伴随于长时期压力体验下而产生的情感、态度和行为的衰竭状态(张勇,于跃,2002;郑晓芳,2013),包括情感衰竭、去个性化和个人成就感低三个维度。其中,情绪衰竭是指情感上过度投入和情感资源的严重消耗;去个性化常表现为个体对服务对象的消极、冷酷和冷漠的态度;个人成就感低是指个体对自己的工作能力和获得成功的信心下降(徐晓宁,2005)。有关教师职业倦怠的研究认为,城乡小学教师的职业压力、社会支持与职业倦怠之间存在显著相关(闫芳芳,2014)。组织支持感对工作倦怠有显著影响,感受到组织支持感的员工情绪上更不容易衰竭(Helen,Valerie,2006)。李金波(2006)等人也认为组织支持感对工作倦怠有一定的影响,教师在具有支持的环境中工作一般产生较少的职业倦怠现象。还有研究者认为,职业倦怠与压力有着密不可分的联系,工作压力会导致职业倦怠,职业倦怠会影响主观幸福感(沈虹,2013)。本研究重点关注教师职业倦怠与教师的积极情感之间的关系。

积极情感是主观幸福感的一个基本成分,通常与消极情感、生活满意度共同研究,是个体生活中的情感体验,包括消极情绪(何西超,胡婧,2014;姜永杰,2007)。小学教师积极的情感不仅对教师个人的心理健康和幸福感形成很大的作用,也对学生、同伴群体有感染效应(张珊珊,韦雪艳,2018)。虽然教师群体从年龄上来看其情感发展已趋于稳定,但积极情绪不仅会使教师产生愉悦的感受,还会提高教师自身的专业发展、身心健康、教学效果等,在教育活动中十分有益。因此,在中小学教师群体心理健康问题中,探索积极情感的影响因素具有重要的作用。虽然前人的研究发现,积极情绪与职业倦怠存在显著影响(丁亚坤,2015),但关于职业倦怠影响中小学教师积极情感的探究还不够深入,尤其是职业倦怠各维度对中小学教师积极情感可能存在的不同影响研究不够。综上所述,本研究重点探究在中小学教师群体中,职业倦怠不同维度对中小学教师积极情感可能产生的不同影响以及二者之间存在着何种程度的关系。

二、研究方法

(一)调查对象

调查对象来源于贵州省贵阳市、遵义市、毕节市 3 地级市的 5 个县,抽取来自 29 所学校共 1 200 名中小学教师参与本次调查研究,共回收有效问卷 866 份。所抽取的一些社会人口统计学资料如下:为保证调查对象的多样性,在选取学校时大体按照 1∶1∶1∶1 的比例选取农村、乡镇、县城、市区的学校。贵阳市共抽取 10 所学校；遵义市共抽取 11 所学校；毕节市共抽取 8 所学校；涵盖小学、初中、高中 3 个学段。实测问卷有效回收 866 份，其中男教师 380 人，女教师 486 人；小学教师 348 人，初中教师366 人，高中教师 152 人；农村学校教师 101 人，乡镇学校教师258 人，县城学校教师 383 人，市区学校教师 124 人；教龄 1～3年的教师 113 人，教龄 4～6 年的教师 87 人，教龄 7～10 年的教师 102 人，教龄 11～15 年的教师 132 人，教龄 16～20 年的教师 140 人，教龄 20 年以上的教师 292 人；中专学历教师 11 人，大专学历教师 144 人，本科学历教师 698 人，研究生学历教师 13人；月工资收入为 1 000～3 000 元的教师 47 人，月工资收入为3 001～5 000 元的教师 557 人，月工资收入为 5 001～8 000 元的教师 258 人，月工资收入为 8 000 元以上的教师 4 人。

（二）工具

1. 教师职业倦怠量表

采用李超平和汪海梅（2009）修订的简版《教师职业倦怠量表》，该量表包括情绪衰竭、去个性化、个人成就感低三个维度，共15 个项目。本量表采用 Likert 7 点计分方式，调查对象根据自己的真实情况在"从不发生"到"每天发生"的 7 点量表上进行选择。得分越高表示教师的职业倦怠程度越高。在本研究中，职业倦怠量表的 Cronbach's α=0.87，信度良好。

2. 积极情感消极情感量表

采用邱林，郑雪和王雁飞（2008）修订的《积极情感消极情感量表》，该量表包含 18 个项目，其中 9 个项目测量的是积极情感，另 9 个项目测量的是消极情感。所有项目均采用 Likert 5 点计分。在本研究中，量表的 Cronbach's α=0.89。采用前人的计算方法，将积极情感和消极情感标准化，用积极情感的标准分减去消极情感的标准分得出积极情感总分。

（三）数据筛选与处理

采用 SPSS 21.0 软件对数据进行统计分析处理。

三、结果分析

首先对收集到的问卷进行初步的筛查与整理，剔除可以分辨出的未达到筛选要求的问卷，得到 866 份有效问卷。将两个问卷的数值进行认真录入，并将被试的人口社会统计学资料进行编码对应输入。再将所得到的数据导入 SPSS 进行下一步操作。

（一）各变量描述统计结果及相关分析

首先对教师职业倦怠问卷以及教师积极情感、消极情感问卷所得到的数据进行初步的描述统计分析。中小学教师职业倦怠、情绪衰竭、去个性化、个人成就感低、积极情感描述性统计及相关结果：教师职业倦怠总分得分（$M=3.53$，SD=0.90），各分量表，情绪衰竭得分（$M=3.77$，SD=1.426），个人成就感得分（$M=3.727$，SD=1.205），二者处于中等偏上水平，去个性化得分（$M=2.936$，SD=1.451），处于较低水平；教师积极情感总分得分（$M=0.397$，SD=1.026），处于较低水平。中小学教师积极情感与职业倦怠（$r=-0.62$，$p<0.01$）、情绪衰竭（$r=-0.545$，$p<0.01$）、去个性化（$r=-0.533$，$p<0.01$）、个人成就感低（$r=-0.194$，$p<0.01$）均呈显著负相关，教师职业倦怠与教师积极情感之间存在密切联系。

（二）中小学教师积极情感及职业倦怠差异检验结果

通过初步的统计分析，采用 t 检验、方差分析 ANOVA 等方法可知，教师职业倦怠在学校所在地（$F_{3,862}=3.904$，$p=0.009$）上存在显著差异，进一步事后检验表明，学校所在地为农村的中小学教师显著高于学校所在地为县城（$p=0.043$）的教师；在月工资上，教师的职业倦怠也存在显著差异（$F_{3,862}=8.562$，$p<0.01$），进

一步事后检验表明,月工资 1 000 ~ 3 000 元的教师显著高于月工资 5 000 ~ 8 000 元($p < 0.01$)、8 000 元以上($p=0.004$)的教师,月工资 3 000 ~ 5 000 元的教师显著高于月工资 5 000 ~ 8 000 元($p < 0.01$)、8 000 元以上($p=0.015$)的教师,据数据,教师的职业倦怠随着教师的月工资减少而显著增加。教师积极情感在教龄($F_{5, 860}=4.981$, $p < 0.01$)上存在显著差异,进一步事后检验表明,教龄 1 ~ 3 年的教师的职业倦怠显著高于教龄 7 ~ 10 年($p=0.008$)、11 ~ 15 年($p=0.01$)、16 ~ 20 年($p < 0.01$)、20 年以上($p=0.014$)的教师,教龄 4 ~ 6 年的教师显著高于 16 ~ 20 年($p=0.003$)的教师,教龄 16 ~ 20 年的教师显著低于 20 年以上($p=0.009$)的教师;教师的积极情感在月工资($F_{3, 862}=3.347$, $p=0.019$)上也存在显著差异,进一步事后检验表明,月工资 1 000 ~ 3 000 元教师的积极情感显著低于 8 000 元以上($p=0.037$)的教师。

为进一步考察职业倦怠不同维度对中小学教师积极情感的影响,以中小学教师积极情感为因变量,情绪衰竭、去个性化、个人成就感低为自变量,采用强行进入法(Enter)进行多元线性回归。结果表明:$R^2=0.40$, $\Delta R^2=0.398$, $F = 191.618$, $p < 0.001$,说明建立的回归方程是有意义的,所有 3 个变量能够解释中小学教师积极情感总变异的 39.8%。对中小学教师积极情感具有显著预测作用的变量为:情绪衰竭,$\beta=-0.41$, $p < 0.001$;去个性化,$\beta=-0.244$, $p < 0.001$;个人成就感低,$\beta=-0.241$, $p < 0.001$。情绪衰竭、去个性化、个人成就感低对中小学教师积极情感具有显著负向预测作用。

四、讨论

(一)中小学教师积极情感现状分析

本研究结果表明,中小学教师的积极情感处于较低水平。本研究所得的中小学教师积极情感是通过教师填写的积极情感消极情感问卷中,用积极情感得分减去消极情感得分所得的总正性情绪得分进行统计和分析的。积极情感是主观幸福感的基本成分之一,积极情感是教师主观的,是个体生活中的情感体验,一定程度上反映了教师最真实的对工作与生活的感受。积极情绪给人带来积极、向上、肯定的感受,促使人积极行动,消极情绪会给人带来消极、停滞、否定的感受,削弱活动能力(Fredrickson,2001)。所以,教师的积极情感这一因素是对于想要探讨教师群体方方面面的问题及教师相关的心理学研究不容忽视的变量。对本研究收集到的数据进行整理和分析,发现教师的积极情感在几个人口统计学变量上出现显著差异,如教龄、月工资等,这与任务量、精力动力、工作期望等方面有关,这些因素在提高教师的积极情感方面具有一定的作用。

(二)中小学教师职业倦怠与生活满意度的关系

对收集到的问卷中的数据进行相关与回归分析后,我们得出,教师职业倦怠与教师积极情感的相关关系显著,且二者之间的相关系数达到了 -0.62,这就说明二者之间存在较高程度的负相关。之后为了进一步确认二者之间的关系,将情绪衰竭维度、去个性化维度和个人成就感低维度作为自变量,教师的积极情感作为因变量,对二者进行了回归分析,得出情绪衰竭、去个性化、个人成就感低对中小学教师积极情感具有显著负向预测作用。其中,影响最大的是来自情感衰竭方面。这说明,个体情感上过度投入和情感资源严重消耗的情感衰竭会使得中小学教师产生消极的、不愉悦的情绪。

综上所述,当致力于提高教师的积极情感体验时,除一些客观的人口社会统计学变量,更要重视教师的职业倦怠。我们必须注重中小学教师所面临的巨大职业倦怠,尤其是着重关注缓解中小学教师可能出现的情绪衰竭的情况。教育工作者凭借自身的知识和能力作为工具,通过一定手段去教会学生如何学习和思考,从而实现自我的价值,中小学教师群体在这其中起着基奠和举足轻重的作用,但是在这个过程中,中小学教师存在着过度的期望和压力,在这样的情况下,中小学教师极易出现情绪衰竭、人格解体和个人成就感低。当这种职业倦怠症状不能得到有效控制和缓解时,就会对中小学教师群体的身心健康和情感体验产生消极的影响,进而出现精力透支、情感衰竭等不良现象。

（三）本研究的不足与展望

本研究存在一些不足之处,尚需要未来的研究加以完善与探索。首先,本研究涉及两个主要的变量,即教师的职业倦怠和教师的积极情感,并想要探寻二者之间的关系,但只对二者进行了统计数据分析,并未深入探索是否存在其他能够对二者之间关系产生影响的因素;再者,本研究的样本均来自贵州省,样本可能无法代表全国的中小学教师。在未来的研究中,可以将与二者关系之间存在的相关变量进行进一步的探索;增加获取数据的渠道,引入一些客观的收集数据的方法,为教师群体心理健康状况提供有参考价值的研究。

五、结论

（1）中小学教师的职业倦怠在学校所在地、月工资等人口统计学变量上存在显著性差异,中小学教师的积极情感在教龄、月工资等人口统计学变量上存在显著性差异。

（2）中小学教师的职业倦怠处于中等水平,中小学教师的积极情感处于较低水平。

（3）中小学教师的职业倦怠与积极情感存在较高程度的负相关,教师职业倦怠是中小学教师积极情感的风险性因素,职业倦怠的不同维度对中小学教师积极情感有着不同的影响,影响大小排序依次为:情绪衰竭、去个性化、个人成就感低。

第六章　风险性因子对中小学教师
幸福感的影响机制研究

第一节　职业压力对中小学教师生活
满意度的影响机制研究

一、问题提出

教师这一群体,作为学校教育的实施主体,其幸福感不仅关乎自身的心理健康,还影响着学生的健康成长,甚至关系到学校乃至整个社会整体素质的提升。而处于基础教育中的小学和初中这两个阶段,是学生成长的关键时期,并且该时期,学生的大部分时间都是在学校里面度过的,因此接触最多并且影响最大的是老师。中小学教师的心理健康状况会对学生产生重要深远影响。对于教师而言,主观幸福感是对教师个人的整体生活质量进行评价的一个综合指标,而工作于一线的中小学教师,由于其工作各方面的特殊性,使得他们的职业压力大于其他行业的从业人员,因此关注中小学阶段一线教师的主观幸福感,了解其职业压力与职业倦怠的水平,对中小学教师保持稳定、热情的工作及教育环境,具有重大意义。

作为主观幸福感下的认知评价部分——生活满意度,即个体对其生活质量所作的总体认知评价(Diene, Napa Scollon, Lucas, 2003),近年来受到了越来越多研究者的重视,尤其是关于教师生活满意度的关键影响因素及其作用机制的探讨,已经成为教师生活满意度的研究热点之一(傅俏俏,叶宝娟,2016;张西超,胡婧,宋继东,张红川)。其中影响教师生活满意度的诸多因素中,客观因素包括性别(李郭保,2007;田荷梅,2007)、职称(曾瑜2007)、教龄(王梅,2007)、地域(田荷梅,秦启文,2007)、收入,主观因素包括职业压力(沈虹,2013)、职业倦怠(张陆,2007)等其他因素。在这些因素中,职业压力是研究者关注较多的因素之一。教师职业压力,是指在工作环境中使教师个人目标受到威胁的压力源长期、持续地作用于教师,而使教师产生一系列生理、心理和行为反应的过程(黄益远,2002)。研究表明,职业压力是中小学教师生活满意度的核心风险性因素,职业压力显著负向预测中小学教师的生活满意度(傅俏俏,叶宝娟,2016)。据此,提出研究假设1:职业压力能够负向预测中小学教师生活满意度。

前人研究发现,职业压力是中小学教师主观幸福感的风险性因素,但关于职业压力这个风险性因素对中小学教师主观幸福感的影响机制和影响过程探究较少。文献分析发现,职业压力往往与职业倦怠相伴随(刘毅,吴宇驹,邢强,2009)。教师职业倦怠,是指教师不能顺利应对工作压力时的一种极端反应,是教师伴随于长时期压力体验下而产生的情感、态度和行为的衰竭状态(郑晓芳,2012)。研究表明,职业倦怠也能显著负向预测教师生活满意度(张鑫,2013)。据此,提出研究假设2:职业倦怠中介了职业压力对中小学教师生活满意度的影响。

综上所述,本研究将通过一个中介模型对职业压力与中小学教师生活满意度之间的关系进行深入的探究,主要目的是探究职业倦怠是否能中介职业压力对中小学教师生活满意度的影响。通过对以上假设的检验可以进一步了解职业压力"怎样"影响中小学教师生活满意度,为实践中提升中小学教师生活满意度提供可参考的依据。

二、研究方法

(一)调查对象

调查对象来源于贵州省贵阳市、遵义市、毕节市 3 地级市的 5 个县,抽取来自 34 所学校共 2 568 名中小学教师参与本次调查研究。为保证调查对象的多样性,在选取学校时大体按照 1∶1∶1∶1 的比例选取农村、乡镇、县城、市区的学校。其中贵阳市抽取 11 所学校,遵义市抽取 13 所学校,毕节市抽取 10 所学校,涵盖小学、初中、高中 3 个学段。实测回收有效问卷 2 019 份,回收率 78.62%。其中男教师 839 人,女教师 1 180 人;小学教师 774 人,初中教师 872 人,高中教师 373 人;农村学校教师 217 人,乡镇学校教师 689 人,县城学校教师 790 人,市区学校教师 323 人;教龄 1 ~ 5 年的教师 493 人,教龄 6 ~ 10 年的教师 235 人,教龄 11 ~ 15 年的教师 275 人,教龄 16 ~ 20 年的教师 334 人,教龄 20 年以上的教师 682 人;三级教师 111 人,二级教师 563 人,一级教师 1 029 人,高级教师 314 人,正高级教师 2 人;月工资收入为 1 000 ~ 3 000 元的教师 88 人,月工资收入为 3 001 ~ 5 000 元的教师 1 307 人,月工资收入为 5 001 ~ 8 000 元的教师 613 人,月工资收入为 8 000 元以上的教师 11 人。

(二)工具

1. 中小学教师职业压力问卷

采用朱从书、申继亮和刘加霞(2002)编制的《中小学教师职业压力问卷》,该问卷包括 6 个维度:考试压力维度、学生因素维度、自我发展维度、家庭人际维度、工作负荷维度和职业期望维度,共 46 各项目。问卷采用 Likert 5 点计分方式,教师根据自己的真实情况在"没有压力"到"压力很大"的 5 点量表上进行选择。得分越高表示教师感受到的职业压力强度越大。在本研究中,中小学教师职业压力问卷的 Cronbach's $\alpha=0.96$，信度良好。

2. 教师职业倦怠量表

采用李超平和汪海梅（2009）修订的《教师职业倦怠量表》（简版），该量表包括情绪衰竭、去个性化、个人成就感低三个维度，共15 个项目。本量表采用 Likert 7 点计分方式，调查对象根据自己的真实情况在"从不发生"到"每天发生"的 7 点量表上进行选择。得分越高表示教师的职业倦怠程度越高。在本研究中，职业倦怠量表的 Cronbach's $\alpha=0.87$，信度良好。

3. 生活满意度量表

采用 Diener、Emmons、Larsen 和 Griffin（1985）编制的《生活满意度量表》，该量表包含 5 个项目，所有项目均采用 Likert 7 点计分。得分越高，说明教师的生活满意度越高。在本研究中，量表的 Cronbach's $\alpha=0.89$。

（三）数据筛选与处理

采用 SPSS 24.0 软件和 Process 3.0 插件对数据进行分析处理。首先采用单因素方差分析考察中小学教师的生活满意度在人口学变量上的差异，在此基础上进一步事后检验得到生活满意度在不同水平上的具体差异。然后进行相关分析，得到中小学教师职业压力、职业倦怠与生活满意度之间的相关关系。最后分析中小学教师职业压力、职业倦怠与生活满意度三者之间的中介作用。

三、结果分析

（一）共同方法偏差控制与检验

本研究中通过被试自陈法收集数据，可能存在共同方法偏差。因此，在问卷具体施测的过程中采取严格的程序控制（周浩，龙立荣,2004),强调本次问卷调查的匿名性、保密性,并且数据仅用于科学研究等。采用 Harman 单因子检验法对可能存在的共同方法偏差进行检验,结果表明特征值大于 1 的因子共 14 个,第一因子的变异解释率为 25.89%,小于 40% 的临界标准。说明本研究的共同方法偏差问题在允许的范围内(熊红星,张璟,叶宝娟,郑雪,孙配贞,2012)。

（二）生活满意度在人口学变量上的差异检验

使用单因素方差分析,将中小学教师作为因变量,人口学变量作为自变量,分析中小学教师的生活满意度在人口学变量上的差异。从结果来看,中小学教师的生活满意度在性别、月工资和学段上存在极其显著的差异。性别方面差异表现为女性教师的生活满意度水平显著高于男性教师的生活满意度水平($p < 0.01$)。进一步事后检验显示,月工资为 1 000 ~ 3 000 元的中小学教师的生活满意度均显著低于月工资为 3 000 ~ 5 000 元($p < 0.01$)、5 000 ~ 8 000 元($p < 0.001$)和 8 000 元以上($p < 0.001$)的中小学教师的生活满意度;月工资为 3 000 ~ 5 000 元的中小学教师的生活满意度均显著低于月工资为 5 000 ~ 8 000 元($p < 0.001$)和 8 000 元以上($p < 0.001$)的中小学教师的生活满意度;月工资为 5 000 ~ 8 000 元的中小学教师的生活满意度均显著低于月工资为 8 000 元以上($p < 0.001$)的中小学教师的生活满意度。在学段上,表现为小学教师的生活满意度水平均显著高于初中($p < 0.001$)与高中($p < 0.05$)教师的生活满意度水平,但是初中与高中教师之间的生活满意度差异不显著($p > 0.05$)。

（三）各变量描述统计结果及相关分析

中小学教师职业压力、职业倦怠、生活满意度描述性统计及相关结果:中小学教师的职业压力(M=3.28,SD=0.76)处于中等偏上水平,且各维度与总分之间均呈现为显著正相关关系;中小学教师职业倦怠(M=3.50,SD=0.91)处于中等偏下水平,各维度与总分之间均表现为显著相关关系。中小学教师职业压力与职业倦怠表现为显著正相关关系(r=-0.46,$p < 0.01$)、与生活满意度为显著负相关关系(r=-0.34,$p < 0.01$),中小学教师职业倦怠与生活满意度为显著负相关关系(r=-0.40,$p < 0.01$),说明在中小学教师压力日益增加的情况下,中小学教师的职业倦怠水平也会提高,但是会降低中小学教师的生活满意度水平。

（四）职业倦怠在职业压力与生活满意度之间的中介作用

中小学教师的职业倦怠在教师职业压力与教师生活满意度之间的中介效应是显著的,并且中小学教师职业倦怠的回归系数(β=-0.45,$p < 0.001$)也显著,因此中小学教师职业倦怠在教师职业压力与教师生活满意度起到部分中介效应。由研究结果可知,教师职业倦怠的中介效应与总效应之比的0.406,职业压力对生活满意度有40.60%是通过职业倦怠间接影响的（图6-1）。

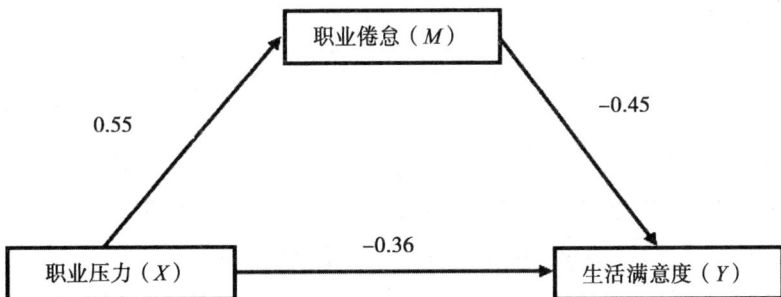

图6-1

四、讨论

本研究首先对中小学教师的生活满意度现状进行了分析,并对不同人口学变量的中小学教师的生活满意度进行了对比。结果发现,女性教师的生活满意度水平高于男性教师,这与前人的研究结果是一致的（王金霞,王吉春,2014）。学校管理者需要更多的关注男性的生活满意度,提升男性教师的生活满意度水平。此外,月工资在8 000元以上的高薪教师的生活满意度水平均高于月工资在5 000 ~ 8 000元、3 000 ~ 5 000及1 000 ~ 3 000元阶段的中小学教师的生活满意度水平,说明随着工资的提高,教师的生活满意度也显著提升。前人研究表示,在影响教师生活满意度的一些重要因素中,收入是一个至关重要的影响因素(黄海军,高中华,2011)。在学段上,小学教师的生活满意度水平高于中学教师的水平,这与前人研究一致(黄海军,高中华,2011),可能是因为不同学段的老师压力不同导致。

本研究还考察了中小学教师职业压力对生活满意度的影响及内在机制。前人的研究已经证实了职业压力对生活满意度的消极作用(王艳红,荆玉梅,2019),并通过了分层回归验证了职业压力对生活满意度的预测作用,但是首先这些研究大部分集中在学生身上,对教师的研究本身就较少;其次,在已有针对生活满意度的研究中,从职业压力与职业倦怠的视角对中小学教师的生活指标进行分析是少之又少。本研究以生活满意度这一重要指标作为结果变量,验证了职业压力的重大影响。结果显示,中小学教师职业压力与职业倦怠显著正相关,与教师生活满意度显著负相关。

本研究除了检验职业压力对生活满意度的直接作用之外,还发现职业压力通过职业倦怠的中介作用对生活满意度产生影响。本研究结果验证职业倦怠在两者之间起到部分中介作用的假设。生活满意度是个体对其生活质量所作的总体认知评价(Diener,Scollon,Lucas,2003),该结论在本研究的中小学教师群体中同样得到了体现。职业倦怠是生活满意度的重要影响变量,职业倦怠水平升高会使得教师的生活满意度降低;反之,当职业倦怠降低时,生活满意度的水平会提高(李明军,2015)。本研究结果验证了职业倦怠的中介作用,表明职业压力可以通过降低倦怠水平来提升中小学教师的生活满意度。此外,这种中介作用代表的间接效应较大,从数值来看,标准化间接效应占全部效应的40.6%,

说明间接效应与直接效应同等重要,这说明职业倦怠是职业压力和生活满意度的重要中介变量。

本研究发现职业压力的升高会提高中小学教师的职业倦怠,并且降低教师的生活满意度。因此,可以考虑通过对中小学群体的职业压力进行干预,从而提高该群体的生活满意度。本研究尚存在一些需改动的地方:首先,本研究样本选取了贵州省贵阳市、遵义市、毕节市 3 地级市的 5 个县的中小学教师作为样本,这个样本无法代表中国的中小学教师。其次,本研究使用横断数据进行分析,无法探讨职业压力、职业倦怠和生活满意度三者之间的因果关系。

五、结论

（1）中小学教师的生活满意度在性别、月工资和学段等人口学变量上存在极其显著的差异。

（2）中小学教师的职业压力处于中等偏上水平,且各维度与总分之间均呈现为显著正相关关系;中小学教师职业倦怠处于中等偏下水平,各维度与总分之间均表现为显著相关关系。中小学教师职业压力与职业倦怠表现为显著正相关关系、与生活满意度为显著负相关关系,中小学教师职业倦怠与生活满意度为显著负相关关系。

（3）职业倦怠中介了职业压力与中小学教师生活满意度之间的关系。

第二节　职业压力对中小学教师积极
　　　情感的影响机制研究

一、问题提出

中小学生的世界观和人生观均处于发展阶段,教师的情感状态对其产生重要影响,中小学教师教育质量的好坏直接影响到学生的成长发展(杨玲,付超,赵鑫)。因此对中小学教师受到的情感状态进行研究具有重要的社会意义。针对压力进行研究时,教师是受到较多关注的对象之一(吴伟炯,刘毅,路红,谢雪贤,2012)。而长期职业压力下产生出来的职业倦怠可能会严重影响中小学教师对工作环境中体验到的积极情感。本研究旨在探讨中小学教师职业压力、职业倦态和积极情感的关系。目前相关研究多关注职业压力、职业倦怠和积极情感两两之间的相关关系,本研究也会探讨三者可能存在的中介作用机制。教师职业压力,是指在工作环境中使教师个人目标受到威胁的压力源长期、持续地作用于教师,而使教师产生一系列生理、心理和行为反应的过程(黄益远,2002)。中小学教师所面临的职业压力来自教师个体本身和教师职业特征等多个方面,包括来自工作负荷、考试、职业期望、自我发展、学生因素与家庭人际方面的压力。其中来自工作负荷和考试两个方面的压力在教师职业压力源中尤为突出。

积极情感(Positive Affect)是个体在环境中体验的愉悦程度,包括热情、高能量、精神警觉以及确定等情感状态(Watson,1998),是主观幸福感的一个成分,包括积极情绪和消极情绪(Diener,2000)。工作需求 – 资源模型指出有两类影响工作结果的因素,即工作需求与工作资源。工作需求指的是个体对工作中的身心、社会和组织等因素的需求,如工作所带来的压力、职责、时间冲突等;工作资源指的是能在工作中促进工作目标,减少工作需求及消耗,促进个人成长、学习和发展的因素,如社会支持、工作控制等(吴伟炯等,2012)。持续的工作需求会耗竭工作者的身心资源,带来职业压力、职业倦怠等问题,从而导致工作者处于消极情绪中等问题。但工作资源又具备动机作用,提高工作投入、缓解职业压力、降低职业倦怠水平,从而提升主观幸福感,转变消极情绪为积极情绪等结果。根据Diener(2000)的主观幸福感理论,工作投入和职业倦怠反映了工作情感体验的积极和消极方面。以往有大量的研究论述了职业压力、职业倦态与积极情感的直接关系(Hakanen, Schaufeli, Ahola, 2008)。因此可以认为 JD-R模型中的工作需求和工作资源两类会对个体的积极情感产生重要影响(吴伟炯等, 2012)。

为了更好地提高中小学教师在岗位上体验到积极情感, 应考察职业压力影响中小学教师的中介机制。在文献查阅的基础上, 本研究认为职业倦怠是可能起重要作用的中介变量。教师职业倦怠是指教师不能顺利应对工作压力时的一种极端反应, 是教师伴随于长时期压力体验下而产生的情感、态度和行为的衰竭状态(郑晓芳, 2013)。过往研究证明, 职业倦怠往往伴随着职业压力而产生, 二者之间有着直接和密切的关系, 也是针对中小学教师研究的热门内容之一(王文增, 郭黎岩, 2007)。长期和高强度的职业压力往往是导致职业倦怠的直接因素。甚至有研究者提出, 职业倦态是职业压力最直接的后果(郑晓芳, 崔酣, 2010)。而前人研究中, 职业压力对职业倦怠中的情绪耗竭维度的影响最大, 表现为中小学教师面临的职业压力越大, 其情绪耗竭的程度就越严重。国内外研究表明, 情绪耗竭不仅对不同学段的教师的主观幸福感皆呈现显著负相关关系, 而且也能够很好的预测其主观幸福感(张艳秋, 2013; 沈虹, 2013), 而积极情绪则是主观幸福感的重要组成部分(Diener, Scollon, Lucas, 2003)。不可否认, 情绪耗竭也会对积极情绪产生重大影响。因此本研究试图探讨职业倦怠在中小学教师的职业压力与积极情感之间的中介作用。

综上所述, 本研究将通过一个中介模型对职业压力与中小学教师积极情感之间的关系进行深入的探究, 主要目的是探究职业倦怠是否能中介职业压力对中小学教师积极情感的影响。通过对以上假设的检验可以进一步了解职业压力"怎样"影响中小学教师积极情感, 为实践中提升中小学教师积极情感提供可参考的依据。

二、研究方法

(一)调查对象

调查对象来源于贵州省贵阳市、遵义市、毕节市 3 地级市的 5 个县,抽取来自 34 所学校共 2 568 名中小学教师参与本次调查研究。为保证调查对象的多样性,在选取学校时大体按照 1∶1∶1∶1 的比例选取农村、乡镇、县城、市区的学校。贵阳市共抽取 11 所学校,其中农村学校 3 所,乡镇学校 3 所,县城学校 3 所,市区学校 2 所;遵义市共抽取 13 所学校,其中农村学校 4 所,乡镇学校 3 所,县城学校 4 所,市区学校 2 所;毕节市共抽取 10 所学校,其中农村学校 3 所,乡镇学校 3 所,县城学校 2 所,市区学校 2 所;涵盖小学、初中、高中 3 个学段。实测回收有效问卷 2 019 份,回收率 78.62%。其中男教师 839 人,女教师 1 180 人;小学教师 774 人,初中教师 872 人,高中教师 373 人;农村学校教师 217 人,乡镇学校教师 689 人,县城学校教师 790 人,市区学校教师 323 人;教龄 1~5 年的教师 493 人,教龄 6~10 年的教师 235 人,教龄 11~15 年的教师 275 人,教龄 16~20 年的教师 334 人,教龄 20 年以上的教师 682 人;三级教师 111 人,二级教师 563 人,一级教师 1 029 人,高级教师 314 人,正高级教师 2 人;月工资收入为 1 000~3 000 元的教师 88 人,月工资收入为 3 001~5 000 元的教师 1 307 人,月工资收入为 5 001~8 000 元的教师 613 人,月工资收入为 8 000 元以上的教师 11 人。

(二)工具

1. 中小学教师职业压力问卷

采用朱从书、申继亮和刘加霞(2002)编制的《中小学教师职业压力问卷》,该问卷包括 6 个维度:考试压力维度、学生因素维度、自我发展维度、家庭人际维度、工作负荷维度和职业期望维度,共 46 各项目。问卷采用 Likert 5 点计分方式,教师根据自己的真实情况在"没有压力"到"压力很大"的 5 点量表上进行选择。得分越高表示教师感受到的职业压力强度越大。在本研究中,中小学教师职业压力问卷的 Cronbach's α=0.96,信度良好。

2. 教师职业倦怠量表

采用李超平和汪海梅(2009)修订的《教师职业倦怠量表》(简版),该量表包括情绪衰竭、去个性化、个人成就感低三个维度,共 15 个项目。本量表采用 Likert 7 点计分方式,调查对象根据自己的真实情况在"从不发生"到"每天发生"的 7 点量表上进行选择。得分越高表示教师的职业倦怠程度越高。在本研究中,职业倦怠量表的 Cronbach's α=0.87,信度良好。

3. 积极情感消极情感量表

采用邱林,郑雪和王雁飞(2008)修订的《积极情感消极情感量表》,该量表包含 18 个项目,其中 9 个项目测量的是积极情感,另 9 个项目测量的是消极情感。所有项目均采用 Likert 5 点计分。在本研究中,量表的 Cronbach's α=0.89。采用前人的计算方法,将积极情感和消极情感标准化,用积极情感的标准分减去消极情感的标准分得出积极情感总分。

(三)数据筛选与处理

采用 SPSS 24.0 软件和 Process 3.0 插件对数据进行分析处理。首先采用单因素方差分析考察中小学教师的积极情感在人口学变量上的差异,并且之后在此基础上进一步事后检验得到积极情感在不同水平上的具体差异。然后进行相关分析,得到中小学教师职业压力、职业倦怠与积极情感之间的相关关系。最后分析中小学教师职业压力、职业倦怠与积极情感三者之间的中介作用。

三、结果分析

（一）共同方法偏差控制与检验

本研究中通过被试自陈法收集数据，可能存在共同方法偏差。因此，在问卷具体施测的过程中采取严格的程序控制（周浩，龙立荣，2004），强调本次问卷调查的匿名性、保密性，并且数据仅用于科学研究等。采用 Harman 单因子检验法对可能存在的共同方法偏差进行检验，结果表明，特征值大于 1 的因子共 14 个，第一因子的变异解释率为 25.89%，小于 40% 的临界标准。说明本研究的共同方法偏差问题在允许的范围内（熊红星，张璟，叶宝娟，郑雪，孙配贞，2012）。

（二）积极情感在人口学变量上的差异检验

使用单因素方差分析，将中小学教师作为因变量，人口学变量作为自变量，分析中小学教师的积极情感在人口学变量上的差异。从结果显示来看，中小学教师的生活满意度在性别、教龄、学段、是否班主任和月工资上存在极其显著的差异。进一步事后检验表明在性别方面，女性教师积极情感的水平显著高于男性教师的积极情感的水平（$p < 0.05$）。在教龄方面，1 ~ 3 年教龄的中小学教师的积极情感水平显著高于 7 ~ 10 年（$p < 0.01$）、11 ~ 15 年（$p < 0.001$）、16 ~ 20 年（$p < 0.001$）与 20 年以上（$p < 0.01$）教龄的中小学教师，与 4 ~ 6 年（$p > 0.05$）教龄的中小学教师的积极情感水平之间无显著差异；4 ~ 6 年的中小学教师的积极情感水平显著高于 7 ~ 10 年（$p < 0.05$）、11 ~ 15 年（$p < 0.001$）、16 ~ 20 年（$p < 0.001$）与 20 年以上（$p < 0.05$）教龄的中小学教师的积极情感水平；7 ~ 10 年教龄的中小学教师的积极情感水平与 11 ~ 15 年、16 ~ 20 年与 20 年以上教龄的中小学教师的积极情感水平差异均不显著（$p > 0.05$）；

11 ~ 15 年教龄的中小学教师的积极情感水平显著高于 20 年以上（$p < 0.05$）教龄的中小学教师的积极情感水平，与 16 ~ 20 年教龄的中小学教师的积极情感水平无显著差异（$p > 0.05$）；16 ~ 20 年教龄的中小学教师的积极情感水平显著高于 20 年以上（$p < 0.01$）教龄的中小学教师的积极情感水平。在学段方面，差异具体表现为在初中任教教师的积极情感水平显著低于在高中任教教师的积极情感水平（$p < 0.01$），其他学段之间的差异均不显著（$p > 0.05$）。在是否担任班主任方面，具体表现为未担任班主任的中小学教师的积极情感水平显著高于担任班主任的中小学教师的积极情感水平（$p < 0.05$）。在月工资方面，月工资为 1 000 ~ 3 000 元的中小学教师的积极情感水平均显著低于月工资为 5 000 ~ 8 000 元（$p < 0.05$）与 8 000 元以上（$p < 0.001$）的中小学教师的积极情感水平，与月工资为 3 000 ~ 5 000 的中小学教师的积极情感水平差异不显著（$p > 0.05$）；月工资为 3 000 ~ 5 000 元的中小学教师的积极情感水平均显著低于月工资为 5 000 ~ 8 000 元（$p < 0.05$）与 8 000 元以上（$p < 0.001$）月工资的中小学教师的积极情感水平；月工资为 5 000 ~ 8 000 元的中小学教师的积极情感水平显著低于月工资为 8 000 元以上（$p < 0.01$）的中小学教师的积极情感水平。

（三）各变量描述统计结果及相关分析

中小学教师职业压力、职业倦怠、积极情绪描述性统计及相关结果：中小学教师的职业压力（$M=3.28$，SD=0.76）处于中等偏上水平，且各维度与总分之间均呈现为显著正相关关系；中小学教师职业倦怠（$M=3.50$，SD=0.91）处于中等偏下水平，各维度与总分之间均表现为显著相关关系。中小学教师职业压力与职业倦怠表现为显著正相关关系（$r=-0.46$，$p < 0.01$）、与积极情感为显著负相关关系（$r=-0.43$，$p < 0.01$）；中小学教师职业倦怠与积极情感为显著负相关关系（$r=-0.61$，$p < 0.01$）。说明在中小学教师压力日益增加的情况下，中小学教师的职业倦怠水平也会

提高,但是会降低中小学教师的积极情感的水平。

（四）职业倦怠在职业压力与积极情感之间的中介作用

中小学教师的职业倦怠在教师职业压力与教师积极情感之间的中介效应是显著的,并且中小学教师职业倦怠的回归系数（β=-0.75, $p < 0.001$）也显著,因此中小学教师职业倦怠在教师职业压力与教师积极情感之间起到了部分中介效应。由研究结果可知,教师职业倦怠的中介效应与总效应之比为 0.557,即职业压力对积极情感有55.70%是通过职业倦怠间接影响的(图6-2)。

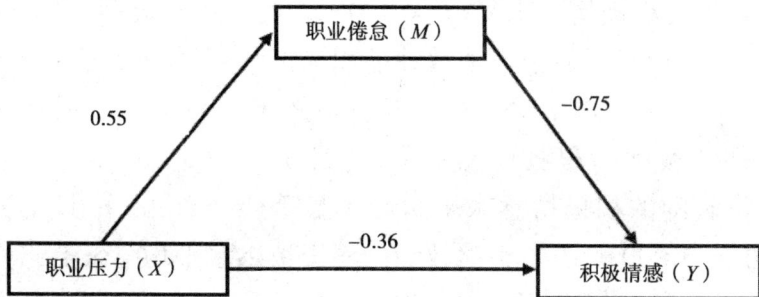

图 6-2

四、讨论

本研究首先对中小学教师的积极情感现状进行了分析,并对人口学变量上不同水平的中小学教师的积极情感进行了对比。结果发现,女性教师积极情感的水平显著高于男性教师的积极情感的水平。这与之前的结果一致(唐志强,2012),表明或许与女性对中小学教师的职业认同感更高及社会对女性担任中小学教师更认可有关。从职业倦怠方面也能解释,研究发现,中小学教师群体中男性教师的职业倦怠中去个性化方面高于女教师(闫芳芳,2014),因此可能是因为男性教师的高水平的职业倦怠导致的低积极情感水平。在教龄方面,表现出随着教龄的增长,教师的积极情感说降低的趋势。这可能与随着年龄的增长,积极情绪中的负性情绪的提高有关,这在前人研究中也能证实(张传月,赵守盈,2007)。这样结果的原因可能在于教龄越低的中小学教师,刚刚走入社会不久,这时对工作和生活都还保持着激情,没有其他方面的顾虑。学段方面,只有初中教师的积极情感水平显著低于高中教师,结果与前人研究基本一致(傅俏俏,叶宝娟,2016)。该结果可能是因为初中教师面临的是刚刚进入青春期的学生,相比与小学阶段的懵懂无知和高中的成熟,初中的学生情绪波动较大,这对承担教学任务的教师来说,会严重影响积极情感。在是否担任班主任方面,具体表现为未担任班主任的中小学教师的积极情感水平显著高于担任班主任的中小学教师的积极情感水平。班主任教师积极情感水平较低可能是由于相比于未担任班主任的中小学教师,班主任的责任更重。在月工资方面,表现出随着工资的增长,教师的积极情感呈升高的趋势。这在前人研究中也得到了证实(邓坚阳,程雯,2009),说明工作收入也是影响中小学教师积极情感一个重要因素。

本研究还考察了中小学教师职业压力对积极情感的影响及内在机制。前人的研究已经证实了职业压力对积极情感的消极作用(王钢,张大均,刘先强,2014)。但是这些研究大部分集中在学生身上,对教师的研究本身就较少;其次,在已有针对积极情感的研究中,从职业压力与职业倦怠的视角对中小学教师的情感进行分析是少之又少。本研究以积极情感这一重要指标作为结果变量,验证了职业压力的重大影响。结果显示,中小学教师职业压力与职业倦怠显著正相关,与教师积极情感呈显著负相关。

本研究除了检验职业压力对积极情感的直接作用之外,还发现职业压力通过职业倦怠的中介作用对积极情感产生影响。另外,本研究结果还验证了职业倦怠在两者之间起到部分中介作用的假设。积极情感是个体在环境中体验的愉悦程度,包括热情、高能量、精神警觉以及确定等情感状态。职业倦怠是积极情感的重要影响变量,职业倦怠水平升高会使得教师的积极情感降低;反之,当职业倦怠降低时,积极情感的水平会提高(李悠,2012)。本研究结果验证了职业倦怠的中介作用,表明职业压力可以通过降低倦怠水平来提升中小学教师的积极情感。此外,这种中介作用代表的间接效应较大,从数值来看,标准化间接效应占全部效应的 55.70%,这说明职业倦怠是职业压力和生活满意度的重要中介变量。

本研究发现职业压力的升高会提高中小学教师的职业倦怠,并且降低教师的积极情感。因此,可以考虑通过对中小学群体的职业压力进行干预,从而提高该群体的积极情感。本研究尚存在一些需改动的地方:首先,本研究样本选取了贵州省贵阳市、遵义市、毕节市 3 地级市的 5 个县的中小学教师作为样本,这个样本无法代表中国的中小学教师。其次,本研究使用横断数据进行分析,无法探讨职业压力、职业倦怠和积极情感三者之间的因果关系。

五、结论

(1)中小学教师的积极情感在性别、学段、月工资、学段和是否担任班主任等人口学变量上存在极其显著的差异。

(2)中小学教师的职业压力处于中等偏上水平,且各维度与总分之间均呈现为显著正相关关系;中小学教师职业倦怠处于中等偏下水平,各维度与总分之间均表现为显著相关关系。中小学教师职业压力与职业倦怠表现为显著正相关关系、与积极情感为显著负相关关系;中小学教师职业倦怠与积极情感为显著负相关关系。

(3)职业倦怠部分中介了职业压力与中小学教师积极情感之间的关系。

第三节　职业倦怠对中小学教师生活满意度的影响机制研究

一、问题提出

随着素质教育的推行,基础教育越来越受到大家的关注。中小学教师作为基础教育的中坚力量,对学生各方面的发展都会有着巨大的影响。而教师的工作满意度和生活满意度是影响教师工作积极性的主要因素。目前有关生活满意度的研究较多,但关注中小学教师生活满意度的研究则很少。因此,开展中小学教师生活满意度的研究具有重要的社会现实价值。

教师生活满意度是教师心理幸福感的重要组成部分,是个体根据自己的选择标准对其生活质量所做的总体评价。不仅能够作为教师心理健康的重要指标,而且可以有效预测教师工作绩效、离职倾向和身心健康,并且它受一系列因素的影响,如职业倦怠(张陆,2007)、工作满意度(周莹,王建华,2019)。在影响教师生活满意度的诸多因素中,职业倦怠是研究者关注较多的因素之一。教师职业倦怠是指教师不能顺利应对工作压力时的一种极端反应,是教师伴随于长时期压力体验下而产生的情感、态度和行为的衰竭状态(郑晓芳,2012)。研究表明,职业倦怠是中小学教师生活满意度的核心风险性因素,职业倦怠显著负向预测中小学教师的生活满意度(张鑫,2013;李明军,2015)。据此,提出研究假设1:职业倦怠显著负向预测中小学教师的生活满意度。

虽然前人的研究发现职业倦怠是中小学教师生活满意度的风险性因素,但关于职业倦怠这个风险性因素对中小学教师生活满意度的影响机制和影响过程探究较少。文献分析发现,工作满意度可能是职业倦怠与中小学教师生活满意度之间的中介变量(周莹,王建华,2019)。教师工作满意度是指教师对其工作与所从事职业,以及工作条件与状态的一种总体的、带有情绪色彩的感受与看法(冯伯麟,1996)。关于工作满意度和生活满意度之间的关系,前人工作中曾提出工作中获得的幸福感可以通过溢出效应提升生活满意度;反之,当个体在生活中感觉不如意时,也会把这种情绪迁移到工作中。据此,提出研究假设2:中小学教师的工作满意度能够预测生活满意度,并且中介了职业倦怠对中小学教师生活满意度影响。

综上所述,本研究将通过一个中介模型对职业倦怠与中小学教师生活满意度之间的关系进行深入的探究,主要目的是探究工作满意度是否能中介职业倦怠对中小学教师生活满意度的影响。通过对以上假设的检验可以进一步了解职业倦怠"怎样"影响中小学教师生活满意度,为实践中提升中小学教师生活满意度提供可参考的依据。

二、研究方法

(一)调查对象

调查对象来源于贵州省贵阳市、遵义市、毕节市 3 地级市的 5 个县,抽取来自 34 所学校共 2 568 名中小学教师参与本次调查研究。为保证调查对象的多样性,在选取学校时大体按照 1∶1∶1∶1 的比例选取农村、乡镇、县城、市区的学校。其中贵阳市抽取 11 所学校,遵义市抽取 13 所学校,毕节市抽取 10 所学校,涵盖小学、初中、高中 3 个学段。实测回收有效问卷 2 019 份,回收率 78.62%。其中男教师 839 人,女教师 1 180 人;小学教师 774 人,初中教师 872 人,高中教师 373 人;农村学校教师 217 人,乡镇学校教师 689 人,县城学校教师 790 人,市区学校教师 323 人;教龄 1 ~ 5 年的教师 493 人,教龄 6 ~ 10 年的教师 235 人,教龄 11 ~ 15 年的教师 275 人,教龄 16 ~ 20 年的教师 334 人,教龄 20 年以上的教师 682 人;三级教师 111 人,二级教师 563 人,一级教师 1 029 人,高级教师 314 人,正高级教师 2 人;月工资收入为 1 000 ~ 3 000 元的教师 88 人,月工资收入为 3 001 ~ 5 000 元的教师 1 307 人,月工资收入为 5 001 ~ 8 000 元的教师 613 人,月工资收入为 8 000 元以上的教师 11 人。

（二）工具

1. 教师职业倦怠量表

采用李超平和汪海梅（2009）修订的简版《教师职业倦怠量表》,该量表包括情绪衰竭、去个性化、个人成就感低三个维度,共 15 个项目。本量表采用 Likert 7 点计分方式,调查对象根据自己的真实情况在"从不发生"到"每天发生"的 7 点量表上进行选择。得分越高表示教师的职业倦怠程度越高。在本研究中,职业倦怠量表的 Cronbach's α=0.87,信度良好。

2. 工作满意度量表

采用 Agho、Price 和 Mueller（1992）编制的《整体工作满意度数量表》,并根据专家的意见进行符合施测情境的修改。该量表共包括 6 个项目,量表采用 Likert 5 点计分方式,教师根据自己的真实情况在"完全不符合"到"完全符合"的 5 点量表上进行选择。得分越高表示教师的工作满意度越高。本研究中,工作满意度量表的 Cronbach's α=0.87,信度良好。

3. 生活满意度量表

采用 Diener、Emmons、Larsen 和 Griffin（1985）编制的《生活满意度量表》,该量表包含 5 个项目,所有项目均采用 Likert 7 点计分。得分越高,说明教师的生活满意度越高。在本研究中,量表的 Cronbach's α=0.89。

（三）数据筛选与处理

采用 SPSS 21.0 软件和 Process 3.0 插件对数据进行分析处理。首先采用单因素方差分析考察中小学教师的生活满意度在人口学变量上的差异，之后在此基础上进一步事后检验得到生活满意度在不同水平上的具体差异。然后进行相关分析，得到中小学教师职业倦怠、工作满意度与生活满意度之间的相关关系。最后分析中小学教师职业倦怠、工作满意度与生活满意度三者之间的中介作用。

三、结果分析

（一）共同方法偏差控制与检验

本研究中通过被试自陈法收集数据，可能存在共同方法偏差。因此，在问卷具体施测的过程中采取严格的程序控制（周浩，龙立荣，2004），强调本次问卷调查的匿名性、保密性，并且数据仅用于科学研究之用等。采用 Harman 单因子检验法对可能存在的共同方法偏差进行检验，结果表明特征值大于 1 的因子共 14 个，第一因子的变异解释率为 25.89%，小于 40% 的临界标准。说明本研究的共同方法偏差问题在允许的范围内（熊红星，张璟，叶宝娟，郑雪，孙配贞，2012）。

（二）生活满意度在人口学变量上的差异检验

使用单因素方差分析，将中小学教师作为因变量，人口学变量作为自变量，分析中小学教师的生活满意度在人口学变量上的差异。从结果显示来看，中小学教师的生活满意度在性别、月工资和学段上存在极其显著的差异。性别方面差异表现为女性教师的生活满意度水平显著高于男性教师的生活满意度水平（$p < 0.01$）。进一步事后检验显示，月工资为 1 000 ~ 3 000 元的中小学教师

的生活满意度均显著低于月工资为 3 000 ~ 5 000 元（$p < 0.01$）、
5 000 ~ 8 000 元（$p < 0.001$）和 8 000 元以上（$p < 0.001$）的中
小学教师的生活满意度；月工资为 3 000 ~ 5 000 元的中小学教师
的生活满意度均显著低于月工资为 5 000 ~ 8 000 元（$p < 0.001$）
和 8 000 元以上（$p < 0.001$）的中小学教师的生活满意度；月工
资为 5 000 ~ 8 000 元的中小学教师的生活满意度均显著低于月
工资为 8 000 元以上（$p < 0.001$）的中小学教师的生活满意度。
在学段上，表现为小学教师的生活满意度水平均显著高于初中
（$p < 0.001$）与高中（$p < 0.05$）教师的生活满意度水平，但是初
中与高中教师之间的生活满意度差异不显著（$p > 0.05$）。

（三）各变量描述统计结果及相关分析

中小学教师职业倦怠、工作满意度和生活满意度描述性统计
及相关结果：中小学教师职业倦怠（$M=3.50$，$SD=0.91$）处于中等
偏下水平，各维度与总分之间均表现为显著相关关系。中小学教
师职业倦怠与工作满意度表现为显著负相关（$r=-0.47$，$p < 0.01$）、
中小学教师职业倦怠与生活满意度为显著负相关关系（$r=-0.40$，
$p < 0.01$）。说明在中小学教师倦怠水平日益提高的情况下，中
小学教师的工作与生活满意度都会降低。中小学工作满意度与
生活满意度表现为显著正相关（$r=0.66$，$p < 0.01$）。

（四）工作满意度在职业倦怠与生活满意度之间的中介作用

中小学教师的工作满意度在职业倦怠与教师生活满意度之
间的中介效应是显著的。并且中小学教师工作满意度的回归系
数（$\beta=0.56$，$p < 0.001$）也显著，因此中小学教师工作满意度在
教师职业倦怠与教师生活满意度起到了部分中介效应。由研究
结果可知，教师工作满意度的中介效应与总效应之比为 0.721 8，
即职业压力对生活满意度有 72.18% 是通过工作满意度间接影响
的（图 6-3）。

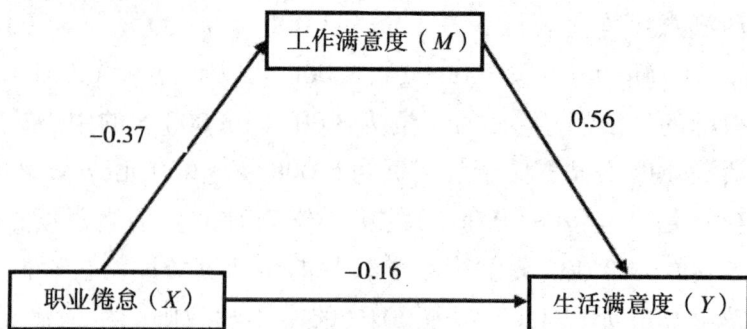

图 6-3

四、讨论

本研究首先对中小学教师的生活满意度现状进行了分析,并对不同人口学变量的中小学教师的生活满意度进行了对比。结果发现,女性教师的生活满意度水平高于男性教师,这与前人的研究结果是一致的(王金霞,王吉春,2014)。学校管理者需要更多的关注男性的生活满意度,提升男性教师的生活满意度水平。此外,月工资在 8 000 元以上的高薪教师的生活满意度水平均高于月工资在 5 000 ～ 8 000 元、3 000 ～ 5 000 及 1 000 ～ 3 000 元阶段的中小学教师的生活满意度水平,说明随着工资的提高,教师的生活满意度也显著提升。前人研究表示,在影响教师生活满意度的一些重要因素中,收入是一个至关重要的影响因素(黄海军,高中华,2011)。在学段上,小学教师的生活满意度水平高于中学教师的水平,这与前人研究一致(黄海军,高中华,2011),可能是因为不同学段的老师,压力不同导致。

本研究还考察了中小学教师职业倦怠对生活满意度的影响及内在机制。前人的研究已经证实了职业倦怠对生活满意度的消极作用,并通过了分层回归分析验证了职业倦怠对生活满意度的预测作用(林赞歌,连榕,邓远平,林荣茂,2017)。首先这些研究大部分集中在学生身上,对教师的研究本身就较少;其次在已有针对生活满意度的研究中,从职业倦怠与工作满意度的视角对中小学教师的生活指标进行分析是少之又少。本研究以中小学教师生活满意度这一重要指标作为结果变量,验证了职业压力的重大影响。结果显示,中小学教师职业倦怠与工作满意度负相关,与教师生活现状负相关。

本研究除了验证职业倦怠对生活满意度的直接作用之外,还发现职业倦怠通过工作满意度的中介作用对生活满意度产生影响。本研究结果验证了中小学教师工作满意度在两者之间起到部分中介作用的假设。工作满意度是影响生活满意度的重要变量,工作满意度水平的升高会使中小学教师的生活满意度也随之升高;反之,当工作满意度的水平降低时,中小学教师的生活满意度也会随之降低(周莹,王建华,2019)。本研究验证了工作满意度的中介作用,表明职业倦怠可以通过提高工作满意度水平来提高中小学教师的生活满意度水平。此外,由于工作满意度回归预测生活满意度的系数大于1,所以接下来继续进行了共线性检验,结果表示,无特征根为0,且条件指数小于10,表明不存在多重共线性。

本研究发现职业倦怠的升高会降低中小学教师的工作满意度和生活满意度,并且也可以通过降低工作满意度的水平来降低中小学教师的生活满意度水平。因此,可以考虑通过对中小学教师的职业倦怠进行干预,从而提高中小学教师的生活满意度。本研究肯定也存在一些尚且需要改动的地方:首先,本研究样本选取了贵州省贵阳市、遵义市、毕节市3地级市的5个县的中小学教师作为样本,这个样本无法代表中国的中小学教师。其次,本研究使用横断数据进行分析,无法探讨职业倦怠、工作满意度和生活满意度三者之间的因果关系。

五、结论

(1)中小学教师生活满意度在性别、月工资和学段等人口学变量上存在极其显著的差异。

（2）中小学教师职业倦怠处于中等偏下水平,职业倦怠下各维度与职业倦怠总分之间均表现为显著相关关系。中小学教师职业倦怠与工作满意度、生活满意度均表现为显著负相关关系,中小学工作满意度与生活满意度表现为显著正相关关系。

（3）工作满意度中介了职业倦怠与中小学教师生活满意度之间的关系。

第四节　职业倦怠对中小学教师积极情感的影响机制研究

一、问题提出

中小学生的世界观和人生观均处于发展阶段,教师的情感状态对其产生重要影响,中小学教师教育质量的好坏直接影响到学生的成长发展(杨玲,付超,赵鑫)。因此对中小学教师受到的情感状态进行研究具有重要的社会意义。针对压力进行研究时,教师是受到较多关注的对象之一(吴伟炯,刘毅,路红,谢雪贤,2012)。而长期职业压力下产生出来的职业倦怠可能会严重影响中小学教师对工作环境中体验到的积极情感。本研究旨在探讨中小学教师职业压力、职业倦态和积极情感的关系。目前相关研究多关注职业压力、职业倦怠和积极情感两两之间的相关关系,因此本研究也会探讨三者可能存在的中介作用机制。

教师职业倦怠,是指教师因社会地位得不到应得的尊重的前提下,由于工作量大、工作付出与回报不相符,以及受到来自生活、教学、社会、学生、家长、领导等多方面的压力,使教师不能适应校园与社会环境,无法顺利完成教育教学工作,进而导致其身心疲惫,情感衰竭,失去对工作的主动性,对学生的耐心与爱心,对人际交往的热情的一种应激行为(闫芳芳,2014)。主要表现出情绪衰竭、去人性化、个人成就感降低这三个症状。

　　积极情感是个体在环境中体验的愉悦程度,包括热情、高能量、精神警觉以及确定等情感状态,是主观幸福感的一个成分,包括积极情绪和消极情绪(Diener,2000; Diener, Napa Scollon, Lucas,2003)。工作需求－资源模型指出有两类影响工作结果的因素,即工作需求与工作资源(Demerouti, Bakker, Nachreiner, Schaufeli,2001)。工作需求指的是个体对工作中的身心、社会和组织等因素的需求,如工作所带来的压力、职责、时间冲突等;工作资源指的是能在工作中促进工作目标,减少工作需求及消耗,促进个人成长、学习和发展的因素,如社会支持、工作控制等(吴伟炯等,2012)。持续的工作需求会耗竭工作者的身心资源,带来职业压力、职业倦怠等问题,从而导致工作者处于消极情绪中等问题。但工作资源又具备动机作用,提高工作投入,缓解职业压力、降低职业倦怠水平,从而提升主观幸福感,转变消极情绪为积极情绪等结果。根据 Diener(2000)的主观幸福感理论,工作投入和职业倦怠反映了工作情感体验的积极和消极方面。以往有大量的研究论述了职业倦态与积极情感的直接关系(Hakanen, Schaufeli, Ahola,2008)。

　　为了更好地提高中小学教师在岗位上体验到积极情感,应考察职业倦怠影响中小学教师的中介机制。在文献查阅的基础上,本研究认为工作满意度是可能起重要作用的中介变量。教师工作满意度是指教师对其工作与所从事职业,以及工作条件与状态的一种总体的、带有情绪色彩的感受与看法(冯伯麟,1996)。过往研究证明,职业倦怠往往伴随着职业压力而产生,二者之间有着直接和密切的关系,也是针对中小学教师研究的热门内容之一(王文增,郭黎岩,2007)。长期和高强度的职业压力往往是导致职业倦怠的直接因素(Maslach, Schaufeli, Leiter,2001)。甚至有研究者提出,职业倦态是职业压力最直接的后果(郑晓芳,崔酣,2010)。研究证明,职业压力是影响工作满意度的重要变量,随着职业压力是影响工作满意感的重要变量,随着职业压力的增加会导致工作满意感的降低,二者之间一般表现为负向相关关系

（L & Shiau，1997），并且该结果在教师团体中也得到了证实（郑晓芳，2013）。因此本研究推测职业倦怠与工作满意度之间存在相关关系。而工作满意度，无非就是教师对工作的情绪与情感，因此可以猜测工作满意度与积极情感之间有着密不可分的关系。

综上所述，本研究将通过一个中介模型对职业倦怠、工作满意度与中小学教师积极情感之间的关系进行深入的探究，主要是为了探究工作满意度是否能够中介职业倦怠对中小学教师积极情感的影响过程。通过对以上假设的检验，可以进一步了解职业倦怠是"怎样"影响中小学教师积极情感的，也会为实践中提升中小学教师积极情感提供可参考的依据。

二、研究方法

（一）调查对象

调查对象来源于贵州省贵阳市、遵义市、毕节市 3 地级市的 5 个县，抽取来自 34 所学校共 2 568 名中小学教师参与本次调查研究。为保证调查对象的多样性，在选取学校时大体按照 1∶1∶1∶1 的比例选取农村、乡镇、县城、市区的学校。其中贵阳市抽取 11 所学校，遵义市抽取 13 所学校，毕节市抽取 10 所学校，涵盖小学、初中、高中 3 个学段。实测回收有效问卷 2 019 份，回收率 78.62%。调查对象中男教师 839 人，女教师 1 180 人；小学教师 774 人，初中教师 872 人，高中教师 373 人；农村学校教师 217 人，乡镇学校教师 689 人，县城学校教师 790 人，市区学校教师 323 人；教龄 1～5 年的教师 493 人，教龄 6～10 年的教师 235 人，教龄 11～15 年的教师 275 人，教龄 16～20 年的教师 334 人，教龄 20 年以上的教师 682 人；三级教师 111 人，二级教师 563 人，一级教师 1 029 人，高级教师 314 人，正高级教师 2 人；月工资收入为 1 000～3 000 元的教师 88 人，月工资收入为 3 001～5 000 元的教师 1 307 人，月工资收入为 5 001～8 000 元的教师 613 人，月工资收入为 8 000 元以上的教师 11 人。

（二）工具

1. 教师职业倦怠量表

采用李超平和汪海梅（2009）修订的《教师职业倦怠量表》（简版），该量表包括情绪衰竭、去个性化、个人成就感低三个维度，共15个项目。本量表采用Likert 7点计分方式，调查对象根据自己的真实情况在"从不发生"到"每天发生"的7点量表上进行选择。得分越高表示教师的职业倦怠程度越高。在本研究中，职业倦怠量表的Cronbach's α=0.87。

2. 工作满意度量表

采用Agho, Price和Mueller（1992）编制的《整体工作满意度数量表》，并根据专家的意见进行符合施测情境的修改。该量表共包括6个项目，采用Likert 5点计分方式，教师根据自己的真实情况在"完全不符合"到"完全符合"的5点量表上进行选择。得分越高表示教师的工作满意度越高。本研究中，工作满意度量表的Cronbach's α=0.87，信度良好。

3. 积极情感消极情感量表

采用邱林，郑雪和王雁飞（2008）修订的《积极情感消极情感量表》，该量表包含18个项目，其中9个项目测量的是积极情感，另9个项目测量的是消极情感。所有项目均采用Likert 5点计分。在本研究中，量表的Cronbach's α=0.89。采用前人的计算方法，将积极情感和消极情感标准化，用积极情感的标准分减去消极情感的标准分得出积极情感总分。

（三）数据筛选与处理

采用SPSS 24.0软件和Process 3.0插件对数据进行分析处理。首先采用单因素方差分析考察中小学教师的积极情感在人口学变量上的差异，之后在此基础上进一步事后检验得到积极情感在不同水平上的具体差异。然后进行相关分析,得到中小学教师职业倦怠、工作满意度与积极情感之间的相关关系。最后分析中小学教师职业倦怠、工作满意度与积极情感三者之间的中介作用。

三、结果分析

(一)共同方法偏差控制与检验

本研究中通过被试自陈法收集数据,可能存在共同方法偏差。因此,在问卷具体施测的过程中采取严格的程序控制(周浩,龙立荣,2004),强调本次问卷调查的匿名性、保密性,并且数据仅用于科学研究等。采用 Harman 单因子检验法对可能存在的共同方法偏差进行检验,结果表明特征值大于 1 的因子共 14 个,第一因子的变异解释率为 25.89%,小于 40% 的临界标准。说明本研究的共同方法偏差问题在允许的范围内(熊红星,张璟,叶宝娟,郑雪,孙配贞,2012)。

(二)积极情感在人口学变量上的差异检验

使用单因素方差分析,将中小学教师作为因变量,人口学变量作为自变量,分析中小学教师的积极情感在人口学变量上的差异。从结果显示来看,中小学教师的生活满意度在性别、教龄、学段、是否班主任和月工资上存在极其显著的差异。进一步事后检验表明,在性别方面,女性教师积极情感的水平显著高于男性教师的积极情感的水平($p < 0.05$)。在教龄方面,1~3 年教龄的中小学教师的积极情感水平显著高于 7~10 年($p < 0.01$)、11~15 年($p < 0.001$)、16~20 年($p < 0.001$)与 20 年以上($p < 0.01$)教龄的中小学教师,与 4-6 年($p > 0.05$)教龄的中小学教师的积极情感水平之间无显著差异;4~6 年教龄的中小学教师的积极情感水平显著高于 7~10 年($p < 0.05$)、11~15 年($p < 0.001$)、

16 ~ 20 年（$p < 0.001$）与 20 年以上（$p < 0.05$）教龄的中小学教师的积极情感水平；7 ~ 10 年教龄的中小学教师的积极情感水平与 11 ~ 15 年、16 ~ 20 年与 20 年以上教龄的中小学教师的积极情感水平差异均不显著（$p > 0.05$）；11 ~ 15 年教龄的中小学教师的积极情感水平显著高于 20 年以上（$p < 0.05$）教龄的中小学教师的积极情感水平，与 16 ~ 20 年教龄的中小学教师的积极情感水平无显著差异（$p > 0.05$）；16 ~ 20 年教龄的中小学教师的积极情感水平显著高于 20 年以上（$p < 0.01$）教龄的中小学教师的积极情感水平。在学段方面，差异具体表现为在初中任教教师的积极情感水平显著低于在高中任教教师的积极情感水平（$p < 0.01$），其他学段之间的差异均不显著（$p > 0.05$）。在是否担任班主任方面，具体表现为未担任班主任的中小学教师的积极情感水平显著高于担任班主任的中小学教师的积极情感水平（$p < 0.05$）。在月工资方面，月工资为 1 000 ~ 3 000 元的中小学教师的积极情感水平均显著低于月工资为 5 000 ~ 8 000 元（$p < 0.05$）与 8 000 元以上（$p < 0.001$）的中小学教师的积极情感水平，与月工资为 3 000 ~ 5 000 的中小学教师的积极情感水平差异不显著（$p > 0.05$）；月工资为 3 000 ~ 5 000 元的中小学教师的积极情感水平均显著低于月工资为 5 000 ~ 8 000 元（$p < 0.05$）与 8 000 元以上（$p < 0.001$）月工资的中小学教师的积极情感水平；月工资为 5 000 ~ 8 000 元的中小学教师的积极情感水平显著低于月工资为 8 000 元以上（$p < 0.01$）的中小学教师的积极情感水平。

（三）各变量描述统计结果及相关分析

中小学教师职业倦怠、工作满意度与积极情感的描述性统计及相关结果：中小学教师职业倦怠（$M=3.50$，SD=0.91）处于中等偏下水平，各维度与总分之间均表现为显著相关关系。中小学教师职业倦怠与工作满意度表现为显著负相关关系（$r=-0.47$，$p < 0.01$）、与积极情感为显著负相关关系（$r=-0.61$，$p < 0.01$），

中小学教师工作满意度与积极情感为显著正相关关系（$r=0.45$，$p < 0.01$），说明在中小学教师倦怠水平日益提高的情况下，中小学教师的工作满意度水平会降低，积极情感水平也会降低。

（四）工作满意度在职业倦怠与积极情感之间的中介作用

中小学教师的工作满意度在职业倦怠与教师积极情感之间的中介效应是显著的，并且对中小学教师工作满意度的回归系数（$\beta=0.38$，$p < 0.001$）的影响也是显著的，因此中小学教师工作满意度在教师职业倦怠与教师积极情感起到部分中介效应。由研究结果可知，教师工作满意度的中介效应与总效应之比为 0.161，职业压力对生活满意度有 16.1% 是通过工作满意度间接影响的（图 6-4）。

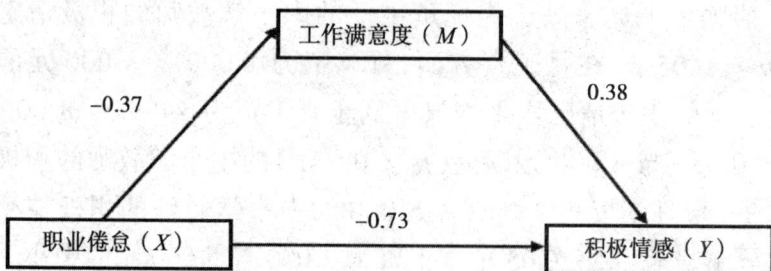

图 6-4

四、讨论

本研究首先对中小学教师的积极情感现状进行了分析，并对人口学变量上不同水平的中小学教师的积极情感进行了对比。结果发现，女性教师积极情感的水平显著高于男性教师的积极情感的水平。这与之前的结果一致（唐志强，2012），表明或许与女性对中小学教师的职业认同感更高及社会对女性担任中小学教师更认可有关。从职业倦怠方面也能解释，研究发现，中小学教师群体中男性教师的职业倦怠中去个性化方面高于女教师（闫芳芳，2014），因此可能是因为男性教师的高水平的职业倦怠导致的低积极情感水平。在教龄方面,表现出随着教龄的增长,教师的积极情感呈降低的趋势。这可能与随着年龄的增长,积极情绪中的负性情绪的提高有关,该结论在前人研究中也能证实(张传月,赵守盈,2007)。造成这样结果的原因可能在于教龄越低的中小学教师,刚刚走入社会不久,这时对工作和生活都还保持着激情,没有其他方面的顾虑。学段方面,只有初中教师的积极情感水平显著低于高中教师,结果与前人研究基本一致(傅俏俏,叶宝娟,2016)。该结果可能是因为初中教师面临的是刚刚进入青春期的学生,相比与小学阶段的懵懂无知和高中的成熟,初中的学生情绪波动较大,这对承担教学任务的教师来说,会严重影响积极情感。在是否担任班主任方面,具体表现为未担任班主任的中小学教师的积极情感水平显著高于担任班主任的中小学教师的积极情感水平。班主任教师积极情感水平较低可能是由于相比于未担任班主任的中小学教师,班主任的责任更重。在月工资方面,表现出随着工资的增长,教师的积极情感说升高的趋势。这在前人研究中也得到了证实(邓坚阳,程雯,2009),说明工作收入也是影响中小学教师积极情感一个重要因素。

本研究还考察了中小学教师职业倦怠对积极情感的影响及内在机制。前人的研究已经证实了职业倦怠对积极情感的消极作用(李悠,2012)。但是在已有针对积极情感的研究中,从职业倦怠与工作满意度的视角对中小学教师的情感进行分析是少之又少。本研究以积极情感这一重要指标作为结果变量,验证了职业倦怠压力的重大影响。结果显示,中小学教师职业倦怠与工作满意度呈显著负相关,与教师积极情感呈显著负相关。

本研究除了检验职业倦怠对积极情感的直接作用之外,还发现职业倦怠通过工作满意度的中介作用对积极情感产生影响。本研究结果验证了工作满意度在两者之间起到部分中介作用的假设。积极情感是个体在环境中体验的愉悦程度,包括热情、高能量、精神警觉以及确定等情感状态(Watson,1998)。工作满意度是积极情感的重要影响变量,工作满意度水平升高会使得教师的积极情感升高;反之,当工作满意度降低时,积极情感的水平也会降低。本研究结果验证了工作满意度的中介作用,表明可以通过降低中小学教师的职业倦怠水平,提升对工作的满意度,进而提升中小学教师的积极情感。

本研究发现职业倦怠的升高会降低中小学教师的工作满意度,进而降低教师的积极情感。因此,可以考虑通过对中小学群体的工作满意度进行干预从而提高该群体的积极情感。本研究尚存在一些需改动的地方:首先,本研究样本选取了贵州省贵阳市、遵义市、毕节市3地级市的5个县的中小学教师作为样本,这个样本无法代表中国的中小学教师。其次,本研究使用横断数据进行分析,无法探讨职业压力、职业倦怠和积极情感三者之间的因果关系。

五、结论

(1)中小学教师的积极情感在性别、学段、月工资、学段和是否担任班主任等人口学变量上存在极其显著的差异。

(2)中小学教师职业倦怠处于中等偏下水平,各维度与总分之间均表现为显著相关关系。中小学教师职业倦怠与工作满意度表现为显著负相关关系、与积极情感为显著负相关关系,中小学教师工作满意度与积极情感为显著正相关关系。

(3)工作满意度部分中介了职业倦怠与中小学教师积极情感之间的关系。

第七章 保护性因子对中小学教师幸福感的影响研究

第一节 组织支持感对中小学教师工作满意度的影响研究

一、问题提出

随着国家经济、科技的高速发展,社会对于人才的需求日益增多,以及二胎政策近几年的实施,教育作为国家的兴国之本、强国之基的地位日益凸显。社会对教育的重视,也使得人民教师的社会地位得到提升。对于教师这一群体,尽管已经有大量的相关研究和科研成果,聚焦教师群体的方方面面,但时代的变革,人们思想的转变,总是会带来一些新的观点与新的思考。教师群体作为培养国家人才的一线工作者,离祖国未来最贴近的群体之一,值得研究者们予以长久的观察、关注、关心与探索,而中小学阶段又是孩子成长与培养的重中之重,必须予以高度重视。然而,我国的教师群体从业人员,存在着一些严重的身心问题。由于工作性质的原因,教师群体不仅是咽炎、肩颈疾病等职业病的高发人群,而且还存在一些心理健康问题,如焦虑、抑郁等(潘晨光,2006),教师从组织和社会中获得的支持感,以及教师对个人工作的满意程度不容忽视。面对这些教师群体面临的严峻的问题,我们更要发挥专业所长、专业价值去深入探索这些问题的影响因素,了解问题背后的原理及机制,为解决这些教师群体面临的问题,提出可供参考的研究成果。

组织支持感 是 Eisenberger 等人 1986 年提出的,是指员工对于组织对自己在其中的贡献和幸福感的关注的全面而整体的看法(Martin R A,2001),这个定义包含两个中心问题:第一,员工对于组织是否重视自己在组织中的贡献的切身体会与看法;第二,员工对于组织对自己的幸福感是否给予了应有的关注的切身体会与看法(Boyle & Joss,2004)。当我们将组织支持感这一概念应用于教师群体时,可以将其理解为:教师的组织支持感,是教师对于所工作的学校对于其在学校与教学中做出的贡献,以及学校对于教师的幸福感的关注的切身体会与看法。目前,在有关于教师群体心理方面的研究中,教师组织支持感这一因素得到了日益广泛的应用。在针对高校教师、高职教师、初中教师等子群体中,均有所体现,并被作为重要的研究因素(郝天侠,2011;梁拴荣,胡卫平,贾宏燕,2014;胡维芳,刘慧莲,2016)。

在有关教师群体的众多研究中,有一些与教师组织支持感相关联的重要因素,如组织情感承诺(郝天侠,2011)、知识分享行为(王丹丹,郭腾飞,秦霖,2013)以及工作压力等,这些都是切实与教师群体的日常工作、生活密切相关的因素。在本研究中我们重点关注教师的组织支持感与工作满意度的关系。工作满意度在心理学的研究中十分常见,它是衡量个体对现有工作是否满意的最直观的指标,它往往受到众多因素的影响,如组织氛围、课程改革参与性(姜勇,钱琴珍,鄢超云,2006)、工作积极性(徐富明,申继亮,2001)等。前人的研究证明,教师组织支持感以及教师的工作满意度,都是有价值和现实意义的,值得深入探索的,与教师群体工作、生活与发展密切相关的重要因素。

对于探讨教师组织支持感与教师工作满意度,目前已经有了一些优秀的研究成果,如对于民办学校教师的组织支持感和工作满意度的研究,得出民办教师的组织支持感对其工作满意度存在着显著的积极影响(赵强,2015);对于幼儿园教师群体的一项研究中,综合考虑了教师组织支持感、教师工作满意度以及教师离职倾向于因素的相关内容,其中教师的组织支持感及教师的工作满意度是重要的相关因素(张金涛,2019)。本研究主要探讨在中小学教师群体中,教师组织支持感对于教师工作满意度的影响及二者之间的关系。

二、研究方法

(一)调查对象

调查对象来源于贵州省贵阳市、遵义市、毕节市 3 地级市的 5 个县,抽取来自 34 所学校共 670 名中小学教师参与本次调查研究。所抽取的一些社会人口统计学资料如下:为保证调查对象的多样性,在选取学校时大体按照 1∶1∶1∶1 的比例选取农村、乡镇、县城、市区的学校。贵阳市共抽取 11 所学校,其中农村学校 3 所,乡镇学校 3 所,县城学校 3 所,市区学校 2 所;遵义市共抽取 13 所学校,其中农村学校 4 所,乡镇学校 3 所,县城学校 4 所,市区学校 2 所;毕节市共抽取 10 所学校,其中农村学校 3 所,乡镇学校 3 所,县城学校 2 所,市区学校 2 所;涵盖小学、初中、高中 3 个学段。实测问卷有效回收 670 份,其中男教师 288 人,女教师 382 人;小学教师 239 人,初中教师 313 人,高中教师 118 人;农村学校教师 75 人,乡镇学校教师 214 人,县城学校教师 266 人,市区学校教师 115 人。

(二)工具

1.组织支持感量表

采自 Eisenberger、Huntington、Hutchison 和 Sowa(1986)编制的《组织支持感量表》,该量表共 36 个项目,根据专家的意见进行符合施测情境的修改。参照前人的做法(倪昌红,叶仁荪,黄顺春,夏军,2013),本研究选取这些题项中因子载荷最高的 8 个项目用来衡量教师的组织支持感。量表采用 Likert 5 点计分方式,教师根据自己的真实情况在"完全不符合"到"完全符合"的5点量表上进行选择。得分越高表示教师体会到的组织支持感越高。在本研究中,组织支持感量表的Cronbach's α=0.94,信度良好。

2.工作满意度量表

采用Agho、Price和Mueller（1992）编制的《整体工作满意度数量表》,并根据专家的意见进行符合施测情境的修改。该量表共包括6个项目,量表采用Likert 5点计分方式,教师根据自己的真实情况在"完全不符合"到"完全符合"的5点量表上进行选择。得分越高表示教师的工作满意度越高。本研究中,工作满意度量表的Cronbach's α=0.87,信度良好。

（三）数据筛选与处理

采用SPSS 24.0软件对数据进行分析处理。

三、结果分析

首先对收集到的问卷进行初步的筛查与整理,剔除可以分辨出的未达到筛选要求的问卷,得到670份有效问卷。将两个问卷的数值进行认真录入,并将被试的人口社会统计学资料进行编码对应输入。再将所得到的数据导入SPSS进行下一步操作。

（一）各变量描述统计结果及相关分析

首先对教师组织支持感问卷以及教师工作满意度问卷所得到的数据进行初步的描述统计分析。教师组织支持感得分（M=2.954, SD=0.773）,数据较集中,全部670个数据都在95%置信区间内,教师组织支持感得分处于中等水平;教师工作满意度得分（M=3.096, SD=0.668）,数据较集中,全部670个数据都在95%置信区间内,教师工作满意度得分处于中高等水平。

对本研究所要重点研究的教师组织支持感和教师工作满意度之间的关系进行相关分析，运用皮尔逊相关进行运算，得出教师组织支持感与教师工作满意度之间的相关系数为 0.712，$p < 0.01$，二者呈显著正相关，教师组织支持感与教师工作满意度之间存在密切联系。

（二）中小学教师组织支持感及工作满意度差异检验结果

通过初步的统计分析，采用 t 检验、方差分析 ANOVA 等方法可知，教师组织支持感在学段（$F_{2,669}=12.143$，$p < 0.01$）上存在显著差异，进一步事后检验表明，小学教师组织支持感显著高于初中（$p=0.037$）和高中（$p < 0.001$），初中教师的组织支持感显著高于高中（$p=0.001$）；同样，教师组织支持感在教龄（$F_{5,669}=3.721$，$p < 0.01$）上存在显著差异，进一步事后检验结果表明，教龄 1 ~ 3 年的教师组织支持感显著高于 4 ~ 6 年（$p=0.001$）、7 ~ 10 年（$p=0.002$），教龄 4 ~ 6 年的教师组织支持感显著低于 11 ~ 15 年（$p=0.048$）、16 ~ 20 年（$p=0.041$）、和教龄在 20 年以上的教师（$p=0.003$），教龄 7 ~ 10 年的教师组织支持感显著低于教龄 20 年以上的教师（$p=0.005$）；在职称（$F_{4,669}=2.510$，$p < 0.05$）上，教师的组织支持感也存在显著差异，三级教师显著高于一级教师（$p < 0.01$）和二级教师（$p < 0.05$），高级教师显著高于二级教师（$p < 0.05$）；教师工作满意度在学段（$F_{2,669}=7.319$，$p=0.001$）上各水平之间存在显著差异，小学教师工作满意度显著高于初中教师（$p=0.002$）和高中教师（$p < 0.01$）；在学校所在地（$F_{3,669}=4.748$，$p < 0.01$）变量上也存在显著差异，农村中小学教师的工作满意度显著高于市区中小学教师（$p < 0.01$），乡镇（$p < 0.01$）和县城（$p < 0.05$）的中小学教师工作满意度也显著高于市区；同样的，中小学教师工作满意度在教龄（$F_{5,669}=2.658$，$p < 0.05$）学历（$F_{3,669}=2.637$，$p < 0.05$）、职称（$F_{4,669}=2.899$，$p < 0.05$）、月工资（$F_{3,669}=4.780$，$p=0.003$）上差异显著。

为进一步探索教师组织支持感与教师工作满意度之间的关

系,我们运用统计软件中的图表功能作出反应二者之间关系的散点图,从中能看出两个变量之间存在一定的线性关系,于是我们采用线性回归的方法做进一步分析。对所得的反应二者之间关系的表格中进行分析,可以发现,在系数表中,可以推断出能够拟合教师组织支持感与教师工作满意度之间关系的数据分布的线性方程结构,即函数表达式,其中显著性检验的值小于 0.05,证明教师组织支持感对教师工作满意度有显著影响;在 ANOVA 表中,我们可以看出,$F=685.229$,$p < 0.001$,通过这个统计结果数据可以判断,得出的回归方程是可以采纳的;最后在模型汇总表中,$R^2=0.712$,调整后的 R^2 为 0.506。由此我们可以断定该回归方程模型的拟合优度较好。

四、讨论

(一)中小学教师工作满意度现状分析

从本研究可以看出,样本中,中小学教师的组织支持感和工作满意度均处于中等水平。教师的工作满意度是其对所从事的工作、环境的满意程度,它直接影响教师工作的主动性和积极性,并且也会影响到如教学成果、师生关系这样的教学行为(朱从书,2006)。工作满意度是教师主观的,对教职工作满意程度的衡量,一定程度上反映了教师最对工作情况最真实的看法,所以,教师的工作满意度这一指标,对于想要探讨教师方方面面的问题以及教师相关的心理学研究来说,是必须考虑的重要变量。从搜集到的数据进行整理和分析,我们发现教师的工作满意度在几个人口社会统计学的变量上,各水平之间会出现显著差异,这些因素如工资、学历等,可能与个人对工作的期望、自我认识等方面有关,这些因素在提高教师的工作满意度方面有一定的作用。

（二）中小学教师组织支持感与工作满意度的关系

对收集到的问卷中的数据进行相关与回归分析后，我们可以得出，教师组织支持感与教师工作满意度的相关关系显著，且二者的相关系数达到了0.712，这就说明二者之间存在较高程度的正相关。之后为了进一步确认二者之间是否存在因果关系，将组织支持感作为自变量，教师的工作满意度作为因变量，对二者进行了回归分析，得出教师的组织支持感是对其工作满意度有显著影响的，也就是说教师的组织支持感越高，其对工作的满意程度也越高。

综上所述，当致力于提高教师对工作的满意程度时，除一些客观的人口社会统计学变量，我们更要重视教师所任教的组织，教师所就职的学校是否让其感受到了足够的，来自工作单位的社会支持。如果工作组织即学校满足了教师的一些基本需求，给予一定支持，教师会更有精力投身于教学工作（Wilmar & Toon，2014）。二者的关系较好理解，教师同其他的工作一样，工作所在组织作为每个个体赖以谋生的场所，每天大多数的时间，我们都在组织中度过，并且还要在组织中建立各种各样的人际关系，可以说组织支持是个体社会支持的很大一部分；另外，中小学教师的工作也有其特殊之处，教师工作每天会接触大量的学生，秉持教书育人和祖国未来的责任与担当，教师有着巨大的心理压力，容易产生心理健康问题，从而影响正常的教学活动以及与学生之间的师生关系，甚至影响学生的心理健康，因此组织支持感、教师对工作的满意度，以及二者之间的关系对教师的心理状态有很大影响，是关注教师群体的心理健康不容忽视的因素。

（三）研究不足与研究展望

本篇研究存在一些不足之处，尚需未来的研究加以完善与改进。首先，本研究涉及两个主要变量，即教师的组织支持感和教师的工作满意度,并想要探寻二者之间的关系。但本研究只对二者进行了统计数据分析,并未考虑二者的关系之间是否存在其他的,对二者关系产生影响的因素;其次,本研究选取的用于测量两个变量的问卷没有清晰的子维度划分,无法对两个变量的结构及所包含的子因素之间的关系进行深入探索;另外,运用问卷法进行研究,仅为被试根据主观状况填写问卷,不能排除一些主观的期望和疲劳效应等被试误差;最后,本研究的样本均来自贵州省,样本无法代表全国的中小学教师。在未来的相关研究中,可以对组织支持感和工作满意度的结构,以及与二者存在相关的各个变量,它们之间的关系进行进一步的探索,增加获取数据的渠道,引入一些客观的方法收集数据,为教师群体的心理健康问题提供更多有参考价值的研究。

五、结论

(1)中小学教师的组织支持感在学段、教龄、职称等人口社会学统计资料变量上存在显著性差异;中小学教师的工作满意度在学段、学校所在地、教龄、学历、职称、月工资等人口社会学统计资料变量上存在显著性差异。

(2)中小学教师的组织支持感与工作满意度处于中等水平。

(3)中小学教师的组织支持感与工作满意度存在较高程度正相关,教师组织支持感对教师工作满意度有显著影响。

第二节 组织支持感对中小学教师生活满意度的影响

一、问题提出

随着人们生活节奏的加快和生活方式的迅速转变,出现心理健康问题的人口也越来越多。国家和政府近几年在各个方面进行了多项关注人们心理健康问题的工作,旨在将心理健康问题相关知识与防范工作向人民群众做好广泛的科普,强有力的预防更多心理健康问题的发生和发展。目前已有众多的心理学研究者关注各个群体的心理健康相关问题,其中教师群体,尤其是中小学教师群体,更是引起了高度的关注。研究教师的心理行为及相关问题,我们可以从很多角度出发,前人有从积极心理学和适应性角度研究教师的心理健康问题(石梅,2016),也有从全局方面对教师的心理健康状况进行了横断历史方法的分析(衣新发,赵倩,胡卫平等,2014)等,从多个角度揭示了教师心理健康问题众多内在因素,以及因素之间的联系,为教师群体心理健康问题的预防与临床治疗提供了丰富和行之有效的理论基础。本研究主要从中小学教师的组织支持感对教师的生活满意度的影响以及二者之间关系的角度,对中小学教师生活满意度方面的心理健康问题予以关注。

前人对于有关教师组织支持感的研究均认为,教师组织支持感是研究教师群体心理健康问题时,可作为变量考虑的重要心理因素(郝天侠,2011;梁拴荣,胡卫平,贾宏燕,2014;赵强,2014;胡维芳,刘慧莲,2016)。在将教师组织支持感作为变量进行研究时,前人探索出众多与其相关的其他教师心理或行为变量,例如组织情感承诺(郝天侠,2011)、工作压力(石瑶,2009)、教师的幸福感(王黎华,徐长江,2008)。本研究我们重点关注教师组织支持感与教师的生活满意度之间的关系。

生活满意度是评价者根据自己内心认可的标准,对其生活质量的总体的认知与评价(Diener,2000)。有关于教师的生活满意度,也有众多优秀的前人成果,包括对一些教师群体的关注,如对退休教师生活满意度的研究(曾芊,曾轼,2001)、对农村教师生活满意度的研究(王雨露,2007),也有从工作家庭冲突方面(王申振,姚本先,2017),从能否运用训练进行有效干预方面(马佳,2012)对教师的生活满意度进行研究。

有关于教师的组织支持感和生活满意度的关系方面的研究,

前人也有多项可供参考的优秀成果,前人研究表明,组织支持感是教师工作家庭冲突与工作、家庭满意度之间的调节因素(于皎,2011),组织支持感与生活满意度之间存在着某种程度的相关并受到其他因素的影响(邹青松,2013)。本研究主要研究在中小学教师群体中,教师组织支持感对教师生活满意度的影响及二者之间存在着怎样及何种程度的关系。

二、研究方法

(一)调查对象

调查对象来源于贵州省贵阳市、遵义市、毕节市 3 地级市的 5 个县,抽取来自 34 所学校共 645 名中小学教师参与本次调查研究。所抽取的一些社会人口统计学资料如下:为保证调查对象的多样性,在选取学校时大体按照 1∶1∶1∶1 的比例选取农村、乡镇、县城、市区的学校。贵阳市共抽取 11 所学校,其中农村学校 3 所,乡镇学校 3 所,县城学校 3 所,市区学校 2 所;遵义市共抽取 13 所学校,其中农村学校 4 所,乡镇学校 3 所,县城学校 4 所,市区学校 2 所;毕节市共抽取 10 所学校,其中农村学校 3 所,乡镇学校 3 所,县城学校 2 所,市区学校 2 所;涵盖小学、初中、高中 3 个学段。实测问卷有效回收 645 份,其中,男教师 278 人,女教师 367 人;小学教师 226 人,初中教师 303 人,高中教师 116 人;农村学校教师 72 人,乡镇学校教师 208 人,县城学校教师 253 人,市区学校教师 112 人;普通学校 455 人,县级重点 123 人,市级重点 33 人,省级重点 34 人;268 人担任班主任,377 人未担任班主任。

(二)工具

1. 组织支持感量表

采自 Eisenberger, Huntington, Hutchison 和 Sowa(1986)编制

的《组织支持感量表》，该量表共 36 个项目，根据专家的意见进行符合施测情境的修改。参照前人的做法（倪昌红，叶仁荪，黄顺春，夏军，2013），本研究选取这些题项中因子载荷最高的 8 个项目用来衡量教师的组织支持感。量表采用 Likert 5 点计分方式，教师根据自己的真实情况在"完全不符合"到"完全符合"的 5 点量表上进行选择。得分越高表示教师体会到的组织支持感越高。在本研究中，组织支持感量表的 Cronbach's α=0.94，信度良好。

2. 生活满意度量表

采用 Diener、Emmons、Larsen 和 Griffin（1985）编制的《生活满意度量表》，该量表包含 5 个项目，所有项目均采用 Likert 7 点计分。得分越高，说明教师的生活满意度越高。在本研究中，量表的 Cronbach's α=0.89。

（三）数据筛选与处理

采用 SPSS 24.0 软件对数据进行分析处理。

三、结果分析

首先对收集到的问卷进行初步的筛查与整理，剔除可以分辨出的未达到筛选要求的问卷，得到 645 份有效问卷。将两个问卷的数值进行认真录入，并将被试的人口社会统计学资料进行编码对应输入。再将所得到的数据导入 SPSS 进行下一步操作。

（一）各变量描述统计结果及相关分析

首先对教师组织支持感问卷以及教师生活满意度问卷所得到的数据进行初步的描述统计分析。教师组织支持感得分（M=2.951，SD=0.772），数据较集中，全部 645 个数据都在 95% 置信区间内，教师组织支持感得分处于中等水平；教师生活满意度得分（M=3.420，SD=1.339），全部 645 个数据都在 95% 置信区间内,教师生活满意度得分处于中高等水平。

对本研究所要重点研究的教师组织支持感和教师生活满意度之间的关系进行相关分析,运用皮尔逊相关进行运算,得出教师组织支持感与教师生活满意度之间的相关系数为 0.455,$p < 0.01$,二者呈显著正相关,但就相关系数来看,二者的相关属于中等程度的相关,教师组织支持感与教师生活满意度之间存在着一定联系。

(二)中小学教师组织支持感及生活满意度差异检验结果

通过初步的统计分析,采用 t 检验、方差分析 ANOVA 等方法可知,教师组织支持感在学段($F_{2,644}=10.335$,$p < 0.01$)上存在显著差异,经过事后比较检验得知,小学($p < 0.001$)和初中教师($p < 0.01$)的组织支持感显著高于高中;教师组织支持感在教龄上也存在显著差异($F_{5,644}=3.317$,$p < 0.01$),进一步通过事后比较可知,教龄 1 ~ 3 年的教师组织支持感显著高于教龄为 4 ~ 6 年($p=0.003$)及教龄为 7 ~ 10 年($p < 0.01$)的教师,教龄为 4 ~ 6 年的教师和教龄为 7 ~ 10 年的教师的组织支持感显著低于教龄在 20 年以上的教师($p < 0.01$),教龄短和教龄长的教师的组织支持感显著高于教龄中间长度的教师,可能是因为初来的新鲜感和对组织的信心,或长期积累的对所在学校的信任,也不能排除教师在填写问卷时存在担心问卷结果是否会对自己职业发展带来影响的顾虑;另外教师组织支持感在学历上也存在显著差异($F_{3,644}=2.844$,$p=0.037$),事后比较可知,中专($p < 0.01$)和大专学历($p=0.031$)的教师的组织支持感显著高于研究生学历的教师;教师组织支持感在月工资上有显著差异($F_{3,644}=2.628$,$p=0.049$),经过事后比较,这一差异体现在月工资 5 000 ~ 8 000 元的教师的组织支持感显著高于月工资 3 000 ~ 5 000 元的教师($p=0.016$)。

经过同样的检验过程,我们发现教师的生活满意度也在一些人口社会统计学变量上存在显著差异。教师生活满意度在月工资（$F_{3,644}$=9.616，$p < 0.001$）和学段（$F_{2,644}$=5.761，$p < 0.01$）上有显著差异，其中月工资高的教师生活满意度显著高于月工资较低的教师，小学学段教师的生活满意度显著高于初中学段的教师（$p < 0.01$）。

为进一步探索教师组织支持感与教师生活满意度之间的关系，我们运用统计软件中的图表功能作出反应二者之间关系的散点图，能从中看出两个变量之间是存在一定的线性关系的，于是我们采用线性回归的方法作进一步分析。对所得到的反应二者之间关系的表格中进行分析，可以发现，在系数表中，可以推断出能够拟合教师组织支持感与教师生活满意度之间关系的数据分布的线性方程结构，即函数表达式，其中显著性检验的值小于 0.01，证明教师组织支持感对教师生活满意度有显著影响；在 ANOVA 表中，我们可以看出，F=167.817，$p < 0.01$，通过这个统计结果数据，可以判断，得出的回归方程是可以采纳的；最后在模型汇总表中，R=0.455，调整后的 R^2 为 0.206。由此我们可以断定该回归方程模型的拟合优度一般。

四、讨论

（一）中小学教师生活满意度现状分析

从本研究可以看出，样本中，中小学教师的组织支持感和工作满意度均处于中等水平。教师的生活满意度是教师对于当前生活状态和生活中的方方面面是否符合内心预期的主观感受，与中小学教师的心理健康状况密切相关，有一些学者认为教师生活满意度可以作为教师幸福感的一个重要方面加以研究，并且得出了教师的生活满意度受一些人口社会学变量影响的结论（姬杨，2007）。目前对于教师生活满意度的各项研究，所得的当今教师生活满意度的水平高低参差不齐，本研究所收集的数据，分析所得中小学教师的生活满意度水平处于中等水平，且在学段及月工资这两个人口社会统计学变量上存在显著差异。

（二）中小学教师组织支持感与生活满意度的关系

对收集到的问卷中的数据进行相关与回归分析后，我们可以得出，教师组织支持感与教师生活满意度的相关关系显著，且二者的相关系数达到0.455，这就说明二者之间存在中低等程度的正相关。之后为了进一步确认二者之间是否存在因果关系，将组织支持感作为自变量，教师的生活满意度作为因变量，对二者进行回归分析，得出教师的组织支持感是对其生活满意度有显著影响的，也就是说教师的组织支持感越高，其对工作的满意程度也越高。

综上所述，想要提高教师对其生活的满意程度时，除一些客观的人口社会统计学变量，我们更要重视教师所任教的组织，教师所就职的学校是否让其感受到了足够的，来自工作单位的社会支持。二者的关系较好理解，教师同其他的工作一样，工作所在组织作为每个个体赖以谋生的场所，与教师的生活密切相关，教师从工作所在学校获得收入，并且在工作中建立许多人际关系。另外，中小学教师每天会接触大量的学生，秉持教书育人和祖国未来的责任与担当，教师有着巨大的心理压力，容易产生心理健康问题，从而影响正常的教学活动和教学秩序，甚至影响学生的心理健康，教师对于生活的满意程度是教师心理健康的重要指标。因此组织支持感、对教师的生活满意度，以及二者之间的关系对教师的心理状态有很大影响，是关注教师群体的心理健康不容忽视的因素。

（三）本研究的不足与展望

本篇研究存在一些不足之处，尚需未来的研究加以完善与改进。首先，本研究涉及两个主要变量，即教师的组织支持感以及教师的生活满意度，并想要探寻二者之间的关系，但本研究只对二者进行了统计数据分析，并未考虑二者的关系之间是否存在其他的,对二者关系产生影响的因素;其次,本研究选取的用于测量两个变量的问卷没有清晰的子维度划分,无法对两个变量的结构及所包含的子因素之间的关系进行深入探索;另外,运用问卷法进行研究,仅为被试根据主观状况填写问卷,不能排除一些主观的期望和疲劳效应等被试误差;最后,本研究的样本均来自贵州省,样本无法代表全国的中小学教师。在未来的相关研究中,可以对组织支持感和生活满意度的结构,以及与二者存在相关的各个变量,它们之间的关系进行进一步的探索,增加获取数据的渠道,引入一些客观的方法收集数据,为教师群体的心理健康问题提供更多有参考价值的研究。

五、结论

(1)中小学教师的组织支持感在学段、教龄、学历、月工资的人口社会学统计资料变量上存在显著性差异;中小学教师的生活满意度在学段、月工资的人口社会学统计资料变量上存在显著性差异。

(2)中小学教师的组织支持感与生活满意度处于中等水平。

(3)中小学教师的组织支持感与生活满意度存在中低程度的正相关,教师组织支持感对教师生活满意度有显著影响。

第三节　组织支持感对中小学教师积极情感的影响

一、引言

心理健康问题在我国日益引起重视,人们越来越关心心理健康相关的问题,其中就包含各个群体,方方面面的心理健康问题。教师群体作为教育工作的一线和核心群体,一直是社会和各领域研究者重点关注的群体,在心理健康领域也并不例外。教师与其他群体相比有共同点也有其特殊的部分,每天面对大量学生的工作,教师的心理状态直接影响到日常的教学活动,和学生在学校的教育体验,教师群体的心理健康具有非凡的研究价值。在促进教师心理健康的各个方面中,组织支持感和积极情感是非常重要的两个因素。

本研究我们重点关注教师组织支持感与教师的积极情感之间的关系。

积极情感经常被作为幸福感的一个方面与消极情感、生活满意度共同研究(胡忠英,2015;姜永杰,2007),主观幸福感主要包括生活满意度和情感体验这两个部分,而情感体验就是个体生活的主观情感体验,包括积极情感和消极情感两个方面(Diener E,1984)。前人研究表明,人的情感发展和智力发展的重要性处于同样的地位,情感的积极稳定发展能够使学生在补充知识的同时,充分发挥出个人的潜能(王永亮,2007)。同样,教师群体就年龄来讲虽然其情感发展已趋于稳定,但积极情感的存在会使教师心情愉悦,放松地进行教学工作,对教学活动的开展十分有益,因此,探索教师积极情感的影响因素具有十分重要的现实意义。本研究主要研究在中小学教师群体中,教师组织支持感对教师的积极情感的影响及二者之间存在着怎样及何种程度的关系。

二、研究方法

(一)调查对象

调查对象来源于贵州省贵阳市、遵义市、毕节市3地级市的5个县,抽取来自34所学校共714名中小学教师参与本次调查研究。所抽取的一些社会人口统计学资料如下:为保证调查对象的多样性,在选取学校时大体按照1∶1∶1∶1的比例选取农村、乡镇、县城、市区的学校。贵阳市共抽取11所学校,其中农村学校3所,乡镇学校3所,县城学校3所,市区学校2所;遵义市共抽取13所学校,其中农村学校4所,乡镇学校3所,县城学校 4 所,市区学校 2 所;毕节市共抽取 10 所学校,其中农村学校 3 所,乡镇学校 3 所,县城学校 2 所,市区学校 2 所;涵盖小学、初中、高中 3 个学段。实测问卷有效回收 714 份,其中,男教师 305 人,女教师 409 人;小学教师 259 人,初中教师 332 人,高中教师 123 人;农村学校教师 79 人,乡镇学校教师 231 人,县城学校教师 281 人,市区学校教师 123 人;普通学校 504 人,县级重点 138 人,市级重点 37 人,省级重点 35 人;298 人担任班主任,416 人未担任班主任;教师学历,中专 7 人,大专 119 人,本科 572 人,研究生 16 人;正高级教师 1 人,高级教师 128 人,一级教师 353 人,二级教师 185 人,三级教师 47 人。

（二）工具

1. 组织支持感量表

采自 Eisenberger, Huntington、Hutchison 和 Sowa（1986）编制的《组织支持感量表》,该量表共 36 个项目,根据专家的意见进行符合施测情境的修改。参照前人的做法(倪昌红,叶仁荪,黄顺春,夏军,2013),本研究选取这些题项中因子载荷最高的 8 个项目用来衡量教师的组织支持感。量表采用 Likert 5 点计分方式,教师根据自己的真实情况在"完全不符合"到"完全符合"的 5 点量表上进行选择。得分越高表示教师体会到的组织支持感越高。在本研究中,组织支持感量表的 Cronbach's α=0.94,信度良好。

2. 积极情感消极情感量表

采用邱林,郑雪和王雁飞（2008）修订的积极情感消极情感量表,该量表包含 18 个项目,其中 9 个项目测量的是积极情感,另 9 个项目测量的是消极情感。所有项目均采用 Likert 5 点计分。在本研究中,量表的 Cronbach's α=0.89。采用前人的计算方法,将积极情感和消极情感标准化,用积极情感的标准分减去消极情感的标准分得出积极情感总分。

（三）数据筛选与处理

采用 SPSS 24.0 软件对数据进行分析处理。

三、结果分析

首先对收集到的问卷进行初步的筛查与整理，剔除可以分辨出的未达到筛选要求的问卷，得到 714 份有效问卷。将两个问卷的数值认真录入，并将被试的人口社会统计学资料进行编码对应输入。再将所得到的数据导入 SPSS 进行下一步操作。

（一）各变量描述统计结果及相关分析

首先对教师组织支持感问卷以及教师积极情感消极情感问卷所得到的数据进行初步的描述统计分析。教师组织支持感得分（M=2.945，SD=0.768），数据较集中，全部 714 个数据都在 95% 置信区间内，教师组织支持感得分处于中等水平；教师总正性情绪得分（M=0.005，SD=1.267），全部 714 个数据都在 95% 置信区间内，教师生活满意度得分处于低等水平。对本研究所要重点研究的教师组织支持感和教师积极情感之间的关系进行相关分析，运用皮尔逊相关进行运算，得出教师组织支持感与教师生总正性情绪得分之间的相关系数为 0.323，$p < 0.01$，二者呈显著正相关，但就相关系数来看，二者属于较低程度的相关，教师组织支持感与教师生活满意度之间存在着一定联系。

（二）中小学教师组织支持感及积极情感得分的差异检验结果

通过初步的统计分析，采用 t 检验、方差分析 ANOVA 等方法可知，教师组织支持感在学段（$F_{2,713}$=11.481，$p < 0.001$）上存在显著差异，经过事后比较检验得知，小学教师组织支持感显著高于初中教师（p=0.030），小学（$p < 0.001$）和初中教师（$p < 0.01$）的组织支持感显著高于高中；教师组织支持感在教龄上也存在显

著差异（$F_{5,713}$=3.259，$p<0.01$），进一步通过事后比较可知，教龄1～3年的教师组织支持感显著高于教龄为4～6年（p=0.003）及教龄为7～10年（p=0.004）的教师，教龄为4～6年的教师（$p<0.01$）和教龄为7～10年的教师（$p<0.01$）的组织支持感显著低于教龄在20年以上的教师。

经过同样的检验过程，我们发现教师的积极情感，即总正性情绪得分也在一些人口社会统计学变量上存在显著差异。教师的总正性情绪得分在学段（$F_{2,713}$=4.313，p=0.014）上存在显著差异，经过事后比较检验得知，小学教师的总正性情绪得分显著高于初中教师（$p<0.01$），初中教师总正性情绪得分显著高于高中（p=0.034）；教师总正性情绪得分在教龄上也存在显著差异（$F_{5,713}$=2.907，p=0.013），进一步通过事后比较可知，教龄1～3年的教师总正性情绪得分显著高于教龄为7～10年（p=0.008）的教师及教龄为11～15年（$p<0.01$）、16～20年（p=0.030）和教龄在20年以上（p=0.013）的教师，教龄为11～15年的教师（p=0.044）的总正性情绪得分显著低于教龄在20年以上的教师；另外，教师的积极情感得分在月工资上也存在显著差异（$F_{3,713}$=2.699，p=0.045）。

为进一步探索教师组织支持感与教师积极情感得分之间的关系，我们运用统计软件中的图表功能作出反应二者之间关系的散点图，从中能看出两个变量之间是存在一定的线性关系的，于是采用线性回归的方法作进一步分析。对所得的反应二者之间关系的表格中进行分析，可以发现，在系数表中，可以推断出能够拟合教师组织支持感与教师积极情感得分之间关系的数据分布的线性方程结构，即函数表达式，其中显著性检验的值小于0.001，证明教师组织支持感对教师积极情感得分有显著影响；在ANOVA表中，我们可以看出，F=82.982，$p<0.001$，通过这个统计结果数据，可以判断，得出的回归方程是可以采纳的；最后在模型汇总表中，R=0.323，调整后的R^2为0.103，R值较小。由此我们可以断定该回归方程模型的拟合优度一般。

四、讨论

（一）中小学教师积极情感现状分析

从本研究可以看出,样本中,中小学教师的组织支持感处于中等水平,而数据所得的中小学教师的积极情感得分处于较低水平。本研究所得的中小学教师的积极情感,是通过教师填写的积极情感消极情感问卷中的得分,用积极情感得分减去消极情感得分所得的总正性情绪得分进行统计和测量的,得到的数据显示,总正性情绪得分为负即消极情感得分大于积极情感得分的教师数量较多,这一状况是值得我们关注的。拥有一种幸福、完整和美满的生活,教师才能更好的投入教学工作(陈学金,邓艳红,2009)。教师群体积极情感较低的情况引起我们深思,存在哪些因素影响着教师的积极情感,该怎样提高教师的积极情感,是需要我们继续探索的重要问题。

（二）中小学教师组织支持感与积极情感得分的关系

对收集到的问卷中的数据进行相关与回归分析后,我们可以得出,教师组织支持感与教师总正性情绪得分的相关关系显著,但二者的相关系数达到 0.323,这就说明二者之间存在低等程度的正相关,二者的相关程度不强。之后为了进一步确认二者之间是否存在因果关系,将组织支持感作为自变量,教师的总正性情绪得分作为因变量,对二者进行回归分析,得出教师的组织支持感是对其积极情感有显著影响的,也就是说教师的组织支持感越高,教师的积极情感得分也越高。但我们发现,二者的 R 值较小,拟合度较差,尽管如此,教师的组织支持感与教师的积极情感之间还是存在一定的联系。

综上,想要提高教师的积极情感时,除一些客观的人口社会统计学变量,我们更要重视教师所任教的组织,是否给予了教师足够的组织支持。积极情感是一项复杂的主观因素,积极情感的影响因素有很多,其背后的关系错综复杂,本研究重点关注的组织支持感对积极情感的影响是显著的,那么如何通过提高组织支持感来影响和提高教师的积极情感,就是有价值的问题。

（三）研究不足与研究展望

本篇研究存在一些不足之处,尚需未来的研究加以完善与改进。首先,本研究涉及两个主要变量,即教师的组织支持感以及教师的积极情感,并想要探寻二者之间的关系,但本研究只对二者进行了统计数据分析,并未考虑二者的关系之间是否存在其他的,对二者关系产生影响的因素;其次,本研究选取的用于测量两个变量的问卷没有清晰的子维度划分,无法对两个变量的结构及所包含的子因素之间的关系进行深入探索;另外,运用问卷法进行研究,仅为被试根据主观状况填写问卷,不能排除一些主观的期望和疲劳效应等被试误差;最后,本研究的样本均来自贵州省,样本无法代表全国的中小学教师。在未来的相关研究中,可以对组织支持感和积极情感的结构,以及与二者存在相关的各个变量,它们之间的关系进行进一步的探索,增加获取数据的渠道,引入一些客观的方法收集数据,为教师群体的心理健康问题提供更多有参考价值的研究。

五、结论

（1）中小学教师的组织支持感在学段、教龄的人口社会学统计资料变量上存在显著性差异;中小学教师的积极情感在学段、教龄、月工资的人口社会学统计资料变量上存在显著性差异。

（2）中小学教师的组织支持感处于中等水平;中小学教师的积极情感处于较低水平。

（3）中小学教师的组织支持感与积极情感得分存在低程度的正相关,但教师组织支持感对教师积极情感水平有显著影响,背后的原因有待进一步探索。

第四节　职业认同对中小学教师工作满意度的影响

一、问题提出

近年来涌现了许多有关教师幸福感的优秀成果,教师的幸福感也成为大家关注的共同话题,教师幸福感的组成与建构已有了丰硕的理论成果,对于其中的各个组成部分,各个领域的学者们都有去关注和研究,让我们对教师幸福感的认识更深入、更全面,也更有利于发挥自己的力量切实提高教师群体的幸福感。在众多的影响及相关因素中,教师的职业认同与教师的工作满意度,作为影响因素和教师幸福感的子因素,逐渐走进研究者的视野。

前人研究表明,职业认同是影响教师幸福感的关键因素(乔爽,2012)。职业认同,指的是教师在内心中对自己所从事的教育职业的价值的认可与接纳,和对教师这一职业所具有的意义的内在认定,教师对其工作的职业认同感越强,越会在教学工作中积极主动的热情投入,教学效率越高(孙钰华,2008)。因此,对教师职业认同的研究,无论是从提高教师的幸福感,还是更好的进行教学活动工作,都具有重要的现实意义。目前已有许多有关于教师群体职业认同的研究成果,对有关职业认同问题的国内外研究状况进行了综述与总结(魏淑华,宋广文,2005;魏淑华,山显光,2005),也探索了与职业认同有关的各个因素(宋广文,魏淑华,2007)。

工作满意度是心理学的研究中十分常见的因素,它是衡量个体对现有工作是否满意的最直观的指标,也是教师幸福感的重要组成部分。它往往受到众多因素的影响,如组织氛围、课程改革参与性(姜勇,钱琴珍,鄢超云,2006)、工作积极性(徐富明,申继亮,2001)等。前人的研究证明,教师的职业认同与教师的工作满意度,都是教师对于所从事职业的主观认识因素,都是有价值和现实意义的,值得深入探索的,与教师群体工作、生活与发展密切相关的重要因素。本研究主要探讨在中小学教师群体中,教师的职业认同对教师工作满意度的影响及二者之间的关系。

二、研究方法

(一)调查对象

调查对象来源于贵州省贵阳市、遵义市、毕节市3地级市的5个县,抽取来自34所学校共625名中小学教师参与本次调查研究。所抽取的一些社会人口统计学资料如下:为保证调查对象的多样性,在选取学校时大体按照1∶1∶1∶1的比例选取农村、乡镇、县城、市区的学校。贵阳市共抽取11所学校,其中农村学校3所,乡镇学校3所,县城学校3所,市区学校2所;遵义市共抽取13所学校,其中农村学校4所,乡镇学校3所,县城学校4所,市区学校2所;毕节市共抽取10所学校,其中农村学校3所,乡镇学校3所,县城学校2所,市区学校2所;涵盖小学、初中、高中3个学段。实测问卷有效回收625份,其中,男教师271人,女教师354人;小学教师227人,初中教师294人,高中教师104人;农村学校教师69人,乡镇学校教师204人,县城学校教师250人,市区学校教师102人;普通学校441人,县级重点121人,市级重点30人,省级重点33人;258人担任班主任,367人未担任班主任;教师学历,中专6人,大专106人,本科501人,研究生12人;正高级教师1人,高级教师111人,一级教师310人,二级教师162人,三级教师41人。

(二)工具

1.中小学教师职业认同问卷

采用魏淑华,宋广文,张大均(2013)编制的《中小学教师职业认同量表》,该量表包含角色价值观、职业行为倾向、职业价值观、职业归属感四个维度,共 18 个项目。量表采用 Likert 5 点计分方式,教师根据自己的真实情况在"完全不符合"到"完全符合"的 5 点量表上进行选择。得分越高表示教师的职业认同程度越高。在本研究中,中小学教师职业认同量表的 Cronbach's $\alpha=0.91$,信度良好。

2. 工作满意度量表

采用 Agho、Price 和 Mueller(1992)编制的《整体工作满意度数量表》,并根据专家的意见进行符合施测情境的修改。该量表共包括 6 个项目,量表采用 Likert 5 点计分方式,教师根据自己的真实情况在"完全不符合"到"完全符合"的 5 点量表上进行选择。得分越高表示教师的工作满意度越高。本研究中,工作满意度量表的 Cronbach's $\alpha=0.87$,信度良好。

(三)数据筛选与处理

采用 SPSS 24.0 软件对数据进行分析处理。

三、结果分析

首先对收集到的问卷进行初步的筛查与整理,剔除可以分辨出的未达到筛选要求的问卷,得到 625 份有效问卷。将两个问卷的数值认真录入,并将被试的人口社会统计学资料进行编码对应输入。再将所得到的数据导入 SPSS 进行下一步操作。

(一)各变量描述统计结果及相关分析

首先对教师职业认同问卷以及教师工作满意度问卷所得到的数据进行初步的描述统计分析。中小学教师工作满意度、职业认同、角色价值观、职业行为倾向、职业价值观、职业归属感描述性统计及相关结果:教师职业认同问卷总分($M=3.867$,$SD=0.536$),各分量表,角色价值观得分($M=4.253$,$SD=0.647$),

职业行为倾向得分（M=4.091，SD=0.580），三者处于中高等水平，职业价值观得分（M=3.414，SD=0.853），处于中等水平，职业归属感得分（M=3.958，SD=0.720），处于中高等水平；教师工作满意度得分（M=3.105，SD=0.666），处于中高等水平。中小学教师工作满意度与职业认同（r=0.517，$p < 0.01$）、角色价值观认同（r=0.658，$p < 0.01$）、职业价值观认同（r=0.208，$p < 0.01$）、职业行为倾向（r=0.298，$p < 0.01$）均呈显著正相关，中小学教师的工作满意度与教师的职业归属感认同无显著相关。

（二）中小学教师工作满意度及职业认同差异检验结果

通过初步的统计分析，采用 t 检验、方差分析 ANOVA 等方法可知，教师工作满意度在学段（$F_{2,624}$=6.476，$p < 0.012$）上存在显著差异，经过事后比较检验得知，小学教师工作满意度显著高于初中教师（$p < 0.01$）、高中教师（p=0.007）；中小学教师的工作满意度在学校所在地（$F_{3,624}$=5.924，$p < 0.01$），事后比较可知，农村学校教师、乡镇学校教师和县城学校教师的工作满意度显著高于市区学校教师（$p < 0.01$）；在教师学历变量上，中小学教师的工作满意度也存在显著差异（$F_{3,624}$=2.729，p=0.043），经事后比较检验得知，中专学历教师的工作满意度显著高于大专学历（p=0.039）、本科学历（p=0.022）和研究生学历的教师（$p < 0.01$）；另外，中小学教师的工作满意度在月工资上也存在显著差异（$F_{3,624}$=4.886，$p < 0.01$），事后比较可知，月工资在 3 000～5 000 的教师的工作满意度显著低于月工资 5 000～8 000 的教师。

经过同样的均值比较检验，我们发现教师的职业认同感也在一些人口社会统计学变量上存在显著差异。教师的职业认同感在性别上存在显著差异（t_{623}=-2.34，p=0.044，Cohen's d=-1.189），女性教师的职业认同感显著高于男性；教师的职业认同感在职称上存在显著差异（$F_{4,624}$=3.776，$p < 0.01$）；在月工资上也存在显著差异（$F_{3,624}$=4.488，$p < 0.01$），经事后比较检验可知，月工资在 1 000～3 000 的教师的职业认同感显著高于月工资 3 000～5 000

（$p < 0.01$）和月工资 5 000 ~ 8 000 的教师（$p < 0.05$），月工资在 1 000 ~ 3 000 的教师的职业认同感显著低于月工资在 8 000 以上的教师（$p=0.046$）。

为进一步探索教师职业认同感与教师工作满意度之间的关系，我们运用统计软件中的图表功能作出反应二者之间关系的散点图，从中能看出两个变量之间存在一定的线性关系，于是采用线性回归的方法作进一步分析。对所得的反应二者之间关系的表格中进行分析，可以发现，在系数表中，可以推断出能够拟合教师职业认同感与教师工作满意度之间关系的数据分布的线性方程结构，即函数表达式，其中显著性检验的值小于 0.001，证明教师职业认同感对教师工作满意度有显著影响；在 ANOVA 表中，我们可以看出，$F=227.027$，$p < 0.001$，通过这个统计结果数据，可以判断，得出的回归方程是可以采纳的；最后在模型汇总表中，$R=0.517$，调整后的 R^2 为 0.266，R 值为中等大小。由此我们可以断定该回归方程模型的拟合优度一般。之后我们又探索了职业认同感的各个子维度与工作满意度的关系。教师的职业归属感对教师工作满意度的影响不显著；教师的职业价值观认同对教师工作满意度有显著影响，ANOVA 表中，$F=28.185$，$p < 0.001$，但在模型汇总表中，$R=0.208$，调整后的 R^2 为 0.042，R 值较小；教师的职业行为倾向认同对教师工作满意度有显著影响，ANOVA 表中，$F=60.776$，$p < 0.001$，但在模型汇总表中，$R=0.298$，调整后的 R^2 为 0.087，R 值较小；教师角色价值观认同对教师工作满意度有显著影响，ANOVA 表中，$F=475.752$，$p < 0.001$，但在模型汇总表中，$R=0.658$，调整后的 R^2 为 0.432，R 值处于中高水平。

四、讨论

（一）中小学教师工作满意度现状分析

从本研究可以看出，样本中，中小学教师的工作满意度处于中等水平，数据所得的中小学教师的职业认同得分及各子维度得分处于中高水平。工作满意度是教师个体对教职工作满意程度的主观衡量，一定程度上反应了教师最真实的、对工作情况的看法，所以教师的工作满意度这一指标，对于想要探讨教师方方面面的问题以及教师相关的心理学研究来说，是必须考虑的重要变量。

（二）中小学教师职业认同感与教师工作满意度的关系

对收集到的问卷中的数据进行相关与回归分析后，我们可以得出，教师职业认同感与教师工作满意度的相关关系显著，二者的相关系数达到 0.517，这就说明二者之间存在中等程度的正相关，二者的相关程度较强，教师职业认同感的各个维度，除职业归属感外，也都与教师工作满意度有显著的正相关。之后为了进一步确认二者之间是否存在因果关系，将教师职业认同感作为自变量，教师的工作满意度作为因变量，对二者进行了回归分析，得出教师的职业认同感对其工作满意度有显著影响的，也就是说教师的对自己工作职业认同感越高，其满意度就越高，并且我们发现，二者的 R 值处于中高水平，拟合度较好。由此我们发现，教师职业认同感的各个维度，除职业归属感外，都对教师的工作满意度有显著影响。

综上所述，教师的工作满意度与教师的职业认同感之间存在紧密的联系，要提高教师对其工作的满意程度，可以从教师的职业认同入手，前人也认为教师的职业认同是影响教师主观的职业幸福感的重要因素之一（孙钰华，2008），从各个方面对教师的职业认同感进行全面的了解，关注职业认同的各个组成部分，多方面了解、评估当代教师的职业认同感现状，有助于提高教师群体的工作满意度，进一步提升教师的幸福感，更好的建设祖国的教育事业。

（三）研究不足与研究展望

本篇研究尚存在一些不足之处，在未来的研究中要加以完善与改进。首先，本研究涉及两个主要变量，即教师的职业认同感以及教师的工作满意度，采用问卷法进行测量，并探寻二者之间的关系，但本研究只对二者的数据进行了统计数据分析，并未深入探索二者的关系之间是否存在其他会对二者关系产生影响的因素；其次，本研究中作为因变量的工作满意度变量，其结构及所包含的子因素并未考虑其中，它的各个部分与自变量职业认同感及其各个子维度之间的关系还要进行深入探索；另外，本研究运用问卷法，仅为被试根据主观状况填写问卷，不能排除一些主观的期望和疲劳效应等被试误差；最后，本研究的样本均来自贵州省，样本无法代表全国的中小学教师。在未来的相关研究中，可以将工作满意度的组成因素考虑在内，并将与二者存在相关的各个变量，它们之间的关系进行进一步的探索，对于教师职业认同感的职业归属感维度与教师工作满意度不存在显著相关，且对工作满意度没有显著影响这一问题，进行深入探讨；增加获取数据的渠道，引入一些客观的方法收集数据，为教师群体的心理健康问题、教师的工作满意度与幸福感提供更多有应用价值的研究。

五、结论

（1）中小学教师的职业认同感在性别、职称、月工资的人口社会学统计资料变量上存在显著性差异；中小学教师的工作满意度在学段、学校所在地、学历、月工资的人口社会学统计资料变量上存在显著性差异。

（2）中小学教师的职业认同感及其各个子维度均处于中高等水平；中小学教师的工作满意度处于中等水平。

（3）中小学教师的职业认同感及其角色价值观维度、职业价值观维度和职业行为倾向维度与工作满意度存在中高程度的正相关,教师的职业认同感及其除职业归属感外的各个维度对教师的工作满意度有显著影响。

第五节　职业认同对中小学教师生活满意度的影响

一、问题提出

我们关注教师群体的主观幸福感的方方面面,而对于教师群体或者各个群体而言,可以简单的划分为两类,工作和生活。每天进入校门,教师就面临着大量的工作,备课、上课、批改、学生各方面的思想辅导与培养,这些包含着大量的体力劳动和脑力劳动,可以认为教师每天都在做"十项全能"的工作。每天工作结束后,教师的各方面,包括心理状态是否会影响到其正常的生活? 教师如何平衡自己的工作与生活? 如何从繁重的工作中得到放松和压力的释放? 如何有效的休整自己的心理状态? 如何在日常生活中保持自己的心理健康? 这些都是社会各界关注教师群体的人想要解决或向广大教师群体普及的问题。教师能否及时对自己的心理状态进行评估和调整,也不仅仅只是关乎教师群体的问题。每个个体都是社会的个体,个体每天接触的工作和生活中的他人都会影响个体的状态,反过来,个体的心理状态也会对周围接触到的人造成影响。教师每天最直接接触的群体就是学生,教师的心理状态和其主观幸福感也会通过其教学活动、行为方式等影响学生群体。

研究表明,职业认同是影响教师幸福感的关键因素(乔爽,2012)。职业认同,是指教师内在的对自己从事的教师职业的价值的认可与接纳,以及对教育事业所具有的意义的在内心的认定,教师对其工作的职业认同感越强,越会在教学工作中积极主动的热情投入,教学效率越高,教学氛围也会越好(孙钰华,

2008）。因此，对教师职业认同的研究，无论是从提高教师的幸福感，还是更好的进行教学活动工作，塑造更好的教育氛围，都具有重要的现实意义。目前已有众多关于教师群体职业认同对教师影响的研究成果，也有前人对有关职业认同问题的国内外研究状况进行了综述与总结（魏淑华，宋广文，2005；魏淑华，山显光，2005），以及探索了与职业认同有关的各个因素（宋广文，魏淑华，2007）。

生活满意度是参与评估的个体根据自己内心所认可的标准，对其生活质量的总体的认知与评价（Diener，2000）。关于教师群体的生活满意度，也有众多优秀的前人成果，包括对一些教师群体各子群体的关注，如对退休教师生活满意度的研究（曾芊，曾轼，2001），对农村教师生活满意度的研究（王雨露，2007），也有从工作家庭冲突方面（王申振，姚本先，2017）、从能否运用训练进行有效干预方面（马佳，2012）对教师的生活满意度进行研究。本研究主要探讨在中小学教师群体中，教师的职业认同对教师生活满意度的影响以及二者之间的关系。

二、研究方法

（一）调查对象

调查对象来源于贵州省贵阳市、遵义市、毕节市3地级市的5个县，抽取来自34所学校共622名中小学教师参与本次调查研究。所抽取的一些社会人口统计学资料如下：为保证调查对象的多样性，在选取学校时大体按照1∶1∶1∶1的比例选取农村、乡镇、县城、市区的学校。贵阳市共抽取11所学校，其中农村学校3所，乡镇学校3所，县城学校3所，市区学校2所；遵义市共抽取13所学校，其中农村学校4所，乡镇学校3所，县城学校4所，市区学校2所；毕节市共抽取10所学校，其中农村学校3所，乡镇学校3所，县城学校2所，市区学校2所；涵盖小学、初中、高中3个学段。实测问卷有效回收622份，其中，男教师260人，

女教师 362 人；小学教师 225 人，初中教师 287 人，高中教师 110
人；农村学校教师 72 人，乡镇学校教师 210 人，县城学校教师
254 人，市区学校教师 86 人；普通学校 448 人，县级重点 116 人，
市级重点 31 人，省级重点 27 人；238 人担任班主任，384 人未担
任班主任；教师学历，中专 6 人，大专 109 人，本科 499 人，研究
生 8 人；正高级教师 1 人，高级教师 102 人，一级教师 317 人，二
级教师 171 人，三级教师 31 人。

（二）工具

1. 中小学教师职业认同问卷

采用魏淑华，宋广文，张大均（2013）编制的《中小学教师职
业认同量表》，该量表包含角色价值观、职业行为倾向、职业价值
观、职业归属感四个维度，共 18 个项目。量表采用 Likert 5 点计
分方式，教师根据自己的真实情况在"完全不符合"到"完全符
合"的 5 点量表上进行选择。得分越高表示教师的职业认同程
度越高。在本研究中，中小学教师职业认同量表的 Cronbach's
$\alpha=0.91$，信度良好。

2. 生活满意度量表

采用 Diener、Emmons、Larsen 和 Griffin（1985）编制的《生
活满意度量表》，该量表包含 5 个项目，所有项目均采用 Likert 7
点计分。得分越高，说明教师的生活满意度越高。在本研究中，
量表的 Cronbach's $\alpha=0.89$。

（三）数据筛选与处理

采用 SPSS 24.0 软件对数据进行分析处理。

三、结果分析

首先对收集到的问卷进行初步的筛查与整理，剔除可以分辨

出的未达到筛选要求的问卷,得到 622 份有效问卷。将两个问卷的数值认真录入,并将被试的人口社会统计学资料进行编码对应输入。再将所得到的数据导入 SPSS 进行下一步操作。

（一）各变量描述统计结果及相关分析

首先对教师职业认同问卷以及教师生活满意度问卷所得到的数据进行初步的描述统计分析。中小学教师生活满意度、职业认同、角色价值观、职业行为倾向、职业价值观、职业归属感描述性统计及相关结果：教师职业认同问卷总分（$M=3.879$，SD=0.572），各分量表,职业价值观得分（$M=4.270$, SD=0.671），职业行为倾向得分（$M=4.113$, SD=0.600），职业归属感得分（$M=3.965$, SD=0.757），三者处于中高等水平,角色价值观得分（$M=3.418$, SD=0.884），处于中等水平；教师生活满意度得分（$M=3.477$, SD=1.403），处于中等水平。中小学教师生活满意度与职业认同（$r=0.392$, $p < 0.01$）、角色价值观认同（$r=0.520$, $p < 0.01$）、职业价值观认同（$r=0.188$, $p < 0.01$）、职业行为倾向（$r=0.202$, $p < 0.01$）均呈显著正相关,中小学教师的生活满意度与教师的职业归属感认同无显著相关。

（二）中小学教师生活满意度及职业认同差异检验结果

通过初步的统计分析,采用 t 检验、方差分析 ANOVA 等方法可知,教师生活满意度在是否重点学校上存在显著差异（$t_{562}=0.883$, $p=0.038$, Cohen's $d=0.092$），普通学校教师生活满意度显著高于县级重点学校；在学历（$F_{3,621}=4.550$, $p < 0.01$）上存在显著差异,经过事后比较检验得知,中专学历教师的生活满意度显著高于本科学历（$p=0.043$）和研究生学历（$p < 0.05$）的教师,大专学历教师的生活满意度显著高于本科学历（$p < 0.01$）和研究生学历（$p=0.022$）的教师；教师生活满意度在月工资上也存在显著差异（$F_{3,621}=9.674$, $p < 0.01$,），经事后比较得知,月工资

1 000 ~ 3 000 的教师,生活满意度显著低于月工资 5 000 ~ 8 000（$p < 0.01$）,和月工资在 8 000 以上的教师（$p < 0.01$）,月工资 3 000 ~ 5 000 的教师,生活满意度显著低于月工资 5 000 ~ 8 000（$p < 0.01$）,和月工资在 8 000 以上的教师（$p=0.02$）。

经过同样的均值比较检验,我们发现教师的职业认同感也在一些人口社会统计学变量上存在显著差异。教师的职业认同感在教龄上存在显著差异（$F_{5, 621}=2.600$, $p=0.024$）,经过事后比较检验得知,教龄在 1 ~ 3 年的教师,职业认同感显著高于教龄在 7 ~ 10 年（$p=0.036$）和教龄在 16 ~ 20 年的教师（$p=0.014$）,教龄 4 ~ 6 年的教师,职业认同感显著高于教龄 16 ~ 20 年的教师（$p=0.023$）,教龄 7 ~ 10 年的教师（$p=0.028$）和教龄 16 ~ 20 年的教师（$p < 0.01$）,职业认同感显著低于教龄 20 年以上的教师;在学历上（$F_{3, 621}=3.712$, $p=0.011$, $\eta^2=0.02$）有显著差异,中专学历教师的职业认同感显著高于本科学历（$p=0.029$）和研究生学历（$p < 0.01$）的教师,大专学历教师的职业认同感显著高于研究生学历（$p < 0.05$）的教师,本科学历教师的职业认同感显著高于研究生学历（$p < 0.05$）的教师。

为进一步探索教师职业认同感与教师生活满意度之间的关系,我们运用统计软件中的图表功能作出反应二者之间关系的散点图,从中能看出两个变量之间存在一定的线性关系,于是采用线性回归的方法作进一步分析。对所得的反应二者之间关系的表格中进行分析可以发现,在系数表中,可以推断出能够拟合教师职业认同感与教师生活满意度之间关系的数据分布的线性方程结构,即函数表达式,其中显著性检验的值小于 0.001,证明教师职业认同感对教师生活满意度有显著影响;在 ANOVA 表中,我们可以看出,$F=112.240$, $p < 0.001$,通过这个统计结果数据,我们判断,得出的回归方程是可以采纳的;最后在模型汇总表中,$R=0.392$,调整后的 $R^2=0.152$,R 值较小。由此我们可以断定该回归方程模型的拟合优度一般。之后我们又探索了职业认同感的各个子维度与生活满意度的关系。教师的职业归属感对教

师生活满意度的影响不显著；教师的职业价值观认同对教师生活满意度有显著影响，ANOVA 表中，$F=22.700$，$p < 0.001$，但在模型汇总表中，$R=0.188$，调整后的 $R^2=0.034$，R 值较小；教师的职业行为倾向认同对教师生活满意度有显著影响，ANOVA 表中，$F=26.367$，$p < 0.001$，但在模型汇总表中，$R=0.202$，调整后的 $R^2=0.039$，R 值较小；教师的角色价值观认同对教师生活满意度有显著影响，ANOVA 表中，$F=230.371$，$p < 0.001$，但在模型汇总表中，$R=0.520$，调整后的 $R^2=0.270$，R 值处于中等水平。

四、讨论

（一）中小学教师生活满意度现状分析

从本研究可以看出，样本中，中小学教师的生活满意度处于中等水平，数据所得的中小学教师的职业认同得分及各子维度得分处于中高水平。教师的生活满意度是教师对于当前生活状态和生活中的方方面面是否符合内心预期的主观感受，与中小学教师的心理健康状况密切相关，已有一些学者研究认为教师生活满意度可以作为教师幸福感的一个重要方面加以研究，并且得出教师生活满意度受一些人口社会学变量影响的结论（姬杨，2007）。

（二）中小学教师职业认同感与教师生活满意度的关系

对收集到的问卷中的数据进行相关与回归分析后，我们可以得出，教师职业认同感与教师生活满意度的相关关系显著，二者的相关系数为 0.392，这就说明二者之间存在中低程度的正相关，教师职业认同感的各个维度，除职业归属感外，也都与教师生活满意度有显著的正相关。之后为了进一步确认二者之间是否存在因果关系，将教师职业认同感作为自变量，教师的生活满意度作为因变量，对二者进行了回归分析，得出教师的职业认同感对其生活满意度有显著影响的，也就是说教师对自己工作职业认同感越高,教师的生活满意度就越高,但我们发现,二者的 R 值处于中低水平,另外,教师职业认同感的各个维度,除职业归属感外,都对教师的生活满意度有显著影响。

综上,教师的生活满意度与教师的职业认同感之间存在一定的内在联系,要提高教师对生活的满意程度,我们可以从教师的职业认同的角度,已有研究认为教师的职业认同是影响教师主观的职业幸福感的重要因素之一(孙钰华,2008),从各个方面对教师的职业认同感进行全面的了解,分析职业认同的各个组成部分,了解、评估当代教师的职业认同感现状,有助于提高教师群体对生活的积极性与幸福感,更好的平衡工作与家庭。

（三）本研究的不足与展望

本篇研究尚存在一些不足之处,在未来的研究中要加以完善与改进。首先,本研究对教师的职业认同感以及教师的生活满意度,采用问卷法进行测量,想要探寻二者之间的关系,但只对这二者的数据进行了统计数据分析,并未深入探索二者的关系之间是否存在其他的,对二者关系产生影响的因素;其次,本研究中作为因变量的生活满意度,其结构及所包含的子因素并未考虑其中,它的各个部分与自变量职业认同感及其各个子维度之间的关系还要进行深入探索;另外,本研究运用问卷法,仅为被试根据主观状况填写问卷,不能排除一些主观的期望和疲劳效应等被试误差;最后,本研究的样本均来自贵州省,样本无法代表全国的中小学教师。在未来的相关研究中,可以将生活满意度的组成因素考虑在内,并将与二者存在相关的各个变量,它们之间的关系进行进一步的探索,对于教师职业认同感的职业归属感维度与教师生活满意度不存在显著相关,且对生活满意度没有显著影响这一问题,以及职业认同感总分与生活满意度相关程度等问题,进行深入探讨;增加获取数据的渠道,引入一些客观的方法收集数据,为教师群体的生活满意度与幸福感,以及教师的心理健康提供更多有价值的研究。

五、结论

（1）中小学教师的职业认同感在教龄、学历的人口社会学统计资料变量上存在显著性差异；中小学教师的生活满意度在是否重点学校、学历、月工资的人口社会学统计资料变量上存在显著性差异。

（2）中小学教师的职业认同感及其各个子维度均处于中高等水平；中小学教师的生活满意度处于中等水平。

（3）中小学教师的职业认同感及其角色价值观维度、职业价值观维度和职业行为倾向维度与生活满意度存在显著的正相关，教师的职业认同感及其除职业归属感外的各个维度对教师的生活满意度有显著影响。

第六节　职业认同对中小学教师积极情感的影响

一、问题提出

近几年中小学教师的职业诉求、自我成长和幸福感等心理健康问题，仍然是各个领域学者的热门关注问题。目前中小学教师已成为心理健康问题的高发人群，维护中小学教师的心理健康，不仅可以提高中小学教师的工作、生活质量和主观幸福感，还可以保证各中小学的教学质量，有力的保障国家的教育事业平稳顺畅发展。中小学教师的心理健康问题与社会问题是紧密相关的，目前在中小学教育方面，存在着严峻的升学压力、成绩重负和前所未有的竞争压力，面对这样的社会形势，教师群体的社会地位主观感受、社会支持感、职业认同感等主观的心理指标都可能是引发中小学教师心理问题的关键一环，这些关键的心理主观感受和心理因素究竟是如何影响教师的心理健康状态，影响教师的主观幸福感和其他心理变量的,这其中各个方面的问题,都需要我们仔细研究和探索,争取帮助到每一位中小学教师,有良好的社会适应、和谐的人际关系、良好的情绪和积极的自我意识,才能更好地推进教育事业和祖国未来的发展。

教师的积极情感是衡量教师心理健康和主观幸福感的一项重要因素。积极情感经常被作为幸福感的一个方面与消极情感、生活满意度共同研究(胡忠英,2015;姜永杰,2007),主观幸福感主要包括生活满意度和情感体验这两个部分,而情感体验就是个体生活的主观情感体验,包括积极情感和消极情感两个方面(Diener E,1984)。前人研究表明,人的情感发展和智力发展的重要性处于同样的地位,情感的积极稳定发展能够使学生在补充知识的同时,充分发挥出个人的潜能(王永亮,2007)。同样,教师群体从年龄上来看虽然其情感发展已趋于稳定,但积极情绪会使教师心情愉悦,放松的进行教学工作,对教学活动的开展十分有益,因此,探索教师积极情感的影响因素具有十分重要的现实意义。本研究主要研究在中小学教师群体中,教师的职业认同对教师的积极情感的影响及二者之间存在着怎样及何种程度的关系。

二、研究方法

(一)调查对象

调查对象来源于贵州省贵阳市、遵义市、毕节市3地级市的5个县,抽取来自34所学校共608名中小学教师参与本次调查研究。所抽取的一些社会人口统计学资料如下:为保证调查对象的多样性,在选取学校时大体按照1:1:1:1的比例选取农村、乡镇、县城、市区的学校。贵阳市共抽取11所学校,其中农村学校3所,乡镇学校3所,县城学校3所,市区学校2所;遵义市共抽取13所学校,其中农村学校4所,乡镇学校3所,县城学校4所,市区学校2所;毕节市共抽取10所学校,其中农村学校3所,乡镇学校3所,县城学校2所,市区学校2所;涵盖小学、初中、高中 3 个学段。实测问卷有效回收 608 份,其中,男教师 265 人,女教师 343 人;小学教师 220 人,初中教师 288 人,高中教师 100 人;农村学校教师 67 人,乡镇学校教师 197 人,县城学校教师 245 人,市区学校教师 99 人;普通学校 429 人,县级重点 117 人,市级重点 29 人,省级重点 33 人;252 人担任班主任,356 人未担任班主任;教师学历,中专 6 人,大专 102 人,本科 489 人,研究生 11 人;正高级教师 1 人,高级教师 108 人,一级教师 300 人,二级教师 159 人,三级教师 40 人。

（二）工具

1. 中小学教师职业认同问卷

采用魏淑华,宋广文,张大均（2013）编制的《中小学教师职业认同量表》,该量表包含角色价值观、职业行为倾向、职业价值观、职业归属感四个维度,共 18 个项目。量表采用 Likert 5 点计分方式,教师根据自己的真实情况在"完全不符合"到"完全符合"的 5 点量表上进行选择。得分越高表示教师的职业认同程度越高。在本研究中,中小学教师职业认同量表的 Cronbach's α=0.91,信度良好。

2. 积极情感消极情感量表

采用邱林,郑雪和王雁飞（2008）修订的《积极情感消极情感量表》,该量表包含 18 个项目,其中 9 个项目测量的是积极情感,另 9 个项目测量的是消极情感。所有项目均采用 Likert 5 点计分。在本研究中,量表的 Cronbach's α=0.89。采用前人的计算方法,将积极情感和消极情感标准化,用积极情感的标准分减去消极情感的标准分得出积极情感总分。

（三）数据筛选与处理

采用 SPSS 24.0 软件对数据进行分析处理。

三、结果分析

首先对收集到的问卷进行初步的筛查与整理,剔除可以分辨出的未达到筛选要求的问卷,得到 608 份有效问卷。将两个问卷的数值认真录入,并将被试的人口社会统计学资料进行编码对应输入。再将所得到的数据导入 SPSS 进行下一步操作。

(一)各变量描述统计结果及相关分析

首先对教师职业认同问卷以及积极情感消极情感量表所得到的数据进行初步的描述统计分析。中小学教师积极情感、职业认同、角色价值观、职业行为倾向、职业价值观、职业归属感描述性统计及相关结果见:教师职业认同问卷总分(M=3.868,SD=0.536),各分量表,职业价值观得分(M=4.249,SD=0.646),职业行为倾向得分(M=4.091,SD=0.578),职业归属感得分(M=3.958,SD=0.720),三者处于中高等水平,角色价值观得分(M=3.420,SD=0.852),处于中等水平;教师积极情感得分(M=0.014,SD=1.274),处于较低水平。中小学教师积极情感与职业认同(r=0.414,$p < 0.01$)、角色价值观认同(r=0.510,$p < 0.01$)、职业价值观认同(r=0.231,$p < 0.01$)、职业行为倾向(r=0.238,$p < 0.01$)均呈显著正相关,中小学教师的积极情感与教师的职业归属感认同显著相关。

(二)中小学教师积极情感及职业认同差异检验结果

通过初步的统计分析,采用 t 检验、方差分析 ANOVA 等方法可知,教师积极情感在学段上存在显著差异($F_{2,607}$=4.685,$p < 0.05$),经过事后比较检验得知,小学教师的正性情绪得分显著高于高中教师($p < 0.05$),初中教师的正性情绪得分显著低于高中教师(p=0.013);教师的积极情感在教龄上也有显著差异($F_{5,607}$=3.668,$p < 0.01$),经事后检验得知,教龄在 1 ~ 3 年的教师的总正性情绪得分显著高于教龄 4 ~ 6 年、7 ~ 10 年、11 ~ 15 年、16 ~ 20

年（p=0.021）和 20 年以上的教师（$p < 0.01$），教龄 4 ~ 6 年的教师的总正性情绪得分显著高于教龄 11 ~ 15 年的教师（p=0.019），教龄 11 ~ 15 年的教师的总正性情绪得分显著低于 16 ~ 20 年（p=0.049）和 20 年以上的教师（p=0.039）。

　　经过同样的均值比较检验，我们发现教师的职业认同感也在一些人口社会统计学变量上存在显著差异。教师的职业认同感在性别上存在显著差异（t_{606}=-2.234，p=0.046，Cohen's d=0.184），男性教师的职业认同感显著低于女性教师；教师的职业认同感在学历上也存在显著差异（$F_{3,607}$=2.629，p=0.049），经过事后比较检验得知，中专学历教师（p=0.014）和本科学历教师（p=0.042）的职业认同感显著高于研究生学历的教师；在职称上存在显著差异（$F_{4,607}$=3.241，p=0.012）；教师的职业认同在月工资上存在显著差异（$F_{3,607}$=4.474，$p < 0.01$），事后比较可知，月工资在 1 000 ~ 3 000 元的教师，其职业认同感显著高于月工资 3 000 ~ 5 000（$p < 0.01$）和 5 000 ~ 8 000（p=0.012）的教师，月工资在 3 000 ~ 5 000 的教师，其职业认同感显著低于月工资 8 000 元以上的教师（p=0.046）。

　　为进一步探索教师职业认同感与教师积极情感之间的关系，我们运用统计软件中的图表功能作出反应二者之间关系的散点图，从中能看出两个变量之间存在一定的线性关系，于是我们采用线性回归的方法作进一步分析。所得的反应二者之间关系的表格中进行分析可以发现，在系数表中，可以推断出能够拟合教师职业认同感与教师积极情感之间关系的数据分布的线性方程结构，即函数表达式，其中显著性检验的值小于 0.001，证明教师职业认同感对教师积极情感有显著影响；在 ANOVA 表中，我们可以看出，F=125.067，$p < 0.001$，通过这个统计结果数据可以判断，得出的回归方程是可以采纳的；最后在模型汇总表中，R=0.414，调整后的 R^2=0.170，R 值中低水平。由此我们可以断定该回归方程模型的拟合优度一般。之后我们又探索了职业认同感的各个子维度与积极情感的关系。教师的职业归属感对

教师积极情感的影响不显著；教师的职业价值观认同对教师积极情感有显著影响，ANOVA 表中，$F=34.223$，$p < 0.001$，但在模型汇总表中，$R=0.231$，调整后的 $R^2=0.052$，R 值较小；教师的职业行为倾向认同对教师积极情感有显著影响，ANOVA 表中，$F=36.298$，$p < 0.001$，但在模型汇总表中，$R=0.238$，调整后的 $R^2=0.055$，R 值较小；教师的角色价值观认同对教师积极情感有显著影响，ANOVA 表中，$F=213.345$，$p < 0.001$，但在模型汇总表中，$R=0.510$，调整后的 $R^2=0.259$，R 值处于中等水平。

四、讨论

（一）中小学教师积极情感现状分析

从本研究可以看出，样本中，中小学教师的积极情感处于较低水平，数据所得的中小学教师的职业认同得分及各子维度得分处于中高水平。本研究所得的中小学教师的积极情感，是通过教师填写的积极情感消极情感问卷中，用积极情感得分减去消极情感得分所得的总正性情绪得分进行统计和测量的，结果显示总正性情绪得分为负即消极情感得分大于积极情感得分的教师数量较多。拥有一种幸福和完整、美满的生活，教师才能更好的投入教学工作（陈学金，邓艳红，2009）。教师群体积极情感较低的情况引起我们深思，哪些因素影响着教师的积极情感，该怎样提高教师的积极情感，保证教师的正性情绪，是需要我们继续探索的重要问题。

（二）中小学教师职业认同感与教师积极情感的关系

对收集到的问卷中的数据进行相关与回归分析后，我们可以得出，教师职业认同感与教师积极情感的相关关系显著，二者的相关系数为 0.414，这就说明二者之间存在中低程度的正相关，教师职业认同感的各个维度，除职业归属感外，也都与教师的积极情感有显著的正相关。之后为了进一步确认二者之间是否存在因果关系,将教师职业认同感作为自变量,教师的总正性情绪得分作为因变量,对二者进行了回归分析,得出教师的职业认同感对其积极情感有显著影响的,也就是说教师的对自己工作职业认同感越高,教师越易产生和保持积极的情绪,但我们发现,二者的R值处于中低水平,另外,教师职业认同感的各个维度,除职业归属感外,都对教师的积极情感有显著影响。

综上,教师的积极情感与教师的职业认同感之间存在一定的内在联系,要对教师的积极情感进行干预,我们可以从教师的职业认同入手,已有研究认为教师的职业认同是一项影响教师主观幸福感的因素(孙钰华,2008),对教师的职业认同感进行全面的了解,解析职业认同的各个子维度,了解、评估当代教师的职业认同感现状,有助于帮助教师群体体验和保持积极情绪,有更好的情绪体验,更加积极地工作与生活。

(三)研究不足与研究展望

本篇研究尚存在一些不足之处,在未来的研究中要加以完善与改进。首先,本研究对教师的职业认同感以及教师的积极情感,采用问卷法进行测量,想要探寻二者之间的关系,但只对这二者的数据进行了统计数据分析,并未深入探索二者的关系之间是否存在其他的会对二者关系产生影响的因素;其次,本研究中作为因变量的积极情感,其结构及所包含的子因素并未考虑其中,它的各个部分与自变量职业认同感及其各个子维度之间的关系还要进行深入探索;另外,本研究运用问卷法,仅仅被试根据主观状况填写问卷,不能排除一些主观的期望和疲劳效应等被试误差;最后,本研究的样本均来自贵州省,样本无法代表全国的中小学教师。在未来的相关研究中,可以将积极情感的组成因素考虑在内,并将与二者存在相关的各个变量,它们之间的关系进行进一步的探索;增加获取数据的渠道,引入一些客观的方法收集数据,为教师群体的积极情感与幸福感,以及教师的心理健康提供更多有价值的研究。

五、结论

（1）中小学教师的职业认同感在性别、学历、职称、月工资的人口社会学统计资料变量上存在显著差异；中小学教师的积极情感在学段、教龄等人口社会学统计资料变量上存在显著差异。

（2）中小学教师的职业认同感及其各个子维度均处于中高等水平；中小学教师的积极情感处于较低水平。

（3）中小学教师的职业认同感及其角色价值观维度、职业价值观维度和职业行为倾向维度与积极情感存在显著的正相关，教师的职业认同感及其除职业归属感外的各个维度对教师的总正性情绪有显著影响。

第七节　心理资本对中小学教师工作满意度的影响

一、问题提出

中小学阶段的学生正处于人生发展的关键时期，他们正在经历青春期、叛逆期，也快速吸收着周围的信息和知识。他们是脆弱而敏感的，周围的风吹草动都可能影响他们的心理状态，进而影响他们的学习和生活。处在这个时期的学生，每天的大多数时间都是在学校度过的。每天接触他们的老师如何正确引导、积极影响学生是这一阶段教育的关键部分，因此，中小学教师的心理状态和心理健康情况变得至关重要。教师是有关压力和幸福感的研究较早予以关注的群体之一（吴伟炯，刘毅，路红，谢雪贤，2012）。教师群体在应对工作和生活中存在的问题时，应该怎样调配已有的心理上的资源去对抗和预防心理健康问题，是我们目前关心的问题。

组织行为学家路桑斯于 2004 年提出了"心理资本"这一概

念,认为"心理资本"是个体在成长和发展过程中出现的一种积极的心理状态,是超越人力资本和社会资本的,有长久性、唯一性、可积累、相互连通和可更新等特点的组织性的心理优势竞争资源。一些研究认为,心理资本是可以测量的,并且可以用来提高个体的工作效率的一种积极的心理能力和心理资源(Avey,Reichard,Luthans,Mhatre,2011;Luthans & Youssef,2004)。因此,我们在关心教师的工作方面的心理健康问题时,可以将心理资本作为重要的因素进行探究。

工作满意度在各群体与工作有关的心理健康研究中十分常见,它是衡量个体对现有工作是否满意的最直观的指标,它往往受到众多因素的影响,如组织氛围、课程改革参与性(姜勇,钱琴珍,鄢超云,2006)、工作积极性(徐富明,申继亮,2001)等。教师内在具有的心理资本以及教师的工作满意度,都是有价值和现实意义的、值得深入探索的、与教师群体工作、生活与发展密切相关的重要因素。本研究主要研究在中小学教师群体中,教师具有的内在心理资本对教师工作满意度的影响及二者之间存在着怎样及何种程度的关系。

二、研究方法

(一)调查对象

调查对象来源于贵州省贵阳市、遵义市、毕节市3地级市的5个县,抽取来自34所学校共613名中小学教师参与本次调查研究。所抽取的一些社会人口统计学资料如下:为保证调查对象的多样性,在选取学校时大体按照1:1:1:1的比例选取农村、乡镇、县城、市区的学校。贵阳市共抽取11所学校,其中农村学校3所,乡镇学校3所,县城学校3所,市区学校2所;遵义市共抽取13所学校,其中农村学校4所,乡镇学校3所,县城学校4所,市区学校2所;毕节市共抽取10所学校,其中农村学校3所,乡镇学校3所,县城学校2

所,市区学校 2 所;涵盖小学、初中、高中 3 个学段。实测问卷有效回收 613 份,其中,男教师 257 人,女教师 356 人;小学教师 220 人,初中教师 284 人,高中教师 109 人;农村学校教师 71 人,乡镇学校教师 210 人,县城学校教师 249 人,市区学校教师 83 人;普通学校443 人,县级重点 114 人,市级重点 29 人,省级重点 27 人;234 人担任班主任,379 人未担任班主任;教师学历,中专 6 人,大专 108 人,本科 491 人,研究生 8 人;正高级教师 1 人,高级教师 100 人,一级教师 313 人,二级教师 168 人,三级教师 31 人。

（二）工具

1. 心理资本量表

采用张文编制的《中小学教师心理资本问卷》,并根据专家的意见进行符合施测情境的修改。该量表包括韧性、自信、乐观、希望 4 各维度,共 19 个项目。量表采用 Likert 6 点记分方式,教师根据自己的真实情况从"非常不同意"到"非常同意"的 6 点量表上进行选择。得分越高表示教师的心理资本越高。本次测验中,量表的 Cronbach's $\alpha= 0.896$。

2. 工作满意度量表

采用 Agho、Price 和 Mueller（1992）编制的《整体工作满意度数量表》,并根据专家的意见进行符合施测情境的修改。该量表共包括 6 个项目,采用 Likert 5 点计分方式,教师根据自己的真实情况在"完全不符合"到"完全符合"的 5 点量表上进行选择。得分越高表示教师的工作满意度越高。本研究中,工作满意度量表的 Cronbach's $\alpha=0.87$,信度良好。

（三）数据筛选与处理

采用 SPSS 24.0 软件对数据进行分析处理。

三、结果分析

首先对收集到的问卷进行初步的筛查与整理,剔除可以分辨出的未达到筛选要求的问卷,得到 613 份有效问卷。将两个问卷的数值进行认真录入,并将被试的人口社会统计学资料进行编码对应输入。再将所得到的数据导入 SPSS 进行下一步操作。

（一）各变量描述统计结果及相关分析

首先对教师心理资本问卷以及教师填写的工作满意度量表所得到的数据进行初步的描述统计分析。中小学教师工作满意度、心理资本、韧性资本、自信资本、乐观资本、希望资本的描述性统计及相关结果：教师心理资本问卷总分（$M=4.221$，SD=0.632），各分量表，韧性资本得分（$M=4.414$，SD=0.764），自信资本得分（$M=4.574$，SD=0.703），乐观资本得分（$M=3.666$，SD=0.824），希望资本得分（$M=4.270$，SD=0.853），均处于中高水平；教师工作满意度得分（$M=3.091$，SD=0.729），处于中高水平。中小学教师工作满意度与心理资本总分（$r=0.548$，$p < 0.01$）、韧性资本（$r=0.510$，$p < 0.01$）、自信资本（$r=0.281$，$p < 0.01$）、乐观资本（$r=0.399$，$p < 0.01$）、希望资本（$r=0.530$，$p < 0.01$）均呈显著正相关。

（二）中小学教师工作满意度及心理资本差异检验结果

通过初步的统计分析,采用 t 检验、方差分析 ANOVA 等方法可知,教师工作满意度在教龄上存在显著差异（$F_{5,612}=2.895$，$p < 0.05$）,经过事后比较检验得知,教龄 1 ~ 3 年的教师其工作满意度显著高于教龄 7 ~ 10 年的教师（$p=0.029$）,教龄 4 ~ 6年的教师（$p=0.024$）、教龄 7 ~ 10 年的教师（$p < 0.01$）和教龄16 ~ 20 年的教师（$p=0.036$）,其工作满意度显著低于教龄在 20 年以上的教师;教师的工作满意度在学历上也有显著差异（$F_{3,612}=5.735$，$p < 0.01$）,经事后检验可知,中专学历教师的

工作满意度显著高于大专学历、本科学历和研究生学历的教师（$p < 0.01$），大专学历教师的工作满意度显著高于本科学历的教师（$p=0.022$）；教师工作满意度在月工资上也有显著差异（$F_{3,612}=6.735$，$p < 0.01$），事后检验可知，月工资 1 000 ~ 3 000 元的教师的工作满意度显著低于月工资 3 000 ~ 5 000 元（$p=0.014$）和 5 000 ~ 8 000 元的教师（$p < 0.01$），月工资 3 000 ~ 5 000 元的教师的工作满意度显著低于月工资 5 000 ~ 8 000 元的教师（$p < 0.01$）。

经过同样的均值比较检验，我们发现教师的心理资本也在一些人口社会统计学变量上存在显著差异。教师的心理资本在是否为班主任上存在显著差异（$t_{611}=-1.650$，$p < 0.01$，Cohen's $d=0.184$），非班主任教师的心理资本总分显著高于担任班主任的教师；教师的心理资本在是否重点学校上存在显著差异（$t_{555}=-0.863$，$p=0.019$，Cohen's $d=0.184$），县级重点学校教师的心理资本总分显著高于普通学校的教师；教师心理资本在教龄上存在显著差异（$F_{5,612}=3.858$，$p < 0.01$），经过事后比较检验得知，教龄 7 ~ 10 年的教师（$p < 0.01$）、教龄 11 ~ 15 年的教师（$p < 0.01$）和教龄 16 ~ 20 年的教师（$p=0.042$），其心理资本总分显著低于教龄 20 年以上的教师；教师的心理资本在学历上也有显著差异（$F_{3,612}=4.231$，$p < 0.01$），经事后检验可知，中专学历教师的心理资本总分显著高于本科学历（$p=0.016$）和研究生学历的教师（$p < 0.01$），大专学历教师的心理资本总分显著高于本科学历（$p=0.035$）和研究生学历的教师（$p=0.035$）；在职称（$F_{4,612}=2.890$，$p < 0.05$）和月工资上也存在显著差异（$F_{3,612}=5.143$，$p < 0.01$），月工资 1 000 ~ 3 000 元和 3 000 ~ 5 000 元的教师的心理资本总分显著低于月工资 5 000 ~ 8 000 元的教师（$p < 0.01$）。

为进一步探索教师心理资本与教师工作满意度之间的关系，我们运用统计软件中的图表功能作出反应二者之间关系的散点图，从中能看出两个变量之间是存在一定的线性关系的，于是我们采用线性回归的方法作进一步分析。所得的反应二者之间关系的表格中进行分析可以发现，在系数表中，可以推断出能够拟合教师心理资本与教师工作满意度之间关系的数据分布的线性方程结构,即函数表达式,其中显著性检验的值小于 0.001,证明心理资本对教师工作满意度有显著影响;在 ANOVA 表中,我们可以看出,F=262.147,$p < 0.001$,通过这个统计结果数据可以判断,得出的回归方程是可以采纳的;最后在模型汇总表中,R=0.548,调整后的 R^2=0.299,R 值在中高水平,该回归方程模型的拟合优度较好。之后我们又探索了心理资本的各个子维度与教师工作满意度的关系。教师的韧性资本对教师工作满意度有显著影响,ANOVA 表中,F=214.946,$p < 0.001$,模型汇总表中,R=0.510,调整后的 R^2=0.259,R 值在中高水平;教师的自信资本对教师工作满意度有显著影响,ANOVA 表中,F=52.477,$p < 0.001$,但在模型汇总表中,R=0.281,调整后的 R^2=0.078,R 值较小;教师的乐观资本对教师工作满意度有显著影响,ANOVA 表中,F=115.784,$p < 0.001$,在模型汇总表中,R=0.399,调整后的 R^2=0.158,R 值处于中低水平;教师的希望资本对教师工作满意度有显著影响,ANOVA 表中,F=239.045,$p < 0.001$,模型汇总表中,R=0.530,调整后的 R^2=0.280,R 值在中高水平。

四、讨论

(一)中小学教师工作满意度现状分析

从本研究可以看出,在样本中,中小学教师的工作满意度处于中等水平,数据所得的中小学教师的心理资本总分及各子维度得分处于中高水平。教师的工作满意度是其对所从事的工作、环境的满意程度,它直接影响教师工作的主动性和积极性,并且也会影响到如教学成果、师生关系这样的教学行为(朱从书,2006)。工作满意度是教师主观的,对教职工作满意程度的衡量,一定程度上反应了教师最真实的、对工作情况的看法,所以教师的工作满意度这一指标,对于想要探讨教师心理健康问题的研究来说,是必须考虑的关键变量。有哪些因素影响着教师的工作满意度,怎样提高教师的工作满意度,保证教师对工作的积极态度,如何加强教师各项心理资本从而提高工作满意度,是需要我们继续探索的问题。

（二）中小学教师心理资本与教师工作满意度的关系

对收集到的问卷中的数据进行相关与回归分析后,我们可以得出,教师心理资本与教师工作满意度的相关关系显著,二者的相关系数为 0.548,这就说明二者之间存在中高程度的正相关,教师心理资本的各个维度,也都与教师的工作满意度有显著的正相关。之后为了进一步确认二者之间是否存在因果关系,分别将教师心理资本总及其各子维度作为自变量,教师的工作满意度作为因变量,对二者进行了回归分析,得出教师的心理资本对其工作满意度有显著影响的,也就是说教师自身心理资本越强大,对工作的满意程度越高,这也许是因为强大的心理资本可以抵御更多的心理压力和工作带来的心理健康问题。另外,教师心理资本的各个维度,都对教师的工作满意度有显著影响。

综上所述,教师的心理资本与教师的工作满意度之间存在一定的内在联系,要提高教师的工作满意度,提升教师群体的幸福感,我们可以从教师自身应具备的心理资源出发,对教师的心理资本状况进行全面的了解,解析心理资本的各个子维度,锻炼并培养教师的心理素质。

（三）研究不足与研究展望

本篇研究尚存在一些不足之处,在未来的研究中要加以完善与改进。首先,本研究想要探寻教师的心理资本和教师工作满意度两个变量之间的关系,但只对这二者的数据进行了统计数据分析,并未深入探索二者的关系之间是否存在其他的,对二者关系产生影响的变量;其次,本研究中作为因变量的工作满意度,是否可以对其进行分解,它的各个部分与自变量心理资本及其各个子维度之间的关系还要进行深入探索；另外,本研究运用问卷法,仅仅被试根据主观状况填写问卷,不能排除一些主观的期望和疲劳效应等被试误差；最后,本研究的样本均来自贵州省,样本无法代表全国的中小学教师。在未来的相关研究中,可以解析工作满意度的组成因素,参考已有的研究成果,将与二者存在相关的各个变量之间的关系进行进一步的探索；增加获取数据的渠道,引入一些客观的收集数据的方法,为教师群体的工作满意度与主观幸福感,以及教师心理健康问题的解决提供更多有价值的参考。

五、结论

（1）中小学教师心理资本在性别、学历、职称、月工资的人口社会学统计资料变量上存在显著差异；中小学教师的工作满意度在学段、教龄等人口社会学统计资料变量上存在显著差异。

（2）中小学教师心理资本及其各个子维度均处于中高等水平；中小学教师的工作满意度处于中等水平。

（3）中小学教师心理资本及其各个子维度与工作满意度存在显著的正相关,教师心理资本及其各个维度对教师工作满意度有显著影响。

第八节　心理资本对中小学教师生活满意度的影响

一、问题提出

随着相关政策和法律法规平稳、持续、有效的施行,心理健康问题也日益受到广大人民群众的重视,出现心理问题及时求助专业心理辅导和咨询的人越来越多,群众对各类能够更加了解自己的专业心理测评热情高涨,人们想要知道自己具备怎样的心理资源,也想要充分调动自己拥有的资源去面对遇到的心理问题。生活脚步的加快,使得焦虑、抑郁等问题更为突出,已经严重影响着人们的日常生活,各个职业群体面临不同的工作压力,也要各自的烦恼与困惑,在本研究中,我们主要关注与教育问题紧密联系的教师群体,特别是中小学教师群体,他们的工作每天都要消耗大量的脑力和体力,他们如何评价自己的生活状态,他们是否产生了当今社会"流行"的心理问题,他们如何去调试自己每天的心情,如何去平衡工作的疲惫和生活中的琐碎,想要研究教师的心理现状,要系统、全面的考虑这些问题。对于教师群体现有的心理资源,我们可以利用现有的概念进行调查。

路桑斯在 2004 年提出了心理资本这一概念,认为心理资本是个体在成长和发展过程中出现的一种积极的心理状态,是超越人力资本和社会资本的,有长久性、唯一性、可积累、相互连通和可更新等特点的组织性的心理优势竞争资源。有研究认为,心理资本是可以测量的,并且可以用来提高个体的工作效率的一种积极的心理能力和心理资源(Avey, Reichard, Luthans, & Mhatre, 2011; Luthans & Youssef, 2004)。我们在关心教师的心理健康时,可以将心理资本作为重要的因素进行探究。提高工作效率就会增加工作中的积极情绪,但对教师生活中心理问题,这一现有的心理资源库会有怎样的影响,是本研究的重点。

生活满意度是参与评估的个体根据自己内心所认可的标准,对其生活质量的总体的认知与评价(Diener, 2000)。关于教师群体的生活满意度,也有众多优秀的前人成果,包括对一些教师群体各子群体的关注,如对退休教师生活满意度的研究(曾芊,曾轼,2001),对农村教师生活满意度的研究(王雨露,2007);也有从工作家庭冲突方面(王申振,姚本先,2017),从能否运用训练进行有效干预方面(马佳,2012)对教师的生活满意度进行研究。本研究主要探讨在中小学教师群体中,教师自身具备的心理资本对教师生活满意度的影响,以及二者之间存在怎样的联系。

二、研究方法

（一）调查对象

调查对象来源于贵州省贵阳市、遵义市、毕节市 3 地级市的 5 个县，抽取来自 34 所学校共 627 名中小学教师参与本次调查研究。所抽取的一些社会人口统计学资料如下：为保证调查对象的多样性，在选取学校时大体按照 1∶1∶1∶1 的比例选取农村、乡镇、县城、市区的学校。贵阳市共抽取 11 所学校，其中农村学校 3 所，乡镇学校 3 所，县城学校 3 所，市区学校 2 所；遵义市共抽取 13 所学校，其中农村学校 4 所，乡镇学校 3 所，县城学校 4 所，市区学校 2 所；毕节市共抽取 10 所学校，其中农村学校 3 所，乡镇学校 3 所，县城学校 2 所，市区学校 2 所；涵盖小学、初中、高中 3 个学段。实测问卷有效回收 627 份，其中，男教师 269 人，女教师 358 人；小学教师 227 人，初中教师 294 人，高中教师 106 人；农村学校教师 68 人，乡镇学校教师 203 人，县城学校教师 256 人，市区学校教师 100 人；普通学校 444 人，县级重点 122 人，市级重点 29 人，省级重点 32 人；261 人担任班主任，366 人未担任班主任；教师学历，中专 6 人，大专 105 人，本科 504 人，研究生 12 人；正高级教师 1 人，高级教师 111 人，一级教师 308 人，二级教师 167 人，三级教师 40 人。

（二）工具

1. 心理资本量表

采用张文编制的《中小学教师心理资本问卷》，并根据专家的意见进行符合施测情境的修改。该量表包括韧性、自信、乐观、希望 4 各维度，共 19 个项目。量表采用 Likert 6 点记分方式，教师根据自己的真实情况从"非常不同意"到"非常同意"的 6 点量表上进行选择。得分越高表示教师的心理资本越高。本次测验中，量表的 Cronbach's α=0.896。

2. 生活满意度量表

采用 Diener, Emmons, Larsen 和 Griffin（1985）编制的《生活满意度量表》，该量表包含 5 个项目，所有项目均采用 Likert 7 点计分。得分越高，说明教师的生活满意度越高。在本研究中，量表的 Cronbach's α=0.89。

（三）数据筛选与处理

采用 SPSS 24.0 软件对数据进行分析处理。

三、结果分析

首先对收集到的问卷进行初步的筛查与整理，剔除可以分辨出的未达到筛选要求的问卷，得到 627 份有效问卷。将两个问卷的数值进行认真录入，并将被试的人口社会统计学资料进行编码对应输入。再将所得到的数据导入 SPSS 进行下一步操作。

（一）各变量描述统计结果及相关分析

首先对教师心理资本问卷以及教师填写的生活满意度量表所得到的数据进行初步描述统计分析。中小学教师生活满意度、心理资本总分、韧性资本、自信资本、乐观资本、希望资本的描述性统计及相关结果：教师心理资本问卷总分（M=4.197，SD=0.614），各分量表，韧性资本得分（M=4.402，SD=0.723），自信资本得分（M=4.518，SD=0.695），乐观资本得分（M=3.659，SD=0.788），希望资本得分（M=4.240，SD=0.805），均处于中高水平；教师生活满意度得分（M=3.415，SD=1.342），处于中高水平。中小学教师生活满意度与心理资本总分（r=0.372，$p < 0.01$）、韧性资本（r=0.333，$p < 0.01$）、自信资本（r=0.161，$p < 0.01$）、乐观资本（r=0.263，$p < 0.01$）、希望资本（r=0.439，$p < 0.01$）均呈显

著正相关。

（二）中小学教师生活满意度及心理资本差异检验结果

通过初步的统计分析，采用 t 检验、方差分析 ANOVA 等方法可知，教师生活满意度在学段上存在显著差异（ $F_{2,626}=6.434$ ， $p < 0.01$ ），经过事后比较检验得知，小学教师生活满意度显著高于初中教师（ $p < 0.01$ ）；教师生活满意度在月工资上也有显著差异（ $F_{3,626}=9.069$ ， $p < 0.01$ ），事后检验可知，月工资 1 000 ~ 3 000元的教师和月工资 3 000 ~ 5 000 元的教师的生活满意度显著低于月工资 5 000 ~ 8 000 元的教师和月工资 8 000 元以上的教师（ $p < 0.01$ ），月工资 5 000 ~ 8 000 元的教师，生活满意度显著低于月工资 8 000 元以上的教师（ $p < 0.01$ ）。

经过同样的均值比较检验，我们发现教师的心理资本也在一些人口社会统计学变量上存在显著差异。教师心理资本在教龄上存在显著差异（ $F_{5,626}=3.340$ ， $p < 0.01$ ），经过事后比较检验得知，教龄 4 ~ 6 年的教师，其心理资本显著低于教龄 16 ~ 20年（ $p=0.019$ ）和 20 年以上的教师（ $p=0.033$ ），教龄 11 ~ 15 年的教师，其心理资本显著低于教龄 16 ~ 20 年和 20 年以上的教师（ $p < 0.01$ ）；中小学教师的心理资本在月工资上也存在显著差异（ $F_{3,626}=4.532$ ， $p < 0.01$ ），经过事后比较检验得知，月工资1 000 ~ 3 000 元的教师，其心理资本显著高于月工资 3 000 ~ 5 000元的教师（ $p < 0.01$ ），月工资 3 000 ~ 5 000 元的教师，其心理资本显著低于月工资 5 000 ~ 8 000 元的教师（ $p < 0.01$ ）。

为进一步探索教师心理资本与教师生活满意度之间的关系，我们运用统计软件中的图表功能作出反应二者之间关系的散点图，从中能看出两个变量之间是存在一定的线性关系的，于是我们采用线性回归的方法作进一步分析。所得的反应二者之间关系的表格中进行分析可以发现，在系数表中，可以推断出能够拟合教师心理资本与教师生活满意度之间关系的数据分布的线性方程结构，即函数表达式，其中显著性检验的值小于 0.001，证明心理资本对教师生活满意度有显著影响；在 ANOVA 表中，我们可以看出，$F=100.416$，$p < 0.001$，通过这个统计结果数据，我们判断，得出的回归方程是可以采纳的；最后在模型汇总表中，$R=0.372$，调整后的 $R^2=0.137$，R 值在中低水平，该回归方程模型的拟合优度一般。之后我们又探索了心理资本的各个子维度与教师生活满意度的关系。教师的韧性资本对教师生活满意度有显著影响，ANOVA 表中，$F=78.095$，$p < 0.001$，模型汇总表中，$R=0.333$，调整后的 $R^2=0.110$，R 值处于较低水平；教师的自信资本对教师生活满意度有显著影响，ANOVA 表中，$F=16.640$，$p < 0.001$，但在模型汇总表中，$R=0.161$，调整后的 $R^2=0.024$，R 值较小；教师的乐观资本对教师生活满意度有显著影响，ANOVA 表中，$F=46.482$，$p < 0.001$，在模型汇总表中，$R=0.263$，调整后的 $R^2=0.068$，R 值处于较低水平；教师的希望资本对教师生活满意度有显著影响，ANOVA 表中，$F=149.008$，$p < 0.001$，模型汇总表中，$R=0.439$，调整后的 $R^2=0.191$，R 值处于中等水平。

四、讨论

（一）中小学教师生活满意度现状分析

从本研究可以看出，在样本中，中小学教师的生活满意度处于中等水平，数据所得的中小学教师的心理资本总分及各子维度得分处于中高水平。教师的生活满意度是教师对于当前生活状态和生活中的方方面面是否符合内心预期的主观感受，与中小学教师的心理健康状况密切相关，已有一些学者研究认为教师生活满意度可以作为教师幸福感的一个重要方面加以研究，并且得出教师生活满意度受一些人口社会学变量影响的结论（姬杨，2007）。依据本研究的数据统计结果，教师的生活满意度在学段和月工资上有显著差异，月工资上的差异不难理解，收入的高低直接教师的生活水平，从而影响教师的生活满意度；而在学段上的差异，高年级学段，如初中、高中的教师，他们所面临的工作上的升学和考试压力较大,可能会因此影响教师的生活。

（二）中小学教师心理资本与教师生活满意度的关系

从收集到的问卷中的数据,进行相关与回归分析后,我们可以得出,教师心理资本与教师生活满意度的相关关系显著,二者的相关系数为 0.372,这就说明二者之间存在一定程度的正相关,教师心理资本的各个维度,也都与教师的生活满意度有显著的正相关。之后为了进一步确认二者之间是否存在因果关系,分别将教师心理资本总及其各子维度作为自变量,教师的生活满意度作为因变量,对二者进行了回归分析,得出教师的心理资本对其生活满意度有显著影响的,也就是说教师自身心理资本越强大,对生活的满意程度越高,这也许是因为强大的心理资本可以抵御更多的心理压力和工作带来的心理健康问题。另外,教师心理资本的各个维度,都对教师的生活满意度有显著影响。

（三）研究不足与研究展望

本篇研究尚存在一些缺陷,在未来的研究中要加以完善与改进。首先,本研究想要探寻教师的心理资本和教师生活满意度两个变量之间的关系,但只对这二者的数据进行了统计数据分析,并未深入探索二者的关系之间是否存在其他的,对二者关系产生影响的变量;其次,本研究中作为因变量的生活满意度,它的各个组成部分与自变量心理资本及其各个子维度之间的关系还要进行深入探索;另外,本研究运用问卷法,仅为被试根据主观状况填写问卷,不能排除一些主观的期望和疲劳效应等被试误差;最后,本研究的样本均来自贵州省,样本无法代表全国的中小学教师。在未来的相关研究中,可以解析生活满意度的组成因素,参考前人的研究,将与二者存在相关的各个变量之间的关系进行进一步的探索;增加获取数据的渠道,引入一些客观的收集数据的方法,为提升教师群体的生活满意度与幸福感,以及教师心理健康问题的解决提供更多有价值的内容。

五、结论

（1）中小学教师心理资本在教龄、月工资的人口社会学统计资料变量上存在显著差异；中小学教师的生活满意度在学段、月工资的人口社会学统计资料变量上存在显著差异。

（2）中小学教师心理资本及其各个子维度均处于中高等水平；中小学教师的生活满意度处于中等水平。

（3）中小学教师心理资本及其各个子维度与生活满意度存在显著的正相关，但相关程度较低，教师心理资本及其各个维度对教师生活满意度均有显著影响。

第九节　心理资本对中小学教师积极情感的影响

一、问题提出

我们即将全体迈入小康社会，全国人民终于打赢了脱贫攻坚战，实现了全面脱贫。在人们生活水平大幅提高的今天，温饱早已不再是生活的问题。当代人最重视的问题是健康，健康不仅包括身体上的生理健康，还包括心理、道德等多个层面的健康。在每天的生活中，我们会受到各种因素的干扰，工作压力、生活压力、学习压力等，如何在重重压迫下，保持乐观向上的良好心态，如何做到及时调整自己，保证个体的心理健康和积极情绪是我们每个人时时刻刻都面对的问题。可我们面对这些问题时不必一筹莫展，因为如同免疫力之于身体健康，我们解决心理问题时，也可以调动自身具备的心理资源。心理素质是个体心理健康的内源性因素，它对心理健康水平具有重要的直接效应（张大均，王鑫强，2012）。我们在求助专业的心理咨询和心理治疗的同时，也要勇敢的发挥自身的心理资源优势，对抗这些肉眼看不见的困难。教师群体的心理健康始终是热门问题，与其他人一样，教师群体也可以充分利用本身的心理资源，但教师群体也许有与其他群体不同的心理方面的问题需要我们探索。

组织行为学家路桑斯在 2004 年时提出了心理资本这一概念，他认为，心理资本是个体在成长和发展过程中出现的一种积极的心理状态，是超越人力资本和社会资本的，具备长久性、唯一性、可积累、相互连通和可更新等特点的组织性的心理优势竞争资源。一些研究认为，心理资本是可量化的、可测的，并且是可以用来提高个体的工作效率的一种积极的心理能力和心理资源（Luthans & Youssef，2004）。因此，我们在关心教师的生活幸福、积极情绪等心理健康问题时，可以将心理资本作为重要的因素进行探究。

积极情感经常被作为幸福感的一个方面与消极情感、生活满意度共同研究（胡忠英，2015；姜永杰，2007），主观幸福感主要包括生活满意度和情感体验这两个部分，而情感体验就是个体生活的主观情感体验，包括积极情感和消极情感两个方面（Diener E，1984）。前人研究表明，人的情感发展和智力发展的重要性处于同样的地位，情感的积极稳定发展能够使学生在补充知识的同时，充分发挥出个人的潜能（王永亮，2007）。同样，教师群体就年龄来讲，尽管其情感发展趋于稳定，但积极情绪对任何人都十分有益，积极情感的存在会使教师心情愉悦，放松的进行教学工作，对教学活动的开展有很大帮助，因此，探索教师积极情感的影响因素具有重要的现实意义。本研究主要研究在中小学教师群体中，教师自身的心理资本对教师的积极情感的影响以及二者之间存在着怎样的联系。

二、研究方法

（一）调查对象

调查对象来源于贵州省贵阳市、遵义市、毕节市 3 地级市的

5个县,抽取来自34所学校共594名中小学教师参与本次调查研究。所抽取的一些社会人口统计学资料如下:为保证调查对象的多样性,在选取学校时大体按照1∶1∶1∶1的比例选取农村、乡镇、县城、市区的学校。贵阳市共抽取11所学校,其中农村学校3所,乡镇学校3所,县城学校3所,市区学校2所;遵义市共抽取13所学校,其中农村学校4所,乡镇学校3所,县城学校4所,市区学校2所;毕节市共抽取10所学校,其中农村学校3所,乡镇学校3所,县城学校2所,市区学校2所;涵盖小学、初中、高中3个学段。实测问卷有效回收594份,其中,男教师259人,女教师335人;小学教师217人,初中教师280人,高中教师97人;农村学校教师66人,乡镇学校教师193人,县城学校教师238人,市区学校教师97人;普通学校417人,县级重点116人,市级重点29人,省级重点32人;244人担任班主任,350人未担任班主任;教师学历,中专6人,大专101人,本科477人,研究生10人;正高级教师1人,高级教师103人,一级教师296人,二级教师154人,三级教师40人。

(二)工具

1. 心理资本量表

采用张文编制的《中小学教师心理资本问卷》,并根据专家的意见进行符合施测情境的修改。该量表包括韧性、自信、乐观、希望4各维度,共19个项目。量表采用Likert 6点记分方式,教师根据自己的真实情况从"非常不同意"到"非常同意"的6点量表上进行选择。得分越高表示教师的心理资本越高。本次测验中,量表的Cronbach's $\alpha=0.896$。

2. 积极情感消极情感量表

采用邱林、郑雪和王雁飞(2008)修订的积极情感消极情感量表,该量表包含18个项目,其中9个项目测量的是积极情感,另9个项目测量的是消极情感。所有项目均采用Likert 5点计分。在本研究中，量表的Cronbach's α=0.89。采用前人的计算方法，将积极情感和消极情感标准化，用积极情感的标准分减去消极情感的标准分得出积极情感总分。

（三）数据筛选与处理

采用SPSS 24.0软件对数据进行分析处理。

三、结果分析

首先对收集到的问卷进行初步的筛查与整理，剔除可以分辨出的未达到筛选要求的问卷，得到594份有效问卷。将两个问卷的数值进行认真录入，并将被试的人口社会统计学资料进行编码对应输入。再将所得到的数据导入SPSS进行下一步操作。

（一）各变量描述统计结果及相关分析

首先对教师心理资本问卷以及教师填写的积极情感消极情感量表所得到的数据进行初步的描述统计分析。中小学教师总正性情绪得分、心理资本、韧性资本、自信资本、乐观资本、希望资本的描述性统计及相关结果：教师心理资本问卷总分（M=4.203，SD=0.619），各分量表，韧性资本得分（M=4.407，SD=0.725），自信资本得分（M=4.525，SD=0.699），乐观资本得分（M=3.666，SD=0.796）希望资本得分（M=4.247，SD=0.808），均处于中高水平；教师总正性情绪得分（M=0.016，SD=1.279），处于中低水平。中小学教师总正性情绪得分与心理资本总分（r=0.579，$p < 0.01$）、韧性资本（r=0.433，$p < 0.01$）、自信资本（r=0.399，$p < 0.01$）、乐观资本（r=0.527，$p < 0.01$）、希望资本（r=0.529，$p < 0.01$）均呈显著正相关。

（二）中小学教师积极情感及心理资本差异检验结果

通过初步的统计分析，采用 t 检验、方差分析 ANOVA 等方法可知，教师的积极情感在学段上存在显著差异（$F_{2,593}=4.509$，$p=0.011$），经过事后比较检验得知，初中教师的积极情感显著低于小学教师（$p=0.013$）和高中教师（$p=0.016$）；教师积极情感在教龄上存在显著差异（$F_{5,593}=3.555$，$p < 0.01$），事后校验可知，教龄 1 ～ 3 年的教师，总正性情绪显著高于教龄 7 ～ 10 年（$p < 0.05$）、11 ～ 15 年（$p < 0.01$）、16 ～ 20 年（$p=0.031$）和教龄 20 年以上（$p < 0.01$）的教师，教龄 4 ～ 6 年的教师的总正性情绪显著高于教龄 11 ～ 15 年的教师（$p=0.032$），教龄 11 ～ 15 年的教师，其总正性情绪得分显著低于教龄 16 ～ 20 年（$p=0.039$）和 20 年以上（$p=0.04$）的教师。

经过同样的均值比较检验，我们发现教师的心理资本也在一些人口社会统计学变量上存在显著差异。教师的心理资本在教龄上存在显著差异（$F_{5,593}=2.978$，$p=0.012$），事后校验可知，教龄在 4 ～ 6 年的教师，其心理资本显著低于教龄 16 ～ 20 年（$p=0.024$）和 20 年以上（$p=0.038$）的教师，教龄 11 ～ 15 年的教师，其心理资本显著低于教龄 16 ～ 20 年和 20 年以上的教师（$p < 0.01$）；中小学教师的心理资本在月工资上也存在显著差异（$F_{3,593}=4.975$，$p < 0.01$），经事后比较检验可知，月工资 3 000 ～ 5 000 元的教师，其心理资本显著低于月工资 1 000 ～ 3 000 元和月工资 5 000 ～ 8 000 元的教师（$p < 0.01$）。

为进一步探索教师心理资本与教师积极情感之间的关系，我们运用统计软件中的图表功能作出反应二者之间关系的散点图，从中能看出两个变量之间存在一定的线性关系，于是我们采用线性回归的方法作进一步分析。所得的反应二者之间关系的表格中进行分析可以发现，在系数表中，可以推断出能够拟合教师心理资本与教师积极情感之间关系的数据分布的线性方程结构，即函数表达式，其中显著性检验的值小于 0.001，证明心理资本对教师的积极情感有显著影响；在 ANOVA 表中，我们可以看出，F=298.618，$p < 0.001$，通过这个统计结果数据，我们判断，得出的回归方程是可以采纳的；最后在模型汇总表中，R=0.579，调整后的 R^2=0.334，R 值在较高水平，该回归方程模型的拟合优度较好。然后我们探索了心理资本的各个子维度与教师积极情感之间的关系。教师的韧性资本对教师积极情感有显著影响，ANOVA 表中，F=136.911，$p < 0.001$，模型汇总表中，R=0.433，调整后的 R^2=0.186，R 值在中等水平；教师的自信资本对教师积极情感有显著影响，ANOVA 表中，F=112.223，$p < 0.001$，然而在模型汇总表中，R=0.399，调整后的 R^2=0.158，R 值较小；教师的乐观资本对教师积极情感有显著影响，ANOVA 表中，F=227.262，$p < 0.001$，在模型汇总表中，R=0.527，调整后的 R^2=0.276，R 值处于中高水平；教师的希望资本对教师积极情感有显著影响，ANOVA 表中，F=229.995，$p < 0.001$，模型汇总表中，R=0.529，调整后的 R^2=0.279，R 值在中高水平。

四、讨论

（一）中小学教师积极情感现状分析

从本研究可以看出，中小学教师的积极情感处于较低水平，数据所得的中小学教师的心理资本总分及各子维度得分处于中高水平。本研究所得的中小学教师的积极情感是通过教师填写的积极情感消极情感问卷中的得分，用积极情感得分减去消极情感得分所得的总正性情绪得分进行统计和测量的，得到的数据显示，总正性情绪得分为负即消极情感得分大于积极情感得分的教师数量较多，这一状况是值得我们关注的。保持积极的情绪在每个人的生活中都十分重要，教师怎样保持积极的情绪和良好的心态，有哪些的影响因素值得探究。

（二）中小学教师心理资本与教师积极情感的关系

从收集到的问卷中的数据，进行相关与回归分析后，我们可以得出，教师心理资本与教师积极情感的相关关系显著，二者的相关系数为 0.579，这就说明二者之间存在着较高的正相关，教师心理资本的各个维度，也都与教师的积极情感有显著的正相关。之后为了进一步确认二者之间是否存在因果关系，分别将教师心理资本总及其各子维度作为自变量，教师的总正性情绪得分作为因变量，对二者进行了回归分析，得出教师的心理资本对其积极情感有显著影响的。也就是说，教师自身心理资源、可调用的资本越强大，越能够保有较好的积极情绪，这也许是因为强大的心理资本可以抵御更多的心理压力和工作带来的心理健康问题。另外，教师心理资本的各个维度，都对教师的积极情感有显著影响。

综上所述，教师的心理资本与教师的积极情感之间存在密切的内在联系，同前人研究结论一致，心理资本可以降低压力，提升教师的主观幸福感（张西超，胡婧，宋继东等，2014）。要保证教师的积极情绪情感，我们可以从教师自身具备的心理资源出发，对教师的心理资本状况进行全面了解，解析心理资本的各个子维度在生活中对积极情绪的影响，锻炼培养教师的心理素质，有助于帮助教师群体保持积极的工作和生活情绪，乐观看待生活现状，充分调动自身优势对抗工作压力和生活压力等心理健康问题。

（三）研究不足与研究展望

本篇研究尚存在一些缺陷，在未来的研究中要加以完善与改进。首先，本研究想要探寻教师的心理资本和教师积极情感两个变量之间的关系，但只对这二者的数据进行了统计数据分析，并未深入探索二者的关系之间是否存在其他的，对二者关系产生影响的变量；其次，本研究中作为因变量的积极情感，我们用积极情感消极情感量表进行测量，用二者相减的总正性情绪得分衡量教师的积极情感,但积极情感还应有其他的衡量指标,我们无法确定其他指标是否会产生同样的结果;另外,本研究运用问卷法,仅仅是被试根据主观状况填写问卷,不能排除一些主观的期望和疲劳效应等被试误差;最后,本研究的样本均来自贵州省,样本无法代表全国的中小学教师。在未来的相关研究中,可以采用更多的积极情感指标,参考前人的研究,将与二者存在相关的各个变量之间的关系进行进一步的探索。

五、结论

(1)中小学教师心理资本在教龄、月工资的人口社会学统计资料变量上存在显著差异;中小学教师的积极情感在学段、教龄的人口社会学统计资料变量上存在显著差异。

(2)中小学教师心理资本及其各个子维度均处于中高等水平;当前中小学教师的积极情感处于较低水平。

(3)中小学教师心理资本及其各个子维度与积极情感存在显著的正相关,教师心理资本及其各个维度对教师积极情感均有显著影响。

第八章　保护性因子对中小学教师幸福感的影响机制研究

第一节　组织支持感对中小学教师生活满意度的影响机制研究

一、问题提出

教师是辛勤的园丁,在学校教育中,其主要职责是教书育人,他们肩负着培养"德、智、体、美、劳"全面发展的社会主义建设者和接班人的时代重任。然而,现阶段,我国教师的心理健康状况不容乐观,有心理困扰或心理疾病的教师已非少数,这在很大程度上降低了教师的主观幸福感,进而影响到教师的幸福生活。教师的主观幸福感关乎着学生们的成长与发展,因此受到了越来越多研究者的重视,目前,关于教师主观幸福感的关键影响因素及其作用机制的探讨,已经成为教师主观幸福感的研究热点之一(裴淼,李肖艳,2015;王钢,苏志强,张大均,2017)。主观幸福感是衡量中小学教师心理健康水平和生活质量的一个重要的综合性心理指标(杨玲等,2015),该指标反应了教师们认知和情感两个层面。生活满意度是主观幸福感(subjective well-being,SWB)一个重要组成部分,属于主观幸福感的认知层面,对于个体来说,是个体根据自定的标准对自身生活质量的整体性评估,反映了个体对现实生活的满意程度。

关于组织支持感的研究最早始于美国社会心理学家 Robert Eisenberger,20世纪80年代中期他在研究企业员工的激励机制时发现,当员工感受到来自组织方面的支持(如组织对的关心、认同等)时,会受到鼓舞和激励,因此在工作中就会有更佳的表现。在进行了一系列研究以后,Eisenberger等(1986)提出了组织支持感理论,所谓组织支持感,指的是员工对其组织的一种知觉和看法,例如如何看待他们的贡献、关心他们的利益。Barksdale和Werner(2001)认为,组织支持感有助于员工提高组织承诺感,激励员工表现更多的组织公民行为(如协助同事、主动帮助他人、向管理者提出合理化建议)和更多的角色内行为,减少缺勤行为。还有研究者认为成员感受到的组织关怀照顾有利于帮助减轻工作压力,认为组织支持感是压力的缓冲器,感受到情感和物质支持的工作者比较少感受到支持的人更加健康(张丽华,王丹,白学军,2007)。Lingard和Francis(2006)研究发现,组织支持感对工作倦怠有显著影响,感受到组织支持感的员工情绪上更不容易衰竭。国内学者王黎华和徐长江(2008)研究发现,中小学教师的组织支持感对其幸福感和工作倦怠具有一定的预测作用,具体来说,组织支持感与幸福感各维度存在显著的正相关,组织支持感与工作倦怠各维度之间存在显著的负相关。组织支持感与职业倦怠之间的关系也得到了其他研究证实,徐智华、刘军和朱彩弟(2017)研究发现组织支持感显著负向影响职业倦怠中的情绪衰竭和成就感低落两个维度。

在发展心理学看来,处于中小学的这一阶段的学生,其人生观、价值观处于重要形成与发展阶段,中小学教师作为传道受业解惑者,其一言一行都对中小学生的态度、理念、心理健康等方面产生重要影响。对生活的满意程度是影响中小学教师工作态度与成效的核心因素之一,因此,开展中小学教师生活满意度的研究具有重要的社会现实价值。

通过文献分析发现,职业倦怠可能是组织支持感与中小学教师生活满意度之间的中介变量。Leiter和Maslach(2004)认为职业倦怠是"个体在面临长期的工作压力之后所体验到的情绪衰竭、非个人化和成就感低落的心理综合症状"。赵玉芳和毕重增（2003）认为教师职业倦怠是指教师个体因不能及时有效地缓解教育教学中的各种压力或处理工作中各种挫折而体验的一种身心疲惫枯竭的情感状态。一般认为，教师职业倦怠亦可称为工作倦怠，分为三个层面：情绪衰竭、去人性化、成就感低落。在工作需要－资源模型中，影响工作结果的因素被分为两类，一类是工作需求，另一类是工作资源。工作需求指环境压力源，主要包括工作负荷、时间压力、工作职责、家庭冲突、人际要求、情绪要求和物理环境等内容；工作资源涉及工作的物理、心理、社会和组织方面，主要由工作控制、社会支持、参与抉择、任务多样性、反馈奖赏等外部资源构成。工作要求和工作资源既会各自引发单独的心理过程，还存在交互作用，从而对人们的幸福感等产生联合效应（Bakker & Demerouti, 2013）。根据此模型我们推论，由于中小学教师工作负荷与时间压力所带来的职业倦怠很可能会对中小学教师组织支持感与生活满意度的关系产生重要影响。

综上所述，我们提出研究假设：职业倦怠中介了组织支持感对中小学教师生活满意度的影响。本研究主要目的是探究职业倦怠是否为组织支持感与中小学教师生活满意度之间的中介变量。通过对该假设的检验可以进一步了解职业认同对中小学教师生活满意度产生影响的途径，为在实践中提升中小学教师生活满意度提供参考依据。

二、研究方法

（一）调查对象

调查对象来源于贵州省贵阳市、遵义市、毕节市3地级市的5个县，抽取来自34所学校共2 568名中小学教师参与本次调查研究。为保证调查对象的多样性，在选取学校时大体按照1：1：1：1的比例选取农村、乡镇、县城、市区的学校。贵阳市共抽取 11 所学校,其中农村学校、乡镇学校、县城学校分别抽取 3 所,市区学校 2 所;遵义市共抽取 13 所学校,其中农村学校 4 所,乡镇学校 3 所,县城学校 4 所,市区学校 2 所;毕节市共抽取 10 所学校,其中农村学校、乡镇学校各 3 所,县城学校、市区学校各 2 所;其中每所学校均涵盖小学、初中、高中 3 个学段。剔除无效数据后实测回收有效问卷 2 019 份,回收率 78.62%。其中男教师 839 人,女教师 1 180 人;小学教师 774 人,初中教师 872 人,高中教师 373 人;农村学校教师 217 人,乡镇学校教师 689 人,县城学校教师 790 人,市区学校教师 323 人;教龄 1 ~ 5 年的教师 493 人,教龄 6 ~ 10 年的教师 235 人,教龄 11 ~ 15 年的教师 275 人,教龄 16 ~ 20 年的教师 334 人,教龄 20 年以上的教师 682 人;三级教师 111 人,二级教师 563 人,一级教师 1 029 人,高级教师 314 人,正高级教师 2 人;月工资收入为 1 000 ~ 3 000 元的教师 88 人,月工资收入为 3 001 ~ 5 000 元的教师 1307 人,月工资收入为 5 001 ~ 8 000 元的教师 613 人,月工资收入为 8 000 元以上的教师 11 人。

（二）工具

1. 组织支持感量表

采自 Eisenberger、Huntington、Hutchison 和 Sowa（1986）编制的《组织支持感量表》,该量表共 36 个项目,根据专家的意见进行符合施测情境的修改。参照前人的做法（倪昌红,叶仁荪,黄顺春,夏军,2013）,本研究选取这些题项中因子载荷最高的 8 个项目用来衡量教师的组织支持感。量表采用 Likert 5 点计分方式,教师根据自己的真实情况在“完全不符合”到“完全符合”的 5 点量表上进行选择。得分越高表示教师的工作满意度越高。在本研究中,组织支持感量表的 Cronbach's α=0.94,信度良好。

2. 教师职业倦怠量表

采用李超平和汪海梅（2009）修订的《教师职业倦怠量表》（简版），该量表包括情绪衰竭、去个性化、个人成就感低三个维度，共15个项目。本量表采用 Likert 7 点计分方式，调查对象根据自己的真实情况在"从不发生"到"每天发生"的 7 点量表上进行选择。得分越高表示教师的职业倦怠程度越高。在本研究中，职业倦怠量表的 Cronbach's $\alpha=0.87$，信度良好。

3. 生活满意度量

采用 Diener、Emmons、Larsen 和 Griffin（1985）编制的《生活满意度量表》，该量表包含 5 个项目，所有项目均采用 Likert 7 点计分。得分越高，说明教师的生活满意度越高。在本研究中，量表的系数为 Cronbach's $\alpha=0.89$，信度良好。

（三）数据筛选与处理

本研究采用 SPSS 21.0 进行描述性统计、相关分析和回归分析，在检验中介效应时，采用逐步法并结合 Hayes 和 Preacher（2010）提出的非线性模型中介效应检验方法来估计中介效应的置信区间。

三、结果分析

（一）共同方法偏差控制与检验

本研究数据均来源于自我报告，测量中可能存在共同方法偏差。因此，在问卷具体施测的过程中采取严格的程序控制（周浩，龙立荣，2004），强调本次问卷调查的匿名性、保密性，并且数据仅用于科学研究等。在此基础上采用 Harman 单因子检验法对可能存在的共同方法偏差进行检验，结果表明特征值大于 1 的因子共14 个，第一因子的变异解释率为 25.89%，小于 40% 的临界标准，说明本研究的共同方法偏差问题在允许的范围内(熊红星,张璟,叶宝娟,郑雪,孙配贞,2012)。

(二)各变量描述统计结果及相关分析

中小学教师组织支持感、职业倦怠、生活满意度描述性统计及相关结果:中小学教师的组织支持感(M=2.91,SD=0.82)处于中等偏上水平,中小学教师职业倦怠(M=3.50,SD=0.91)和生活满意度(M=3.44,SD=1.35)处于中等偏下水平。中小学教师生活满意度职业倦怠显著负相关(r=−0.40,$p < 0.01$)、与组织支持感显著正相关(r=0.49,$p < 0.01$);中小学教师职业倦怠与组织支持感显著负相关(r=−0.36,$p < 0.01$)。

(三)中小学教师生活满意度差异检验结果

对中小学教师生活满意度进行差异检验,结果表明:女性教师的生活满意度显著高于男性教师(t_{2017}=−2.61,$p < 0.05$,Cohen's d=0.118),对于是否担任班主任,教师生活满意度无差异。不同学段(小学、初中、高中)教师的生活满意度存在显著性差异($F_{2,2016}$=10.176,$p < 0.01$);事后分析的多重比较结果显示:小学教师和初中教师的生活满意度差异显著($p < 0.05$),小学教师和高中教师的生活满意度差异显著($p < 0.05$),初中教师的生活满意度与高中教师无显著性差异($p > 0.05$),其中小学教师的生活满意度显著高于初中教师和高中教师,相比之下初中教师的生活满意度处于最低水平。

不同月工资收入教师的生活满意度存在显著性差异($F_{2,2015}$=28.735,$p < 0.05$);进一步事后检验表明,5对平均数均存在显著性的差异($p < 0.001$),而月收入1 000~3 000元的教师与月工资收入在3 000~5 000元的教师其生活满意度在0.05水平显著;并且中小学教师的生活满意度随着月工资收入的增加而显著提高。

不同学历教师在生活满意度上存在显著性差异($F_{3,2015}$=7.827,

$p < 0.05$);事后分析的多重比较结果显示:学历为中专的中小学教师其生活满意度显著高于其他学历的教师($p < 0.05$),且随着学历的提高,中小学教师的生活满意度呈下降趋势。不同学校所在地(农村、乡镇、县城、城市)、不同教龄、不同职称教师主观幸福感无显著性差异。

（四）中小学教师组织支持感对生活满意度的影响:中介模型检验

我们首先采用 Baron 和 Kenny（1986）推荐的逐步法进行中介效应检验,在模型 1 中放入控制变量和自变量(组织支持感),因变量为职业倦怠;在模型 2 放入控制变量和自变量(组织支持感),因变量为生活满意度,在模型 3 中放入控制变量、自变量和中介变量(职业倦怠),因变量为生活满意度。3 个模型中控制变量均为性别、学段、月工资收入、学历。

由模型 1 可知,组织支持感对职业倦怠负向预测作用显著（ $B=-0.39$, $t=-16.84$, $p < 0.001$);由模型 2 可知,组织支持感对生活满意度有显著影响($B=0.79$, $t=28.18$, $p < 0.001$);模型 3 在加入职业倦怠后,组织支持感对生活满意度的影响显著降低但仍然显著($B=0.66$, $t=20.26$, $p < 0.001$),同时职业倦怠对生活满意度的影响显著($B=-0.34$, $t=-11.63$, $p < 0.001$),这说明职业倦怠起到部分中介作用,本研究的假设得到验证。

为进一步确认中介效应的显著性,我们采用 Hayes 和 Preacher（2010）提出的中介效应检验方法来检验基本心理需求满足的中介作用。Hayes 和 Preacher 提出,自变量(X)、中介变量(M)和因变量(Y)之间的关系可以是线性的也可以是非线性的。中介效应显著需要 3 个条件:1. 自变量与中介变量显著相关;2. 在控制自变量的直接效应后,中介变量与因变量相关显著;3. 中介效应在 Bootstrap 检验中显著。具体方法为我们使用 Hayes 和 Preacher 编制的 Process 程序（Hayes & Preacher, 2010）来进行分析,其中自变量、中介变量与因变量之间均为线性关系,并使用偏差矫正的百分位 Bootstrap 法抽样 5 000 次计算出模型的直接效应与间接效应。

结果显示,组织支持感对生活满意度影响的直接效应及职业倦怠的中介效应的 Bootstrap 95% 置信区间的上、下限为均不包含 0,表明在组织支持感与生活满意度的关系中职业倦怠的中介作用显著。该直接效应(0.66)和中介效应(0.13),分别占总效应(0.79)的 83.54%、16.46%。最终,本研究的研究框架也得到验证(图 8-1)。

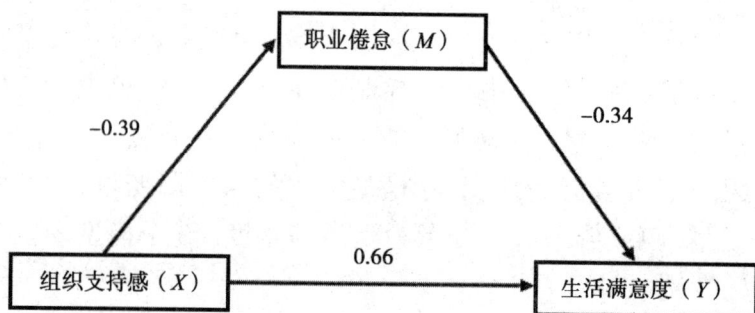

图 8-1

四、讨论

(一)中小学教师生活满意度现状分析

调查结果表明中小学教师生活满意度处于中等偏下水平,中小学教师生活满意度有待提高。对不同人口学变量的中小学教师生活满意度进行了进一步的检验,结果发现:在性别人口学变量上,女性教师的生活满意度显著高于男性教师,与前人的研究结果相一致(傅俏俏,叶宝娟,2016;唐志强,2012),这或许是因为女性较为认可教师职业的稳定性以及社会对女性教师具有较高的认同;在学段人口变量上初中教师生活满意度相比于其他学段教师(小学教师和高中教师)处于最低水平,其主要原因可能是因为初中教师既要面对巨大的升学压力,又要面对正处于青春期的初中生,极易导致初中教师投入过多的精力到解决学生问题之中,较难平衡工作和生活,导致生活质量不高,进而降低了初中教师的生活满意度;在月工资收入人口学变量上,中小学教师的生活满意度随着月工资收入的增加而显著提高,这一结果与前人研究一致,有研究表明在我国现阶段个人收入与其主观幸福感呈正相关关系(邢占军,2011),较高的收入使得中小学教师在社会比较的过程产生向下比较,从而具备较高的主观幸福感。何朝峰和罗之勇(2014)研究也表明,个人的月收入有显著的正向预测生活满意度的作用,也就是说,个人月收入越高,生活满意度越高;在学历人口学变量上,学历为中专的教师相比于其他学历的教师,其生活满意度处于最高水平,且随着学历越来越高,生活满意度指数越来越低。另外,本科和硕士学历中学教师职业认同水平明显低于大专学历中学教师。具体原因可能是:对于大专学历毕业生来说,其就业竞争力相对于本科及以上学历的人来说较低,教师一职是较为稳定且具有保障的职业,对于能从事教师一职对多数大专生来说是一个不错的选择,而本科以及硕士学历的中学教师则拥有更大的成功愿望和成就动机,认为从事教师职业难以实现自己的人生期待,所以生活满意度得分较低,这一结果也与前人研究一致(宋志斌,2016)。

（二）组织支持感对中小学教师生活满意度的影响:职业倦怠的中介作用

在本研究中,教师组织支持感作为内部工作资源对其生活满意度产生了正性影响。在现实生活中,高组织支持感的中小学教师,他们受到来自组织积极正向的支持和关怀更多,因此有利于他们减轻工作压力,组织支持感作为压力的缓冲器,使其对工作和生活感到满意,从而生活满意度水平比低组织支持感的人更高。

此外,本研究还发现职业倦怠这一变量中介了组织支持感和中小学教师生活满意度之间的关系。职业倦怠的出现,降低了组织支持感对教师生活满意度的正性影响,在两者的关系中起到了损耗的作用。JD-R 模型认为持续的工作需求耗竭工作者的身心资源,容易带来职业倦怠等问题,会降低个体的幸福感,继而对生活满意度水平带来损耗作用(Bakker & Demerouti,2013)。随着社会的发展,教师承担的角色日趋多样化与复杂化,广大中小学教师不但要面对繁重的教学任务还要面对灵活的培养目标以及社会与家长的过高期望。在长期压力过度的情况下,中小学教师极易产生以情感衰竭、人格解体和个人成就感低下为症状表现的职业倦怠。当职业倦怠不能得到有效的控制和缓解,就会对中小学教师的身心健康和生活质量产生消极影响,这其中一个重要的表现就是中小学教师体验较低的生活满意度。

整体而言,本研究探讨了组织支持感与中小学教师生活满意度之间的关系,以及这种关系会受到何种情况的影响,具体而言,在探寻削弱组织支持感对中小学教师生活满意度产生影响的因素时,成功的验证了职业倦怠两者之间的中介作用。本研究结果对于理解中小学教师生活满意度影响因素的作用机制和作用过程以及在实践中有效提高中小学教师生活满意度具有重要的启示作用。首先,中小学教师生活满意度是风险性因素和保护性因素共同作用的结果,除职业倦怠这一风险性因素外,组织支持感等个体资源是重要保护性因素;其次,相关职能部门在提高中小学教师生活满意度的过程中除了应该注意缓解教师的职业倦怠外,更应当立足于教师本身所具有的个体资源。例如,切实提高组织对中小学教师的情感支持和物质支持,使得广大中小学教师的情感和生活得到保障,这样才能以更为积极的态度、行为去应对处理教学过程中所遇到的困难和压力。

本研究还存在不足之处:首先,采用横断研究探讨组织支持感对中小学教师生活满意度的影响可能不能反映最真实的情况,今后研究应该结合纵向追踪研究进行深入探讨。其次,工作资源还包括工作控制、反馈奖赏等外部因素,以后可探讨这些因素如何影响中小学教师生活满意度。

五、结论

（1）中小学教师生活满意度处于中等偏下水平,中小学教师生活满意度在性别、月收入、教龄等人口学变量存在显著性差异。

（2）职业倦怠中介了组织支持感与中小学教师生活满意度之间的关系。

第二节 组织支持感对中小学教师积极情感的影响机制研究

一、问题提出

从发展心理学角度看来,处于中小学的这一阶段的学生,其人生观、价值观处于重要形成与发展阶段,中小学教师作为传道受业解惑者,其一言一行都对中小学生的态度、理念、心理健康等方面产生重要影响。然而,现阶段,我国教师的心理健康状况不容乐观,有心理困扰或心理疾病的教师已非少数,这在很大程度上降低了教师的主观幸福感,进而影响到教师的幸福生活。积极情感与中小学教师工作和生活紧密相连,开展中小学教师积极情感的研究具有重要的社会现实价值。

在心理学领域中,积极情感是指生活中正性的情感体验,包括欣喜、自豪、热情等,它属于主观幸福感的情感体验部分。主观幸福感是个体根据自定的标准对自身生活质量的整体性评估,包括认知评价和情感体验两个成分。其中,认知评价是个体对其生活质量所作的总体认知评价,即生活满意度;而情感体验是指生活中的情感体验,除了积极情感之外,还包括消极情感（Diener,Napa Scollon,Lucas,2003）。主观幸福感作为衡量中小学教师心理健康水平和生活质量的一个重要的综合性心理指标,受到了越来越多研究者的重视,关于教师主观幸福感的关键影响因素及其作用机制的探讨,也成为教师主观幸福感研究的热点。

组织支持感这一概念的提出以社会交换理论为基础,是员工有关组织是否尊重他们的贡献和关心他们幸福感的一种感受。员工从组织中得到的重要的有价值的资源可以补充工作中消耗的资源从而有助于其职业倦怠的缓解,国内学者王黎华和徐长江(2008)研究发现,中小学教师的组织支持感对其幸福感和工作倦怠具有一定的预测作用,具体来说,组织支持感与幸福感各维度存在显著的正相关,组织支持感与工作倦怠各维度之间存在显著的负相关;此外,组织的支持能够满足员工的社会情感需求,Rhoades 和 Eisenberger(2002)研究表明组织支持感与工作满意度和积极情绪有显著的正向关系。Lingard 和 Francis(2006)研究发现,组织支持感对工作倦怠有显著影响,感受到组织支持感的员工情绪上更不容易衰竭。

通过文献分析发现,职业倦怠很可能是组织支持感与中小学教师积极情感之间的中介变量。教师职业倦怠是指教师不能顺利应对工作压力时的一种极端反应,是教师伴随于长时期压力体验下而产生的情感、态度和行为的衰竭状态(郑晓芳,2013)。国内外的研究均表明,组织支持感能显著负向预测中小学教师职业倦怠,组织支持感越高的人其职业倦怠程度越低(王黎华,徐长江,2008)。研究表明,职业倦怠不但能显著负向预测教师主观幸福感的认知评价成分,还能显著负向预测教师主观幸福感的情感体验成分(Fisherman,2015;张鑫,2013)。据此,提出研究假设:职业倦怠中介了组织支持感对中小学教师积极情感的影响。

综上所述,本研究将通过一个中介模型对组织支持感与中小学教师积极情感之间的关系进行深入的探究,主要目的是探究职业倦怠是否为组织支持感与中小学教师积极情感之间的中介变量。通过对以上假设的检验可以进一步了解对中小学教师积极情感产生影响的途径,为在实践中提升中小学教师积极情感提供参考依据。

二、研究方法

（一）调查对象

调查对象来源于贵州省贵阳市、遵义市、毕节市 3 地级市的 5 个县，抽取来自 34 所学校共 2 568 名中小学教师参与本次调查研究。为保证调查对象的多样性，在选取学校时大体按照 1∶1∶1∶1 的比例选取农村、乡镇、县城、市区的学校。贵阳市共抽取 11 所学校，其中农村学校、乡镇学校、县城学校分别抽取 3 所，市区学校 2 所；遵义市共抽取 13 所学校，其中农村学校 4 所，乡镇学校 3 所，县城学校 4 所，市区学校 2 所；毕节市共抽取 10 所学校，其中农村学校、乡镇学校各 3 所，县城学校、市区学校各 2 所；其中每所学校均涵盖小学、初中、高中 3 个学段。剔除无效数据后实测回收有效问卷 2 019 份，回收率 78.62%。其中男教师 839 人，女教师 1 180 人；小学教师 774 人，初中教师 872 人，高中教师 373 人；农村学校教师 217 人，乡镇学校教师 689 人，县城学校教师 790 人，市区学校教师 323 人；教龄 1～5 年的教师 493 人，教龄 6～10 年的教师 235 人，教龄 11～15 年的教师 275 人，教龄 16～20 年的教师 334 人，教龄 20 年以上的教师 682 人；三级教师 111 人，二级教师 563 人，一级教师 1 029 人，高级教师 314 人，正高级教师 2 人；月工资收入为 1 000～3 000 元的教师 88 人，月工资收入为 3 001～5 000 元的教师 1 307 人，月工资收入为 5 001～8 000 元的教师 613 人，月工资收入为 8 000 元以上的教师 11 人。

（二）工具

1. 组织支持感量表

采自 Eisenberger、Huntington、Hutchison 和 Sowa（1986）编制的《组织支持感量表》，该量表共 36 个项目，根据专家的意见进行符合施测情境的修改。参照前人的做法(倪昌红,叶仁荪,黄顺春,夏军,2013),本研究选取这些题项中因子载荷最高的8个项目用来衡量教师的组织支持感。量表采用 Likert 5 点计分方式,教师根据自己的真实情况在"完全不符合"到"完全符合"的 5 点量表上进行选择。得分越高表示教师的工作满意度越高。在本研究中,组织支持感量表的 Cronbach's $\alpha=0.94$,信度良好。

2. 教师职业倦怠量表

采用李超平和汪海梅(2009)修订的《教师职业倦怠量表》(简版),该量表包括情绪衰竭、去个性化、个人成就感低三个维度,共 15 个项目。本量表采用 Likert 7 点计分方式,调查对象根据自己的真实情况在"从不发生"到"每天发生"的 7 点量表上进行选择。得分越高表示教师的职业倦怠程度越高。在本研究中,职业倦怠量表的 Cronbach's $\alpha=0.87$,信度良好。

3. 积极情感消极情感量表

采用邱林,郑雪和王雁飞(2008)修订的积极情感消极情感量表,该量表包含 18 个项目,其中 9 个项目测量的是积极情感,另 9 个项目测量的是消极情感。所有项目均采用 Likert 5 点计分。在本研究中,量表的 Cronbach's $\alpha=0.89$。采用前人的计算方法,将积极情感和消极情感标准化,用积极情感的标准分减去消极情感的标准分得出积极情感总分。

(三)数据筛选与处理

本研究采用 SPSS 21.0 进行描述性统计、相关分析和回归分析,在检验中介效应时,采用 Baron 和 Kenny(1986)的逐步法并结合 Hayes 和 Preacher(2010)提出的非线性模型中介效应检验方法来估计中介效应的置信区间。

三、结果分析

（一）共同方法偏差控制与检验

本研究数据均来源于自我报告，测量中可能存在共同方法偏差。因此，在问卷具体施测的过程中采取严格的程序控制（周浩，龙立荣，2004），强调本次问卷调查的匿名性、保密性，并且数据仅用于科学研究等。在此基础上采用 Harman 单因子检验法对可能存在的共同方法偏差进行检验，结果表明特征值大于 1 的因子共 14 个，第一因子的变异解释率为 25.89%，小于 40% 的临界标准。说明本研究的共同方法偏差问题在允许的范围内（熊红星，张璟，叶宝娟，郑雪，孙配贞，2012）。

（二）各变量描述统计结果及相关分析

中小学教师组织支持感、职业倦怠、积极情感描述性统计及相关结果：中小学教师的组织支持感（$M=2.91$，SD=0.82）处于中等偏上水平，中小学教师职业倦怠（$M=3.50$，SD=0.91）和积极情感（$M=0.02$，SD=1.30）处于中等偏下水平。中小学教师积极情感与职业倦怠显著负相关（$r=-0.61$，$p < 0.01$）、与组织支持感显著正相关（$r=0.32$，$p < 0.01$）；中小学教师职业倦怠与组织支持感显著负相关（$r=-0.36$，$p < 0.01$）。

（三）中小学教师积极情感差异检验结果

对中小学教师积极情感进行差异检验，结果表明：中小学教师积极情感在性别上差异不显著，对于是否担任班主任，中小学教师积极情感也无差异。不同学段（小学、初中、高中）教师的积极情感存在显著性差异（$F_{2,2016}=3.764$，$p < 0.05$）。事后分析的多重比较结果显示：小学教师与初中教师、高中教师的积极情感无显著性差异（$p > 0.05$），初中教师的积极情感与高中教师的积极情感差异显著（$p < 0.05$），其中高中教师的积极情感显著高于初中教师，相比之下初中教师的积极情感处于最低水平。

不同月工资收入教师的积极情感存在显著性差异（$F_{2,2015}=6.061$，$p < 0.01$）；进一步事后检验表明，除月工资收入 1 000 ~ 3 000 元的教师与月工资收入在 3 000 ~ 5 000 元的教师其积极情感无显著性差异外，其他 5 组不同月工资收入教师的积极情感均存在显著性差异（$p < 0.001$）；并且中小学教师的积极情感随着月工资收入的增加而显著提高。不同学校所在地、不同教龄、不同职称、不同学历教师积极情感无显著性差异。

（四）中小学教师组织支持感对积极情感的影响：中介模型检验

首先采用 Baron 和 Kenny（1986）推荐的逐步法进行中介效应检验，在模型 1 中放入控制变量和自变量（组织支持感），因变量为职业倦怠；在模型 2 放入控制变量和自变量（组织支持感），因变量为积极情感，在模型 3 中放入控制变量、自变量和中介变量（职业倦怠），因变量为积极情感。3 个模型中控制变量均为学段、月工资收入。

由模型 1 可知，组织支持感对职业倦怠负向预测作用显著（$B=-0.39$，$t=-16.78$，$p < 0.001$）；由模型 2 可知，组织支持感对积极情感有显著影响（$B=0.51$，$t=14.40$，$p < 0.001$）；模型 3 在加入职业倦怠后，组织支持感对积极情感的影响显著降低但仍然显著（$B=0.20$，$t=6.79$，$p < 0.01$），同时职业倦怠对积极情感的影响显著（$B=-0.81$，$t=-30.27$，$p < 0.001$），这说明职业倦怠起到部分中介作用，本研究的假设得到验证。

为进一步确认中介效应的显著性，我们采用 Hayes 和 Preacher（2010）提出的中介效应检验方法来检验基本心理需求满足的中介作用。Hayes 和 Preacher 提出，自变量（X）、中介变量（M）和因变量（Y）之间的关系可以是线性的也可以是非线性的。中介效应显著需要 3 个条件：1.自变量与中介变量显著相关；

2. 在控制自变量的直接效应后,中介变量与因变量相关显著;

3. 中介效应在 Bootstrap 检验中显著。具体方法为:使用 Hayes 和 Preacher 编制的 Process 程序(Hayes & Preacher,2010)来进行分析,其中自变量、中介变量与因变量之间均为线性关系,并使用偏差矫正的百分位 Bootstrap 法抽样 5 000 次计算出模型的直接效应与间接效应。

结果显示,组织支持感对积极情感影响的直接效应及职业倦怠的中介效应的 Bootstrap 95% 置信区间的上、下限为均不包含 0,表明在组织支持感与积极情感的关系中职业倦怠的中介作用显著。该直接效应(0.20)和中介效应(0.31),分别占总效应(0.51)的 39.21%、60.78%。最终,本研究的研究框架也得到验证(图 8-2)。

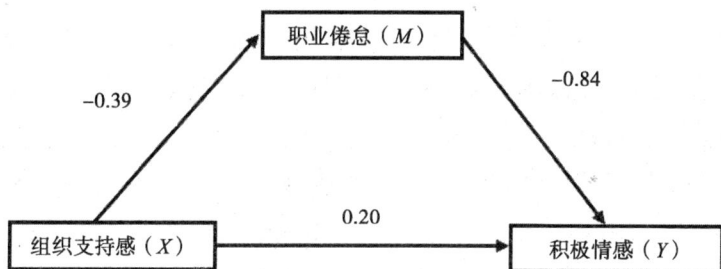

图 8-2

四、讨论

(一)中小学教师积极情感现状分析

调查结果表明,中小学教师积极情感处于中等偏下水平,中小学教师积极情感有待丰富。对不同人口学变量的中小学教师积极情感进行了进一步的检验,结果发现:在性别人口学变量上,女性教师与男教师的积极情感无显著性差别,在是否担任班主任这一人口学变量上,班主任教师的积极情感与其他课任老师无显著性差异;在学段人口变量上高中教师的积极情感显著高于初中教师,与其他两个学段相比,初中教师积极情感处于最低水平,其可能原因是因为初中教师既要面对巨大的升学压力,又要面对正处于青春期的初中生,极易导致初中教师产生较多的消极情感体验,从而影响初中教师的积极情感体验,降低初中教师的积极情感;在月收入人口学变量上,中小学教师的积极情感随着月工资收入的增加而显著提高,这结果与前人研究一致。Bradburn(1969)研究证明,高收入者有较多的正性情感,而低收入者则产生较多的负性情感,对于中小学教师来说,较高的收入可能会使得中小学教师在社会比较的过程产生下行比较,从而具备较高的积极情感。

（二）组织支持感对中小学教师积极情感的影响：职业倦怠的中介作用

工作需求-资源模型最初早由 Demerouti 等人（2001）建立,旨在了解倦怠形成的原因。JD-R 模型假设员工的健康和幸福感来自积极(资源)和消极(需求)工作特征之间的平衡,该模型指出有两类影响工作结果的因素,即工作需求与工作资源(Demerouti,Bakker,Nachreiner,Schaufeli,2001)。在该模型中,高工作需求会导致人员的劳累和他们健康的损害(健康损害过程),而高工作资源则会增加人员的工作动机和提高生产力(动机过程)(Schaufeli & Taris,2014)。在本研究中,教师组织支持感作为内部工作资源对其生活满意度产生了正性影响。在现实生活中,高组织支持感的中小学教师,受到来自组织积极正向的支持和情感关怀更多,有利于他们减轻工作压力。组织支持感作为压力的缓冲器,有助于中小学教师形成积极性上的认知模式,从而产生更多的积极情感。因此,教师在帮助学生成长的同时自己也能收获成就感、喜悦感。

此外,本研究还发现职业倦怠这一变量中介了组织支持感和中小学教师积极情感之间的关系。职业倦怠的出现,降低了组织支持感对教师积极情感的正性影响,在两者的关系中起到了损耗的作用。JD-R 模型认为持续的工作需求耗竭工作者的身心资源,容易带来职业倦怠等问题,会降低个体的幸福感(Bakker & Demerouti,2013)。随着社会的发展,教师面临的挑战也越来越大,他们不仅要不断学习,充实知识储备,像学生展示专业的教学方式,还要积极、及时的与家长进行沟通,反馈学生的学习情况,更有甚者需要对个别"问题"学生投入更多的精力,在长期压力过度的情况下,中小学教师极易产生以情感衰竭、人格解体和个人成就感低下为表现症状的职业倦怠。当职业倦怠达到一定水平且不能得到有效的控制和缓解时,中小学教师的身心健康将受到巨大危害,其中一个具体表现就是积极情感水平偏低。

整体而言,本研究探讨了组织支持感与中小学教师积极情感之间的关系,以及这种关系会受到何种情况的影响。具体而言,在探寻削弱组织支持感对中小学教师积极情感产生影响的因素时,成功验证了职业倦怠在两者之间的中介作用。本研究结果对于理解中小学教师积极情感影响因素的作用机制和作用过程,以及在实践中有效提高中小学教师积极情感具有重要的启示作用。首先,中小学教师积极情感是风险性因素和保护性因素共同作用的结果,除职业倦怠这一风险性因素外,组织支持感等个体资源是重要保护性因素;其次,相关职能部门在提高中小学教师积极情感的过程中除了应该注意缓解教师的职业倦怠外,更应当立足于教师本身所具有的个体资源。例如,切实提高组织对中小学教师的情感支持和物质支持,使得广大中小学教师的情感和生活得到保障,继而以更为积极的态度、行为、去应对实际教书育人过程中所遇到的困难和阻碍。

本研究还存在不足之处:首先,采用横断研究探讨组织支持感对中小学教师积极情感的影响可能不能反映最真实的情况,今后研究应该结合纵向追踪研究进行深入探讨。其次,工作资源还包括组织支持、社会支持等外部因素,以后可探讨这些因素是如何影响中小学教师积极情感。

五、结论

（1）中小学教师积极情感处于中等偏下水平，中小学教师积极情感在性别、月工资收入、教龄等人口学变量存在显著性差异。

（2）职业倦怠中介了组织支持感与中小学教师积极情感之间的关系。

第三节　职业认同对中小学教师生活满意度的影响机制研究

一、问题提出

教师是人类灵魂的工程师。在学校教育中，教师的主要职责是教书育人，肩负着培养德智体美劳全面发展的社会主义建设者和接班人的时代重任。近年来，我国不断深入推进新课程改革，新课改的一个重要目标就是转变学生的学习方式，使学生从被动接受性学习向主动探究性学习转变，成为课堂的主体，真正地把课堂还给学生，让学生能够更快乐地学习。在教与学的过程中，教师扮演的角色不仅仅是幸福的创造者，也同样是幸福的享受者。

教师的主观幸福感关乎着学生们的成长与发展，因此受到了越来越多研究者的重视。目前，关于教师主观幸福感的关键影响因素及其作用机制的探讨，已经成为教师主观幸福感的研究热点之一（裴淼，李肖艳，2015；王钢，苏志强，张大均，2017）。主观幸福感是衡量中小学教师心理健康水平和生活质量的一个重要的综合性心理指标（杨玲等，2015），该指标反映了教师们认知和情感两个层面。生活满意度是主观幸福感一个重要组成部分，属于主观幸福感的认知层面，对于个体来说，是个体根据自定的标准对自身生活质量的整体性评估,反映了个体对现实生活的满意程度。生活满意度作为衡量个人生活质量的重要指标之一,它受一系列因素的影响,如社会支持、应对方式及心理资本等。张磊等(2004)研究表明,中国老年人的社会支持对他们的生活满意度有显著的影响;唐志强(2012)在研究小学教师社会支持与主观幸福感的关系时发现,主观幸福感指数与社会支持总分呈显著正相关,社会支持中的支持利用因子与总体幸福感指数、情感指数及生活满意度的相关较为突出;杨海荣等(2005)研究发现,初中生生活满意度的各维度与积极应对呈显著正相关、与消极应对呈显著负相关;国内学者杨秀木等(2015)认为,心理资本是指个体在发展和成长过程中表现出来的一种积极的心理状态,它包括自我效能感、乐观、希望、韧性4个主要成分。国内外研究结果一致表明,心理资本与生活满意度、主观幸福感等均存在显著性正相关(梁少峰,刘少峰,何邵红,2016)。

教师职业认同是教师对其职业多方面特点的积极认知、体验和行为倾向的综合体,是个体对自己作为教师的整体看法,它产生于教师其所处客观环境的互动,会随着教师主客观环境的改变而改变。一名老师只有从内心深处认同他所从事的职业,才会以饱满的热情投入到工作当中,并且长期坚持下去。因此,关注教师的职业认同并有效地进行干预,对提升我国教师队伍素质,提高教育质量有着重要的意义。研究表明,中小学教师的职业认同与工作幸福感存在显著的正相关(关荐,勉小丽,王雪玲,2004),教师职业认同能正向预测自尊和幸福感(梁进龙,2012)。在发展心理学看来,处于中小学阶段的学生,正是其人生观、价值观重要形成与发展的重要阶段。中小学教师作为传道受业解惑者,其一言一行都会对中小学生的态度、理念、心理健康等方面产生重要影响。对生活的满意程度是影响中小学教师工作态度与成效的核心因素之一,因此,开展中小学教师生活满意度的研究具有重要的社会现实价值。

通过文献分析发现,职业倦怠可能是职业认同与中小学教师生活满意度之间的中介变量。教师职业倦怠，是指教师不能顺利应对工作压力时的一种极端反应，是教师伴随于长时期压力体验下而产生的情感、态度和行为的衰竭状态(郑晓芳，2013)，宋志斌(2016)研究发现教师幸福感与职业认同呈显著正相关，与职业倦怠呈显著负相关，职业认同与职业倦怠呈显著负相关。此外，还有研究发现，职业倦怠能显著负向预测教师生活满意度(Fisherman，2015；张鑫，2013)。综上所述，我们提出研究假设：职业倦怠中介了职业认同对中小学教师生活满意度的影响。本研究将通过一个中介模型对职业认同与中小学教师生活满意度之间的关系进行深入的探究，主要目的是探究职业倦怠是否为职业认同与中小学教师生活满意度之间的中介变量。通过对该假设的检验可以进一步了解职业认同对中小学教师生活满意度产生影响的途径，为在实践中提升中小学教师生活满意度提供参考依据。

二、研究方法

(一)调查对象

调查对象来源于贵州省贵阳市、遵义市、毕节市3地级市的5个县，抽取来自34所学校共2 568名中小学教师参与本次调查研究。为保证调查对象的多样性，在选取学校时大体按照1∶1∶1∶1的比例选取农村、乡镇、县城、市区的学校。贵阳市共抽取11所学校，其中农村学校、乡镇学校、县城学校分别抽取3所，市区学校2所；遵义市共抽取13所学校，其中农村学校4所，乡镇学校3所，县城学校4所，市区学校2所；毕节市共抽取10所学校，其中农村学校、乡镇学校各3所，县城学校、市区学校各2所；其中每所学校均涵盖小学、初中、高中三个学段。剔除无效数据后实测回收有效问卷2 019份，回收率78.62%。其中男教师839人，女教师1 180人；小学教师774人，初中教师872人，高中教师373人；农村学校教师217人，乡镇学校教师689人，县城学校教师790人，市区学校教师323人；教龄1～5年的教师493人，教龄6～10年的教师235人，教龄11～15年的教师275人，教龄16～20年的教师334人，教龄20年以上的教师682人；三级教师111人，二级教师563人，一级教师1 029人，高级教师314人，正高级教师2人；月工资收入为1 000～3 000元的教师88人，月工资收入为3 001～5 000元的教师1307人，月工资收入为5 001～8 000元的教师613人，月工资收入为8 000元以上的教师11人。

（二）工具

1. 中小学教师职业认同问卷

采用魏淑华、宋广文、张大均（2013）编制的《中小学教师职业认同量表》，该量表由角色价值观、职业行为倾向、职业价值观、职业归属感4个维度组成，共18个项目。量表采用Likert 5点计分方式，教师根据自己的真实情况在"完全不符合"到"完全符合"的5点量表上进行选择。得分越高表示教师的职业认同程度越高。在本研究中，中小学教师职业认同量表的Cronbach's $\alpha=0.91$，信度良好。

2. 教师职业倦怠量表

采用李超平和汪海梅（2009）修订的《教师职业倦怠量表》（简版），该量表包括情绪衰竭、去个性化、个人成就感低三个维度，共15个项目。本量表采用Likert 7点计分方式，调查对象根据自己的真实情况在"从不发生"到"每天发生"的7点量表上进行选择。得分越高表示教师的职业倦怠程度越高。在本研究中，职业倦怠量表的Cronbach's $\alpha=0.87$，信度良好。

3. 生活满意度量表

采用Diener、Emmons、Larsen和Griffin（1985）编制的《生活满意度量表》，该量表包含5个项目，所有项目均采用Likert 7

点计分。得分越高，说明教师的生活满意度越高。在本研究中，量表的 Cronbach's $\alpha=0.89$，信度良好。

（三）数据筛选与处理

本研究采用 SPSS 21.0 进行描述性统计、相关分析和回归分析，在检验中介效应时，采用逐步法并结合 Hayes 和 Preacher（2010）提出的非线性模型中介效应检验方法来估计中介效应的置信区间。

三、结果分析

（一）共同方法偏差控制与检验

本研究数据均来源于自我报告，测量中可能存在共同方法偏差。因此，在问卷具体施测的过程中采取严格的程序控制（周浩，龙立荣，2004），强调本次问卷调查的匿名性、保密性，并且数据仅用于科学研究等。在此基础上采用 Harman 单因子检验法对可能存在的共同方法偏差进行检验，具体做法是将中小学教师职业认同问卷、教师职业倦怠问卷和生活满意度量表的所有项目一同纳入进行探索性因素分析，未旋转情况共提取出了结果表明特征值大于 1 的因子共 14 个，第一因子的变异解释率为 25.89%，小于40% 的临界标准，说明本研究的共同方法偏差问题在允许的范围内（熊红星，张璟，叶宝娟，郑雪，孙配贞，2012）。

（二）各变量描述统计结果及相关分析

中小学教师职业认同、职业倦怠、生活满意度描述性统计及相关结果：中小学教师的职业认同（$M=3.87$，SD=0.57）处于中等偏上水平，中小学教师职业倦怠（$M=3.50$，SD=0.91）和生活满意度（$M=3.44$，SD=1.35）处于中等偏下水平。中小学教师生活满意度与职业倦怠显著负相关（$r=-0.40$，$p < 0.01$）、与职业认同显

著正相关（r=0.36，$p < 0.01$）；中小学教师职业倦怠与职业认同显著负相关（r=−0.49，$p < 0.01$）。

（三）中小学教师生活满意度差异检验结果

对中小学教师生活满意度进行差异检验，结果表明：女性教师的生活满意度显著高于男性教师（t_{2017}=−2.61，$p < 0.05$，Cohen's d=0.118）。不同学段（小学、初中、高中）教师的生活满意度存在显著性差异（$F_{2,2016}$=10.17，$p < 0.01$）。事后分析的多重比较结果显示：小学教师和初中教师的生活满意度差异显著（$p < 0.05$），小学教师和高中教师的生活满意度差异显著（$p < 0.05$），初中教师的生活满意度与高中教师无显著性差异（$p > 0.05$），其中小学教师的生活满意度显著高于初中教师和高中教师，相比之下初中教师的生活满意度处于最低水平。

不同月工资收入教师的生活满意度存在显著性差异（$F_{2,2015}$=28.735，$p < 0.05$）；进一步事后检验表明，除月工资收入 1 000 ~ 3 000 元的教师与月工资收入在 3 000 ~ 5 000 元的教师其生活满意度在 0.05 水平显著外，其他 5 组不同月工资收入教师的积极情感均存在 0.01 显著性水平上差异显著；并且中小学教师的生活满意度随着月工资收入的增加而显著提高。

不同学历教师在生活满意度上存在显著性差异（$F_{3,2015}$=7.827，$p < 0.05$）。事后分析的多重比较结果显示：学历为中专的中小学教师其生活满意度显著高于其他学历的教师（$p < 0.05$），且随着学历的提高，中小学教师的生活满意度呈下降趋势。不同学校所在地（农村、乡镇、县城、城市）、不同教龄、不同职称教师主观幸福感无显著性差异。

（四）中小学教师职业认同对生活满意度的影响：中介模型检验

首先采用逐步法进行中介效应检验，在模型 1 中放入控制变量和自变量(职业认同感),因变量为职业倦怠;在模型2放入控制变量和自变量(职业认同感),因变量为生活满意度;在模型3中放入控制变量、自变量和中介变量(职业倦怠),因变量为生活满意度。3个模型中控制变量均为性别、学段、月工资收入、学历、生活满意度。

由模型1可知,职业认同对职业倦怠负向预测作用显著($B=-0.78$,$t=-25.26$,$p < 0.001$);由模型2可知,职业认同对生活满意度有显著影响($B=0.81$,$t=16.68$,$p < 0.001$);模型3在加入职业倦怠后,职业认同对生活满意度的影响显著降低但仍然显著($B=0.50$,$t=9.28$,$p < 0.001$),同时职业倦怠对生活满意度的影响显著($B=-0.40$,$t=-11.69$,$p < 0.001$),这说明职业倦怠起到部分中介作用,本研究的假设得到验证。

为进一步确认中介效应的显著性,我们采用 Hayes 和 Preacher(2010)提出的中介效应检验方法来检验基本心理需求满足的中介作用。Hayes 和 Preacher 提出,自变量(X)、中介变量(M)和因变量(Y)之间的关系可以是线性的也可以是非线性的。中介效应显著需要3个条件:1.自变量与中介变量显著相关;2.在控制自变量的直接效应后,中介变量与因变量相关显著;3.中介效应在 Bootstrap 检验中显著。具体方法为我们使用 Hayes 和 Preacher 编制的 Process 程序(Hayes & Preacher,2010)来进行分析,其中自变量、中介变量与因变量之间均为线性关系,并使用偏差矫正的百分位 Bootstrap 法抽样5 000次计算出模型的直接效应与间接效应。结果显示,职业认同对生活满意度影响的直接效应及职业倦怠的中介效应的 Bootstrap 95% 置信区间的上、下限为均不包含0,表明在职业认同与生活满意度的关系中职业倦怠的中介作用显著。该直接效应(0.50)和中介效应(0.31),分别占总效应(0.81)的61.73%、38.27%。最终,本研究的研究框架也得到验证(图8-3)。

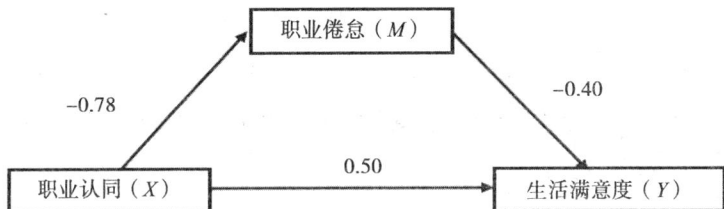

图 8-3

四、讨论

(一)中小学教师生活满意度现状分析

调查结果表明,中小学教师生活满意度处于中等偏下水平,中小学教师生活满意度有待提高。对不同人口学变量的中小学教师生活满意度进行了进一步的检验,结果发现:在性别人口学变量上,女性教师的生活满意度显著高于男性教师,与前人的研究结果相一致(傅俏俏,叶宝娟,2016;唐志强,2012),这或许是因为女性较为认可教师职业的稳定性以及社会对女性教师具有较高的认同;在学段人口变量上初中教师生活满意度相比于其他学段教师(小学教师和高中教师)处于最低水平,其主要原因可能是因为初中教师既要面对巨大的升学压力又要面对正处于青春期的初中生,极易导致初中教师投入过多的精力到解决学生问题之中,较难平衡工作和生活,导致生活质量不高,进而降低了初中教师的生活满意度;在月工资收入人口学变量上,中小学教师的生活满意度随着月工资收入的增加而显著提高,这一结果与前人研究一致。有研究表明,在我国现阶段个人收入与其主观幸福感呈正相关关系(邢占军,2011),较高的收入使得中小学教师在社会比较的过程产生向下比较,从而具备较高的主观幸福感。何朝峰和罗之勇(2014)研究也表明,个人的月收入有显著的正向预测生活满意度的作用,也就是说,个人月收入越高,生活满意度越高;在学历人口学变量上,学历为中专的教师相比于其他学历的教师,其生活满意度处于最高水平,且随着学历越来越高,生活满意度指数越来越低。本科和硕士学历中学教师职业认同水平明显低于大专学历中学教师。出现这一结果的具体原因可能是：对于大专学历毕业生来说，其就业竞争力相对于本科及以上学历的人来说较低，教师一职是较为稳定且具有保障的职业，对于能从事教师一职对多数大专生来说是一个不错的选择，而本科以及硕士学历的中学教师拥有更大的成功愿望和成就动机，对于从事教师职业难以实现自己的人生期待所以生活满意度得分较低，这一结果也与前人研究一致（宋志斌，2015）。

（二）职业认同对中小学教师生活满意度的影响：职业倦怠的中介作用

工作需求 – 资源模型指出有两类影响工作结果的因素，即工作需求与工作资源（Demerouti，Bakker，Nachreiner，Schaufeli，2001）。JD-R 模型认为工作要求和资源存在交互作用，会对职业倦怠和幸福感产生联合效应，即工作资源可能缓解工作要求对职业倦怠和幸福感的消极影响（Bakker & Demerouti，2013）。在本研究中，教师职业认同作为内部工作资源对其生活满意度产生了正性影响。在现实生活中，高职业认同的中小学教师，他们对自身所从事职业具有积极认知、体验和行为倾向，在处理工作和生活时更容易产生内在的发展动力，并将主要精力放在教书育人方面，在帮助学生成长的同时收获成就感、喜悦感，从而能提高自己的生活满意度。

本研究还发现职业倦怠这一变量中介了职业认同和中小学教师生活满意度之间的关系。这与强调职业倦怠对教师幸福感重要影响作用的相关研究相一致（傅俏俏，叶宝娟，2016；王钢等，2017）。职业倦怠的出现，降低了职业认同对教师生活满意度的正性影响，在两者的关系中起到了损耗的作用。JD-R 模型认为持续的工作要求耗竭工作者的身心资源，容易带来职业倦怠等问题，降低了个体的幸福感，对生活满意度水平带来损耗作用（Bakker & Demerouti，2013）。随着社会的发展，教师承担的角色日趋多样化与复杂化,广大中小学教师不但要面对繁重的教学任务,还要面对灵活的培养目标以及社会与家长的过高期望。在长期压力过度的情况下,中小学教师极易产生以情感衰竭、人格解体和个人成就感低下为表现症状的职业倦怠。当职业倦怠不能得到有效控制和缓解,就会对中小学教师的身心健康和生活质量产生消极影响,这其中一个重要的表现就是中小学教师体验较低的生活满意度。

整体而言,本研究探讨了职业认同与中小学教师生活满意度之间的关系,以及这种关系会受到何种情况的影响。具体而言,在探寻削弱职业认同对中小学教师生活满意度产生影响的因素时,成功的验证了职业倦怠在职业认同和中小学教师生活满意度之间的中介作用。本研究结果对于理解中小学教师生活满意度影响因素的作用机制和作用过程以及在实践中有效提高中小学教师生活满意度具有重要的启示作用。首先,中小学教师生活满意度是风险性因素和保护性因素共同作用的结果,除职业倦怠这一风险性因素外,职业认同等个体资源是重要保护性因素;同时,本研究通过对教师个体内部因素——职业认同的探讨,将JD-R模型中社会支持等外部工作资源拓展到职业认同内部工作资源。其次,相关职能部门在提高中小学教师生活满意度的过程中除了应该注意缓解教师的职业倦怠外,更应当立足于教师本身所具有的个体资源。例如,切实提高中小学教师对自身所从事职业的认同度,使得广大中小学教师以更为积极的态度、行为、体验去应对实际教书育人过程中所遇到的困难和压力。

本研究还存在不足之处:首先,采用横断研究探讨职业认同对中小学教师生活满意度的影响可能不能反映最真实的情况,今后研究应该结合纵向追踪研究进行深入探讨。其次,工作资源还包括组织支持、社会支持等外部因素,以后可探讨这些因素是如何影响中小学教师生活满意度。

五、结论

（1）中小学教师生活满意度处于中等偏下水平,中小学教师生活满意度在性别、月工资收入、学历等人口学变量存在显著性差异。

（2）职业倦怠中介了职业认同与中小学教师生活满意度之间的关系。

第四节　职业认同对中小学教师积极情感的影响机制研究

一、问题提出

教师是教育发展的第一资源,是人类灵魂的工程师,在应试教育的压力下,部分中小学教师出现"教师焦虑症",整体幸福感偏低的问题。中小学教师作为传道受业解惑者,其一言一行都对中小学生的态度、理念、心理健康等方面产生重要影响。在教学中,教师积极、愉悦、热情、机智、健康的情绪能促进学生对语言知识的理解和掌握,提高其综合运用语言的能力;而消极、易怒、暴躁、敏感、专横的情绪则会导致学生厌学,使其产生强烈的挫败感和抵触情绪,严重影响学生的学习效果。因此,对中小学教师积极情感状况及其影响机制进行研究具有重要的社会价值。教师职业认同一般被认为是教师积极情绪的保护性因素,对保持教师愉快的心境有重要作用(宋志斌,2015)。然而,通过文献分析发现,如果中小学教师职业压力过大,那么将会导致中小学教师出现情感衰竭,并最终形成教师职业倦怠(刘晴,2007),相较于职业认同这一保护性因素来说,职业倦怠则被看作是破坏性因素,目前为止,职业倦怠在职业认同与积极情感的关系中扮演何种角色我们不得而知。基于理论分析,本研究旨在探讨小学教师职业认同、职业倦怠和积极情感的关系,目前相关研究多关注职业认同、职业倦怠和积极情感两两之间的相关关系,本研究旨在探讨三者可能存在的中介作用机制。

（一）积极情感

在心理学领域中,积极情感是指生活中正性的情感体验,包括欣喜、自豪、热情等,它属于主观幸福感的情感体验部分。主观幸福感作为衡量中小学教师心理健康水平和生活质量的一个重要的综合性心理指标,受到了越来越多研究者的重视,关于教师主观幸福感的关键影响因素及其作用机制的探讨,也成为教师主观幸福感研究的热点,其主要影响因素有社会支持、经济状况、职业压力等。倪林英、杨勇波和雷良忻（2006）在探讨小学教师主观幸福感及其影响因素时发现,主观支持、神经质与经济状况等是影响小学教师主观幸福感的重要因素；教师职业压力是指在工作环境中使教师个人目标受到威胁的压力源长期、持续地作用于教师,而使教师产生一系列生理、心理和行为反应的过程（黄益远,2002）。研究表明,职业压力是中小学教师主观幸福感的核心风险性因素,职业压力显著负向预测中小学教师的主观幸福感（傅俏俏,叶宝娟,2016）。此外,我国学者孙慧（2004）在研究中也指出,长期工作压力导致的不愉快情绪会使教师良好情绪发生变化,过度压力会使已存在的焦虑、沮丧、烦躁等心理问题更加严重。

（二）职业认同与积极情感

教师职业认同是教师对其职业及内化的职业角色的积极的认知、体验和行为倾向的综合体,是教师个体的一种与职业有关的积极的态度（魏淑华,2008）。一般研究认为,教师职业认同对主观幸福感产生积极的影响。宋志斌（2015）在采用段建华修订的总体主观幸福感量表研究中小学教师职业认同与幸福感的关系时发现,职业认同各维度与幸福感各维度间均呈正相关研究发现,其中幸福感的心境维度与教师职业认同之间达到 0.001 水平显著正相关。还有研究表明,幼儿教师职业认同的各个维度与工作幸福感中的心理幸福、情绪幸福、社会幸福和认知幸福呈显著正相关(王刚,张大均,刘先强,2014)。

(三)职业认同、职业倦怠与积极情感

职业倦怠是指个体由于长期的工作压力得不到有效缓解而产生的心理、生理上的疲惫,工作能力的下降,工作热情的丧失,对他人日益冷漠,工作成就感低等一系列负性症状。Maslach 和 Jackson(1981)认为,职业倦怠主要包括三个成分:情感耗竭(Emotional Exhaustion)、去个性化(Depersonalization)和成效感(Efficacy),该观点得到大多数研究者的认同。文献分析发现,职业倦怠可能是职业认同与中小学教师积极情感之间的中介变量。郑晓芳(2013)认为,教师职业倦怠是指教师在工作中难以承受工作压力时出现的一种极端反应,在时期压力体验下,教师容易产生的情感、态度和行为的衰竭。研究表明,职业倦怠不但能显著负向预测教师积极情感的认知评价成分,还能显著负向预测教师积极情感的情感体验成分(Fisherman,2015;张鑫,2013)。据此,提出研究假设:职业倦怠中介了职业认同对中小学教师积极情感的影响。

综上所述,本研究将通过一个中介模型对职业认同与中小学教师积极情感之间的关系进行深入的探究,主要目的是探究职业倦怠是否为职业认同与中小学教师积极情感之间的中介变量。通过对以上假设的检验可以进一步了解对中小学教师积极情感产生影响的途径,为在实践中提升中小学教师积极情感提供参考依据。

二、研究方法

（一）调查对象

调查对象来源于贵州省贵阳市、遵义市、毕节市 3 地级市的 5 个县,抽取来自 34 所学校共 2 568 名中小学教师参与本次调查研究。为保证调查对象的多样性,在选取学校时大体按照 1∶1∶1∶1 的比例选取农村、乡镇、县城、市区的学校。贵阳市共抽取 11 所学校,其中农村学校、乡镇学校、县城学校分别抽取 3 所,市区学校 2 所;遵义市共抽取 13 所学校,其中农村学校 4 所,乡镇学校 3 所,县城学校 4 所,市区学校 2 所;毕节市共抽取 10 所学校,其中农村学校、乡镇学校各 3 所,县城学校、市区学校各 2 所;其中每所学校均涵盖小学、初中、高中 3 个学段。剔除无效数据后实测回收有效问卷 2 019 份,回收率 78.62%。其中男教师 839 人,女教师 1 180 人;小学教师 774 人,初中教师 872 人,高中教师 373 人;农村学校教师 217 人,乡镇学校教师 689 人,县城学校教师 790 人,市区学校教师 323 人;教龄 1 ~ 5 年的教师 493 人,教龄 6 ~ 10 年的教师 235 人,教龄 11 ~ 15 年的教师 275 人,教龄 16 ~ 20 年的教师 334 人,教龄 20 年以上的教师 682 人;三级教师 111 人,二级教师 563 人,一级教师 1 029 人,高级教师 314 人,正高级教师 2 人;月工资收入为 1 000 ~ 3 000 元的教师 88 人,月工资收入为 3 001 ~ 5 000 元的教师 1 307 人,月工资收入为 5 001 ~ 8 000 元的教师 613 人,月工资收入为 8 000 元以上的教师 11 人。

（二）工具

1. 中小学教师职业认同问卷

采用魏淑华、宋广文、张大均（2013）编制的《中小学教师职业认同量表》,该量表由角色价值观、职业行为倾向 、职业价值观、职业归属感四个维度组成,共 18 个项目。量表采用 Likert 5 点计分方式,教师根据自己的真实情况在"完全不符合"到"完全符合"的 5 点量表上进行选择。得分越高表示教师的职业认同程度越高。在本研究中,中小学教师职业认同量表的 Cronbach's α=0.91,信度良好。

2. 教师职业倦怠量表

采用李超平和汪海梅(2009)修订的《教师职业倦怠量表》(简版),该量表包括情绪衰竭、去个性化、个人成就感低三个维度,共 15 个项目。本量表采用 Likert 7 点计分方式,调查对象根据自己的真实情况在"从不发生"到"每天发生"的 7 点量表上进行选择。得分越高表示教师的职业倦怠程度越高。在本研究中,职业倦怠量表的 Cronbach's α=0.87,信度良好。

3. 积极情感消极情感量表

采用邱林,郑雪和王雁飞(2008)修订的《积极情感消极情感量表》,该量表包含 18 个项目,其中 9 个项目测量的是积极情感,另 9 个项目测量的是消极情感。所有项目均采用 Likert 5 点计分。在本研究中,量表的 Cronbach's α=0.89。采用前人的计算方法,将积极情感和消极情感标准化,用积极情感的标准分减去消极情感的标准分得出积极情感总分。

(三)数据筛选与处理

本研究采用 SPSS 21.0 进行描述性统计、相关分析和回归分析,在检验中介效应时,采用逐步法并结合 Hayes 和 Preacher(2010)提出的非线性模型中介效应检验方法来估计中介效应的置信区间。

三、结果分析

(一)共同方法偏差控制与检验

本研究数据均来源于自我报告,测量中可能存在共同方法偏差。因此,在问卷具体施测的过程中采取严格的程序控制(周浩,龙立荣,2004),强调本次问卷调查的匿名性、保密性,并且数据仅用于科学研究等。在此基础上采用 Harman 单因子检验法对可能存在的共同方法偏差进行检验,结果表明特征值大于 1 的因子共14 个,第一因子的变异解释率为 25.89%,小于 40% 的临界标准。说明本研究的共同方法偏差问题在允许的范围内(熊红星,张璟,叶宝娟,郑雪,孙配贞,2012)。

(二)各变量描述统计结果及相关分析

中小学教师职业认同、职业倦怠、积极情感描述性统计及相关结果:中小学教师的职业认同($M=3.87$, SD=0.57)处于中等偏上水平,中小学教师职业倦怠($M=3.50$, SD=0.91)和积极情感($M=0.04$, SD=1.30)处于中等偏下水平。中小学教师积极情感与职业倦怠显著负相关($r=-0.61$, $p < 0.01$)、与职业认同显著正相关($r=0.43$, $p < 0.01$);中小学教师职业倦怠与职业认同显著负相关($r=-0.49$, $p < 0.01$)。

(三)中小学教师积极情感差异检验结果

对中小学教师积极情感进行差异检验,结果表明:中小学教师积极情感在性别上差异不显著,对于是否担任班主任,中小学教师积极情感同样无差异。不同学段(小学、初中、高中)教师的积极情感存在显著性差异($F_{2, 2016}=3.764$, $p < 0.05$);事后分析的多重比较结果显示:小学教师与初中教师、高中教师的积极情感无显著性差异($p < 0.05$),初中教师的积极情感与高中教师的

积极情感差异显著($p < 0.05$),其中高中教师的积极情感显著高于初中教师,相比之下初中教师的积极情感处于最低水平。

不同月工资收入教师的积极情感存在显著性差异($F_{2,2015}=6.061$,$p < 0.01$)。进一步事后检验表明,除月收入 1 000 ~ 3 000 元的教师与月收入在 3 000 ~ 5 000 元的教师其积极情感无显著性差异外,其他 5 组不同月工资收入教师的积极情感均存在显著性差异($p < 0.001$);并且中小学教师的积极情感随着月工资收入的增加而显著提高。不同学校所在地(农村、乡镇、县城、城市)、不同教龄、不同职称、不同学历教师积极情感无显著性差异。

(四)中小学教师职业认同对积极情感的影响:中介模型检验

首先采用逐步检验回归系数的方法进行中介效应检验,在模型 1 中放入控制变量和自变量(职业认同感),因变量为职业倦怠;在模型 2 放入控制变量和自变量(职业认同感),因变量为积极情感;在模型 3 中放入控制变量、自变量和中介变量(职业倦怠),因变量为积极情感。3 个模型中的控制变量均为学段、月工资、积极情感。

由模型 1 可知,职业认同对职业倦怠负向预测作用显著($B=-0.78$, $t=-25.33$, $p < 0.001$);由模型 2 可知,职业认同对积极情感有显著影响($B=0.98$, $t=21.50$, $p < 0.001$);模型 3 在加入职业倦怠后,职业认同对积极情感的影响显著降低但仍然显著($B=0.40$, $t=8.77$, $p < 0.001$),同时职业倦怠对积极情感的影响显著($B=-0.75$, $t=-26.27$, $p < 0.001$),这说明职业倦怠起到部分中介作用,本研究的假设得到验证。为进一步确认中介效应的显著性,我们采用 Hayes 和 Preacher(2010)提出的中介效应检验方法来检验基本心理需求满足的中介作用。Hayes 和 Preacher 提出,自变量(X)、中介变量(M)和因变量(Y)之间的关系可以是线性的也可以是非线性的。中介效应显著需要 3 个条件:1. 自变量与中介变量显著相关;2. 在控制自变量的直接效应后,中介

变量与因变量相关显著;3.中介效应在 Bootstrap 检验中显著。具体方法为:使用 Hayes 和 Preacher 编制的 Process 程序(Hayes & Preacher,2010)来进行分析,其中自变量、中介变量与因变量之间均为线性关系,并使用偏差矫正的百分位 Bootstrap 法抽样 5 000 次计算出模型的直接效应与间接效应。

结果显示,职业认同对积极情感影响的直接效应及职业倦怠的中介效应的 Bootstrap 95% 置信区间的上、下限为均不包含 0,表明在职业认同与积极情感的关系中职业倦怠的中介作用显著。该直接效应(0.40)和中介效应(0.58),分别占总效应(0.98)的 40.82%、59.18%。最终,本研究的研究框架也得到验证(图 8-4)。

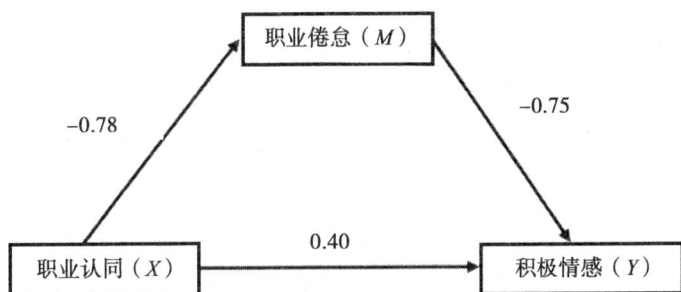

图 8-4

四、讨论

(一)中小学教师积极情感现状分析

调查结果表明,中小学教师积极情感处于中等偏下水平,中小学教师积极情感有待丰富。对不同人口学变量的中小学教师积极情感进行了进一步的检验,结果发现:在性别人口学变量上,女性教师与男教师的积极情感无显著性差别,在是否担任班主任这一人口学变量上,班主任教师的积极情感与其他课任老师无显著性差异;在学段人口变量上高中教师的积极情感显著高于初中教师,与其他两个学段相比,初中教师积极情感处于最低水平,其可能原因是因为初中教师既要面对巨大的升学压力,又要面对正处于青春期的初中生,极易导致初中教师产生较多的消极情感体验,从而影响初中教师的积极情感体验,降低初中教师的积极情感;在月收入人口学变量上,中小学教师的积极情感随着月工资收入的增加而显著提高,这结果与前人研究一致。Bradburn(1969)研究证明,高收入者有较多的正性情感,而低收入者则产生较多的负性情感,对于中小学教师来说,较高的收入可能会使得中小学教师在社会比较的过程产生下行比较从而具备较高的积极情感。

（二）职业认同对中小学教师积极情感的影响：职业倦怠的中介作用

工作需求－资源模型指出有两类影响工作结果的因素,即工作需求与工作资源(Demerouti, Bakker, Nachreiner, Schaufeli, 2001)。在该模型中,高工作需求会导致人员的劳累和他们健康的损害(健康损害过程),而高工作资源则会增加人员的工作动机和提高生产力(动机过程)(Schaufeli & Taris,2014)。在本研究中,教师职业认同作为内部工作资源对其积极情感产生了正性影响。在现实生活中,中小学教师的职业认同处于高水平时,对自身所从事职业则具有更加积极的认知、体验和行为倾向,在处理工作和生活时更容易产生内在的发展动力,他们以教书育人为己任,在帮助学生成长的同时收获成就感、喜悦感,自己的积极情感也得到极大地提升。

本研究发现职业倦怠与中小学教师积极情感显著负相关,并且职业倦怠这一变量中介了职业认同和中小学教师积极情感之间的关系,这与前人研究结果相一致。傅俏俏和叶宝娟(2016)研究发现,职业倦怠对中小学教师积极情感显著负相关,职业倦怠部分中介了职业压力对主观幸福感的影响,效应量达 43.85%。在本研究中,职业倦怠的出现,降低了职业认同对教师生活满意度的正性影响,在两者的关系中起到了损耗的作用。随着社会的发展,教师扮演的角色日趋多样化与复杂化,作为中小学教师,他们不但要面对繁重的教学任务,还要面对灵活的培养目标以及社会与家长的高期望。如果他们不能及时舒缓过高的职业压力,那么极易产生以情感衰竭、人格解体和个人成就感低下为症状表现的职业倦怠。当职业倦怠不能得到有效的控制和缓解时,就会对中小学教师的身心健康产生消极影响,其中一个重要的表现就是呈现较低的积极情感水平。

整体而言,本研究探讨了职业认同与中小学教师积极情感之间的关系,以及这种关系会受到何种情况的影响。具体而言,在探寻削弱职业认同对中小学教师积极情感产生影响的因素时,成功的验证了职业倦怠在职业认同和中小学教师积极情感之间的中介作用。本研究结果对于理解中小学教师积极情感影响因素的作用机制和作用过程,以及在实践中有效提高中小学教师积极情感具有重要的启示作用。首先,中小学教师积极情感是风险性因素和保护性因素共同作用的结果,除职业倦怠这一风险性因素外,职业认同等个体资源是重要保护性因素;同时,本研究通过对教师个体内部因素——职业认同的探讨,将 JD-R 模型中社会支持等外部工作资源拓展到职业认同内部工作资源。其次,相关职能部门在提高中小学教师积极情感的过程中除了应该注意缓解教师的职业倦怠外,更应当立足于教师本身所具有的个体资源。例如,切实提高中小学教师对自身所从事职业的认同度,使得广大中小学教师以更为积极的态度、行为、去应对实际教书育人过程中所遇到的困难和阻碍。

本研究还存在不足之处:首先,采用横断研究探讨职业认同对中小学教师积极情感的影响可能不能反映最真实的情况,今后研究应该结合纵向追踪研究进行深入探讨。其次,工作资源还包括组织支持、社会支持等外部因素,以后可探讨这些因素是如何影响中小学教师积极情感。

五、结论

(1)中小学教师积极情感处于中等偏下水平,中小学教师积极情感在性别、月工资收入等人口学变量存在显著性差异。

（2）职业倦怠中介了职业认同与中小学教师积极情感之间的关系。

第五节　心理资本对中小学教师生活满意度的影响机制研究

一、问题提出

"百年大计，教育为本"。教育是培养人的社会活动，这一活动的场所是学校、学校一切工作的出发点和落脚点都是为了培养人，而作为学校的教育功能承担者的教师，其重要性不言而喻。当下的教育形式对教师提出了更高层次的要求，教师的职责不仅是备好课、上好课，更重要的是通过教育手段启发、培养、引导学生，使学生不仅能掌握今后立足社会的知识技能，而且要培养其社会责任意识。其中，中小学教师扮演着承上（中学）启下（小学）的重要角色，他们对生活满意的程度在很大程度上会影响他们的工作方式与教学成果，从而影响学生们的成长与发展，因此，对中小学教师群体心理状况进行研究具有重要的社会价值。教师面对高强度的工作需要具备较强的个人能力和心理资源，大量研究也表明，心理资本与生活满意度、主观幸福感等均存在显著性正相关（梁永峰，刘少峰，何邵红，2016；Avey，Wernsing，& Mhatre，2011）。此外，JD-R模型又指出，工作满意度作为工作资源中影响工作结果的重要因素，反映了工作认知评价的积极方面，对主观幸福感中的认知层面（生活满意度）有着重要的影响。因此，基于前人的理论研究，本研究旨在探讨中小学教师心理资本、工作满意度和生活满意度的关系。目前相关研究多关注心理资本、工作满意度和生活满意度两两之间的相关关系，本研究旨在探讨三者可能存在的中介作用机制。

（一）生活满意度

生活满意度是主观幸福感一个重要组成部分,属于主观幸福感的认知层面,对于个体来说,是个体根据自定的标准对自身生活质量的整体性评估,反映了个体对现实生活的满意程度。生活满意度作为衡量个人生活质量的重要指标之一,它受一系列因素的影响,如社会支持、应对方式等。张磊等（2004）研究表明,中国老年人的社会支持对他们的生活满意度有显著的影响;唐志强（2012）在研究小学教师社会支持与主观幸福感的关系时发现,主观幸福感指数与社会支持总分呈显著正相关,社会支持中的支持利用因子与总体幸福感指数、情感指数及生活满意度的相关较为突出;杨海荣等（2005）研究发现,初中生生活满意度的各维度与积极应对呈显著正相关、与消极应对呈显著负相关。

（二）心理资本

心理资本是一种综合的积极心理素质,是由一组可测量、可开发和可以用来帮助提升工作绩效的积极心理能力所组成的二级概念,Luthans 和 Youssef（2004）与 Luthans 等人（2007）认为心理资本由自信或自我效能感、希望、乐观和坚韧性四种积极心理状态构成。具体来说,自我效能,是指在面对充满挑战性的工作时,有信心并能付出必要的努力来收获成功;希望,是指对目标锲而不舍,为取得成功在必要时能调整实现目标的途径;乐观,是指对现在与未来的成功进行积极的归因;韧性,是指身处逆境和被问题困扰时,能够持之以恒,迅速复原并超越,以取得成功。国外关于心理资本的研究始于对企业员工的相关研究,主要领域在于研究员工的心理资本与心理健康和工作绩效的关系,以此提高员工的工作效率与工作满意度水平等。例如,Avey 等人（2011）的一项元分析研究表明,心理资本对员工的积极态度（如工作满意度、组织承诺）、行为（如组织公民行为）和工作绩效有正向预测作用；对员工的消极态度（如离职意向、工作压力、焦虑）、行为（如反生产力行为）有负向预测作用。

（三）心理资本与生活满意度

心理资本，是指个体在发展和成长过程中表现出来的一种积极的心理状态（杨秀木等，2015）。其所包含的自我效能感、希望、乐观、韧性4个主要成分都对生活满意度有着重要影响。例如，国内对中小学教师的研究结果表明，教师的心理资本与工作满意度、生活满意度呈显著正相关（李志勇，吴明证，张爱群，2011）。此外，国内外多项实证研究还表明，心理资本整体对个体的主观幸福感具有很好的预测作用。张西超等人（2014）以北京市495名小学教师为对象，使用结构方程模型探讨小学教师心理资本与主观幸福感之间的关系时发现，小学教师的心理资本与主观幸福感间存在显著正相关关系，同时，刘旭等（2017）研究表明，农村中小学教师心理资本与生活满意度之间存在显著正相关，压力困扰在心理资本与生活满意度的关系中起着部分中介作用，心理资本不仅会直接地影响农村中小学教师生活满意度，而且还通过压力困扰产生间接性影响。

（四）工作满意度在心理资本与生活满意度之间的中介作用

目前已有较多研究考察心理资本与生活满意度之间的关系，但是很少有研究直接探讨和验证两者的中间作用机制。本节通过文献分析发现，工作满意度可能是心理资本与中小学教师生活满意度之间的中介变量。JD-R模型认为每种职业都有其特定的影响倦怠的因素，这些影响因素可归为两类：工作需求和工作资源。工作需求主要包括工作负荷、时间压力、工作职责、家庭冲突、人际要求、情绪要求和物理环境等；而工作资源涉及工作的物理、心理、社会和组织方面，主要由工作控制、社会支持、参与抉择、任务多样性、反馈奖赏等外部资源构成（Demerouti et al,

2001）。研究认为,在该模型中,高工作需求会导致人员的劳累和他们健康的损害(健康损害过程),而高工作资源则会增加人员的工作动机和提高生产力(动机过程)(Schaufeli Taris,2014)。此外,国外研究表明,心理资本作为一种积极的心理资源能直接提高员工的积极情绪和满意度(Avey, Wernsingm, & Luthans, 2008),国内研究结果同样支持了这一理论。李志勇,吴明证,张爱群(2011)以我国 426 名中小学教师为研究对象,探讨中小学教师心理资本、工作家庭促进与工作满意度、生活满意度的关系时发现,教师的心理资本与工作满意度、生活满意度呈显著正相关,因此心理资本很可能是通过工作满意度这一路径对生活满意度产生影响。

综上所述,我们提出研究假设:工作满意度中介了心理资本对中小学教师生活满意度的影响。本研究将通过一个中介模型对心理资本与中小学教师生活满意度之间的关系进行深入的探究,主要目的是探究工作满意度是否为心理资本与中小学教师生活满意度之间的中介变量。通过该假设的检验可以进一步了解对中小学教师生活满意度产生影响的途径,为在实践中提升中小学教师生活满意度提供参考依据。

二、研究方法

(一)调查对象

调查对象来源于贵州省贵阳市、遵义市、毕节市 3 地级市的 5 个县,抽取来自 34 所学校共 2 568 名中小学教师参与本次调查研究。为保证调查对象的多样性,在选取学校时大体按照 1:1:1:1 的比例选取农村、乡镇、县城、市区的学校。贵阳市共抽取 11 所学校,其中农村学校、乡镇学校、县城学校分别抽取 3 所,市区学校 2 所;遵义市共抽取 13 所学校,其中农村学校 4 所,乡镇学校 3 所,县城学校 4 所,市区学校 2 所;毕节市共抽取 10 所学校,其中农村学校、乡镇学校各 3 所,县城学校、市区学校各 2 所；其中每所学校均涵盖小学、初中、高中 3 个学段。剔除无效数据后实测回收有效问卷 2 019 份，回收率 78.62%。其中男教师 839 人，女教师 1 180 人；小学教师 774 人，初中教师 872 人，高中教师 373 人；农村学校教师 217 人，乡镇学校教师 689 人，县城学校教师 790 人，市区学校教师 323 人；教龄 1 ~ 5 年的教师 493 人，教龄 6 ~ 10 年的教师 235 人，教龄 11 ~ 15 年的教师 275 人，教龄 16 ~ 20 年的教师 334 人，教龄 20 年以上的教师 682 人；三级教师 111 人，二级教师 563 人，一级教师 1 029 人，高级教师 314 人，正高级教师 2 人；月工资收入为 1 000 ~ 3 000 元的教师 88 人，月工资收入为 3 001 ~ 5 000 元的教师 1307 人，月工资收入为 5 001 ~ 8 000 元的教师 613 人，月工资收入为 8 000 元以上的教师 11 人。

（二）工具

1. 心理资本量表

采用张文编制的《中小学教师心理资本问卷》，并根据专家的意见进行符合施测情境的修改。该量表包括韧性、自信、乐观、希望 4 各维度，共 19 个项目。量表采用 Likert 6 点记分方式，教师根据自己的真实情况从"非常不同意"到"非常同意"的 6 点量表上进行选择。得分越高表示教师的心理资本越高。本次测验中量表的 Cronbach's $\alpha=0.896$，信度良好。

2. 工作满意度量表

采用 Agho、Price 和 Mueller（1992）编制的《整体工作满意度数量表》，并根据专家的意见进行符合施测情境的修改。该量表共包括 6 个项目，量表采用 Likert 5 点计分方式，教师根据自己的真实情况在"完全不符合"到"完全符合"的 5 点量表上进行选择。得分越高表示教师的工作满意度越高。本研究中，工作满意度量表的 Cronbach's $\alpha=0.87$，信度良好。

3. 生活满意度量

采用 Diener、Emmons、Larsen 和 Griffin（1985）编制的《生活满意度量表》，该量表包含 5 个项目，所有项目均采用 Likert 7 点计分。得分越高，说明教师的生活满意度越高。在本研究中，量表的 Cronbach's $\alpha=0.89$，信度良好。

（三）数据筛选与处理

本研究采用 SPSS 21.0 进行描述性统计、相关分析和回归分析，在检验中介效应时，采用 Baron 和 Kenny（1986）的逐步法并结合 Hayes 和 Preacher（2010）提出的非线性模型中介效应检验方法来估计中介效应的置信区间。

三、结果分析

（一）共同方法偏差控制与检验

本研究数据均来源于自我报告，测量中可能存在共同方法偏差。因此，在问卷具体施测过程中采取严格的程序控制（周浩，龙立荣，2004），强调本次问卷调查的匿名性、保密性，并且数据仅用于科学研究等。在此基础上采用 Harman 单因子检验法对可能存在的共同方法偏差进行检验，结果表明特征值大于 1 的因子共 14 个，第一因子的变异解释率为 25.89%，小于 40% 的临界标准。说明本研究的共同方法偏差问题在允许的范围内（熊红星，张璟，叶宝娟，郑雪，孙配贞，2012）。

（二）各变量描述统计结果及相关分析

中小学教师心理资本、工作满意度、生活满意度描述性统计及相关结果：中小学教师的心理资本（$M=4.22$，SD=0.62）和工作满意度（$M=3.10$，SD=0.71）处于中等偏上水平，中小学教师生活满意度（M=3.44, SD=1.35）处于中等偏下水平。中小学教师生活满意度与心理资本显著正相关（r=0.38, $p < 0.01$）、与工作满意度显著正相关（r=0.66, $p < 0.01$）；中小学教师工作满意度与心理资本显著正相关（r=0.50, $p < 0.01$）。

（三）中小学教师生活满意度差异检验结果

对中小学教师生活满意度进行差异检验,结果表明:女性教师的生活满意度显著高于男性教师（t_{2017}=-2.61, $p < 0.05$, Cohen's d=0.118）。不同学段（小学、初中、高中）教师的生活满意度存在显著性差异（$F_{2,2016}$=10.176, $p < 0.01$）；事后分析的多重比较结果显示:小学教师和初中教师的生活满意度差异显著（$p < 0.05$）,小学教师和高中教师的生活满意度差异显著（$p < 0.05$）,初中教师的生活满意度与高中教师无显著性差异（$p > 0.05$）,其中小学教师的生活满意度显著高于初中教师和高中教师,相比之下初中教师的生活满意度处于最低水平。

不同月工资收入教师的生活满意度存在显著性差异（$F_{2,2015}$=28.735, $p < 0.001$）；进一步事后检验表明,5对平均数均存在显著性的差异（$p < .001$）,而月收入1 000～3 000元的教师与月收入在3 000～5 000元的教师其生活满意度在0.05水平显著；并且中小学教师的生活满意度随着月工资收入的增加而显著提高。不同学历教师在生活满意度上存在显著性差异（$F_{3,2015}$=7.827, $p < 0.05$）。事后分析的多重比较结果显示:学历为中专的中小学教师其生活满意度显著高于其他学历的教师（$p < 0.05$）,且随着学历的提高,中小学教师的生活满意度呈下降趋势。不同学校所在地（农村、乡镇、县城、城市）、不同教龄、不同职称教师生活满意度无显著性差异。

（四）中小学教师心理资本对生活满意度的影响：中介模型检验

我们首先采用Baron和Kenny（1986）推荐的逐步检验回归

系数的方法,进行中介效应检验,在模型 1 中放入控制变量和自变量(心理资本),因变量为工作满意度;在模型 2 放入控制变量和自变量(心理资本),因变量为生活满意度;在模型 3 中放入控制变量、自变量和中介变量(工作满意度),因变量为生活满意度。3 个模型中控制变量均为性别、学段、月工资收入、学历。

由模型 1 可知,心理资本对工作满意度负向预测作用显著($B=0.55$, $t=24.92$, $p < 0.001$),系数 $a=0.55$;由模型 2 可知,心理资本对生活满意度有显著影响($B=0.78$, $t=17.35$, $p < 0.001$),总效应 $c=0.78$;模型 3 在加入工作满意度后,心理资本对生活满意度的影响显著降低但依旧在 0.05 水平上显著($B=0.13$, $t=3.16$, $p < 0.05$),系数 $c'=0.13$,同时工作满意度对生活满意度的影响依旧显著($B=0.87$, $t=31.76$, $p < 0.001$),系数 $b=0.87$,这说明工作满意度在其中起到部分中介作用,本研究的假设得到验证。为进一步确认中介效应的显著性,我们采用 Hayes 和 Preacher(2010)提出的中介效应检验方法来检验基本心理需求满足的中介作用。Hayes 和 Preacher 提出,自变量(X)、中介变量(M)和因变量(Y)之间的关系可以是线性的也可以是非线性的。中介效应显著需要 3 个条件:1. 自变量与中介变量显著相关;2. 在控制自变量的直接效应后,中介变量与因变量相关显著;3. 中介效应在 Bootstrap 检验中显著。具体方法为我们使用 Hayes 和 Preacher 编制的 Process 程序(Hayes & Preacher,2010)来进行分析,其中自变量、中介变量与因变量之间均为线性关系,并使用偏差矫正的百分位 Bootstrap 法抽样 5 000 次计算出模型的直接效应与间接效应。

结果显示,心理资本对生活满意度影响的直接效应及工作满意度的中介效应的 Bootstrap 95% 置信区间的上、下限均不包含 0,间接效应即中介效应显著,直接效应也显著,表明在心理资本与生活满意度的关系中工作满意度的中介作用显著,并起到了部分中介的作用。该直接效应(0.13)和中介效应(0.65)分别占总效应(0.78)的 16.67% 和 83.33%(图 8-5)。

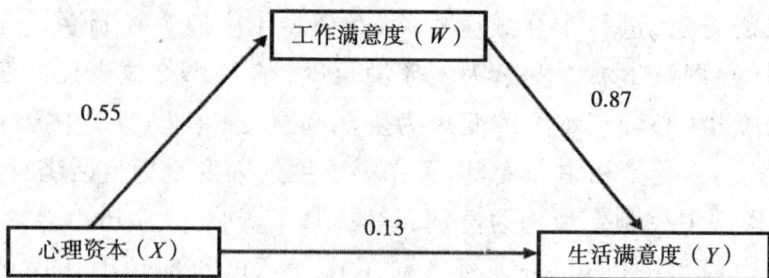

图 8-5

四、讨论

(一)中小学教师生活满意度现状分析

本研究结果表明,中小学教师生活满意度处于中等偏下水平,中小学教师生活满意度有待提高。出现这一结果的原因可能是随着社会的发展,教师承担的角色日趋多样化与复杂化,广大中小学教师不但要面对繁重的教学任务,还要面对灵活的培养目标以及社会与家长的过高期望。因此,在长期压力过度的情况下,易对中小学教师的身心健康和生活质量产生消极影响。对不同人口学变量的中小学教师生活满意度进行了进一步的检验,结果发现:在性别人口学变量上,女性教师的生活满意度显著高于男性教师,与前人的研究结果相一致(傅俏俏,叶宝娟,2016;唐志强,2012),这或许是因为女性较为认可教师职业的稳定性以及社会对女性教师具有较高的认同;在学段人口变量上初中教师生活满意度相比于其他学段教师(小学教师和高中教师)处于最低水平,其主要原因可能是初中教师既要面对巨大的升学压力,又要面对正处于青春期的初中生,极易导致初中教师投入过多的精力到解决学生问题之中,较难平衡工作和生活,导致生活质量不高进而降低了初中教师的生活满意度;在月工资收入人口学变量上,中小学教师的生活满意度随着月工资收入的增加而显著提高,这一结果与前人研究一致,有研究表明在我国现阶段个人收入与其主观幸福感呈正相关关系,较高的收入使得中小学教师在社会比较的过程产生向下比较,从而具备较高的主观幸福感。何朝峰和罗之勇(2014)研究也表明,个人的月收入有显著的正向预测生活满意度的作用,也就是说,个人月收入越高,生活满意度越高;在学历人口学变量上,学历为中专的教师相比于其他学历的教师,其生活满意度处于最高水平,且随着学历越来越高,生活满意度指数越来越低,本科和硕士学历中学教师职业认同水平明显低于大专学历中学教师。具体原因可能是:对于大专学历毕业生来说,其就业竞争力相对于本科及以上学历的人来说较低,教师一职是较为稳定且具有保障的职业,对于能从事教师一职对多数大专生来说是一个不错的选择,而本科以及硕士学历的中学教师拥有更大的成功愿望和成就动机,对于从事教师职业难以实现自己的人生期待所以生活满意度得分较低,这一结果也与前人研究一致(宋志斌,2016)。

(二)心理资本对中小学教师生活满意度的影响:工作满意度的中介作用

在本研究中,教师心理资本作为一种积极的心理资源对其生活满意度产生了正性影响。在现实生活中,高心理资本水平的中小学教师,他们受到拥有更多的积极情绪,自我效能感更强,面对纷繁复杂的教学任务时可能处理的更为出色,不仅对生活充满希望,而且能够用乐观和坚韧性的心态去迎接生活中的挑战,因此生活满意度比低心理资本水平的人更高。

此外,本研究还发现工作满意度中介了心理资本和中小学教师生活满意度之间的关系。这一结果也印证了工作需求－工作资源(JD-R)模型中得出的结论:工作满意度作为工作资源中影响工作结果的重要因素,反映了工作认知评价的积极方面,对主观幸福感中的认知层面(生活满意度)有着重要的影响。JD-R模型认为工作需求能引发相对独立的压力过程,也称健康损伤过程或能量耗竭过程,即持续的工作要求耗竭工作者的身心资源,带来职业倦怠等问题,从而导致低幸福感不良结果(Bakker

& Demerouti,2013）、低工作满意度等(Shepherd, Tashchian, Ridnour,2011）。工作满意度反映了雇员对付出与回报的看法,当付出与回报失衡时,个体将产生工作倦怠的损耗螺旋(Hakanen & Schaufeli,2012),也就是说,工作倦怠也会影响工作满意度,而吴伟炯等人(2012)研究表明心理资本对工作满意度具有正向影响,心理资本可以为 JD-R 模型的能量耗竭(健康损伤)过程补充身心能量,表现为心理资本对工作倦怠的缓解。具体而言,拥有较高心理资本水平的教师他们的能量更充足,能够较长远地看待努力与回报的关系,面对过多的工作量和角色冲突等工作压力也能减缓个人资源的消耗,更容易且更多的获得来自同事、朋友、家庭方面的社会支持,具有更多工作应对方法防止人格解体,因此心理资本水平高的教师具有较少的工作倦怠,工作满意度水平更高。

整体而言,本研究探讨了心理资本与中小学教师生活满意度之间的关系,以及这种关系会受到何种情况的影响,具体而言,在探寻心理资本对中小学教师生活满意度产生影响的因素时,成功的验证了工作满意度在两者之间的中介作用。本研究结果对于理解中小学教师生活满意度影响因素的作用机制和作用过程以及在实践中有效提高中小学教师生活满意度具有重要的启示作用。首先,中小学教师生活满意度是风险性因素和保护性因素共同作用的结果,除要防范职业倦怠这类风险性因素外,还应增强心理资本与工作满意度等重要的个体资源这类重要的保护性因素;同时,本研究通过对教师个体内部因素——心理资本、工作满意度的探讨,将 JD-R 模型中社会支持等外部工作资源拓展到内部工作资源。其次,相关职能部门在提高中小学教师生活满意度的过程中应当立足于教师本身所具有的个体资源,激发其自我效能感,提高心理资本水平和工作满意度,用乐观坚韧的态度对待工作和生活。

本研究还存在不足之处:首先,采用横断研究探讨心理资本对中小学教师生活满意度的影响可能不能反映最真实的情况,今后研究应该结合纵向追踪研究进行深入探讨。其次,工作资源还包括组织支持、社会支持等外部因素,以后可探讨这些因素是如何影响中小学教师生活满意度。

五、结论

(1)中小学教师生活满意度处于中等偏下水平,中小学教师生活满意度在学段、月工资收入、学历等人口学变量存在显著性差异。

(2)工作满意度中介了心理资本与中小学教师生活满意度之间的关系。

第六节 心理资本对中小学教师积极情感的影响机制研究

一、引言

现代课程论强调教师与学生、教学情境与教学环境的重要性,教师要引导学生观察、实践、合作、探究、交流,以及体验、感悟、反思等。当下的教育形式对教师提出了更高层次的要求,其中中小学教师扮演着承上(中学)启下(小学)的重要角色,他们情绪的好坏在很大程度上会影响他们的工作方式与教学成果,从而影响学生们的成长与发展,因此,对中小学教师群体心理状况进行研究具有重要的社会价值。

在心理学领域中,积极情感是指生活中正性的情感体验,包括欣喜、自豪、热情等,它属于主观幸福感的情感体验部分。主观幸福感是个体根据自定的标准对自身生活质量的整体性评估,包括认知评价和情感体验两个成分。其中,认知评价是个体对其生活质量所作的总体认知评价,即生活满意度;而情感体验是指生活中的情感体验,除了积极情感之外,还包括消极情感(Diener,Napa Scollon,Lucas,2003)。主观幸福感作为衡量中小学教师心理健康水平和生活质量的一个重要的综合性心理指标,受到了越来越多研究者的重视,关于教师主观幸福感的关键影响因素及其作用机制的探讨,也成为教师主观幸福感研究的热点。

教师面对高强度的工作需要具备较强的个人能力和心理资源,其中心理资本作为一种积极的心理资源受到广大学者的关注。心理资本是一种综合的积极心理素质,是由一组可测量、可开发和可以用来帮助提升工作绩效的积极心理能力所组成的二级概念,Luthans 和 Youssef(2004)与 Luthans 等人(2007)认为心理资本由自信或自我效能感、希望、乐观和坚韧性四种积极心理状态构成。国外关于心理资本的研究始于对企业员工的相关研究,主要领域在于研究员工的心理资本与心理健康和工作绩效的关系,以此提高员工的工作效率与工作满意度水平等。例如,国外学者 Avey,Reichard,Luthans,Mhatre(2011)的一项元分析研究表明,心理资本对员工的积极态度(如工作满意度、组织承诺)、行为(如组织公民行为)和工作绩效有正向预测作用;对员工的消极态度(如离职意向、工作压力、焦虑)、行为(如反生产力行为)有负向预测作用;国内学者对中小学教师的研究结果表明,教师的心理资本与工作满意度呈显著正相关(李志勇,吴明证,张爱群,2011),吴伟炯等人(2012)研究也表明心理资本对工作满意度具有正向影响,心理资本是促进个体成长发展与绩效提升的重要心理资源(Luthans,Avey,Smith,Li,2008),体现在 JD-R 模型中是心理资本能够增强雇员内部动机,使雇员感受到工作的意义,持续地表现出工作的活力、奉献与专注。

关于积极情感方面,也有众多研究探究心理资本与积极情感两者之间的关系。心理资本作为个体在发展和成长过程中表现出来的一种积极的心理状态,它的自我效能感、希望、乐观、韧性这4个主要成分都对积极情感有着重要影响。国内外多项实证研究表明,心理资本整体对个体的主观幸福感具有很好的预测作用,心理资本与主观幸福感存在显著性正相关,并且心理资本对积极情绪等结果变量也有积极的作用(Avey et al. ,2008;2011)。国内学者张西超等人(2014)以北京市 495 名小学教师为对象,使用结构方程模型探讨小学教师心理资本与主观幸福感之间的关系时发现,小学教师的心理资本的各维度与主观幸福感间均存在显著正相关关系。

目前已有较多研究考察心理资本与积极情感之间的关系,但是很少有研究直接探讨和验证两者的中间作用机制。本节通过文献分析发现,工作满意度可能是心理资本与中小学教师生活满意度之间的中介变量,心理资本通过工作满意度这一途径对积极情感产生正性影响。综上所述,我们提出研究假设:工作满意度中介了心理资本对中小学教师积极情感的影响。本研究将通过一个中介模型对心理资本与中小学教师积极情感之间的关系进行深入的探究,主要目的是探究工作满意度是否为职业认同与中小学教师积极情感之间的中介变量。通过对该假设的检验可以进一步了解对中小学教师积极情感产生影响的途径,为在实践中提升中小学教师积极情感提供参考依据。

二、研究方法

(一)调查对象

调查对象来源于贵州省贵阳市、遵义市、毕节市 3 地级市的 5 个县,抽取来自 34 所学校共 2 568 名中小学教师参与本次调查研究。为保证调查对象的多样性,在选取学校时大体按照 1∶1∶1∶1 的比例选取农村、乡镇、县城、市区的学校。贵阳市共抽取 11 所学校,其中农村学校、乡镇学校、县城学校分别抽取 3 所,市区学校 2 所;遵义市共抽取 13 所学校,其中农村学校 4 所,乡镇学校 3 所,县城学校 4 所,市区学校 2 所;毕节市共抽取 10 所学校,其中农村学校、乡镇学校各 3 所,县城学校、市区学校各 2 所;其中每所学校均涵盖小学、初中、高中 3 个学段。剔除无效数据后实测回收有效问卷 2 019 份,回收率 78.62%。其中男教师 839 人,女教师 1 180 人;小学教师 774 人,初中教师 872 人,高中教师 373 人;农村学校教师 217 人,乡镇学校教师 689 人,县城学校教师 790 人,市区学校教师 323 人;教龄 1 ~ 5 年的教师 493 人,教龄 6 ~ 10 年的教师 235 人,教龄 11 ~ 15 年的教师 275 人,教龄 16 ~ 20 年的教师 334 人,教龄 20 年以上的教师 682 人;三级教师 111 人,二级教师 563 人,一级教师 1 029 人,高级教师 314 人,正高级教师 2 人;月工资收入为 1 000 ~ 3 000 元的教师 88 人,月工资收入为 3 001 ~ 5 000 元的教师 1307 人,月工资收入为 5 001 ~ 8 000 元的教师 613 人,月工资收入为 8 000 元以上的教师 11 人。

（二）工具

1. 心理资本量表

采用张文编制的《中小学教师心理资本问卷》,并根据专家的意见进行符合施测情境的修改。该量表包括韧性、自信、乐观等 4 各维度,共 19 个项目。量表采用 Likert 6 点记分方式,教师根据自己的真实情况从"非常不同意"到"非常同意"的 6 点量表上进行选择。得分越高表示教师的心理资本越高。本次测验中,量表的 Cronbach's α= 0.896,信度良好。

2. 工作满意度量表

采用 Agho、Price 和 Mueller（1992）编制的《整体工作满意度数量表》,并根据专家的意见进行符合施测情境的修改。该量表共包括 6 个项目,量表采用 Likert 5 点计分方式,教师根据自己的真实情况在"完全不符合"到"完全符合"的 5 点量表上进行选择。得分越高表示教师的工作满意度越高。本研究中,工作满意度量表的 Cronbach's α=0.87,信度良好。

3. 积极情感消极情感量表

采用邱林,郑雪和王雁飞(2008)修订的《积极情感消极情感量表》,该量表包含 18 个项目,其中 9 个项目测量的是积极情感,另 9 个项目测量的是消极情感。所有项目均采用 Likert 5 点计分。在本研究中,量表的 Cronbach's α=0.89。采用前人的计算方法,将积极情感和消极情感标准化,用积极情感的标准分减去消极情感的标准分得出积极情感总分。

(三)数据筛选与处理

本研究采用 SPSS 21.0 进行描述性统计、相关分析和回归分析,在检验中介效应时,采用 Baron 和 Kenny(1986)的逐步法,并结合 Hayes 和 Preacher(2010)提出的非线性模型中介效应检验方法来估计中介效应的置信区间。

三、结果分析

(一)共同方法偏差控制与检验

本研究数据均来源于自我报告,测量中可能存在共同方法偏差。因此,在问卷具体施测的过程中采取严格的程序控制(周浩,龙立荣,2004),强调本次问卷调查的匿名性、保密性和数据仅用于科学研究之用等。在此基础上采用 Harman 单因子检验法对可能存在的共同方法偏差进行检验,结果表明特征值大于 1 的因子共 14 个,第一因子的变异解释率为 25.89%,小于 40% 的临界标准。说明本研究的共同方法偏差问题在允许的范围内(熊红星,张璟,叶宝娟,郑雪,孙配贞,2012)。

(二)各变量描述统计结果及相关分析

中小学教师心理资本、工作满意度、积极情感描述性统计及相关结果：中小学教师的心理资本（M=4.22，SD=0.62）和工作满意度（M=3.10，SD=0.71）处于中等偏上水平，积极情感（M=0.05，SD=1.30）处于中等偏下水平。中小学教师积极情感与心理资本显著正相关（r=0.57，$p < 0.01$）、与工作满意度显著正相关（r=0.45，$p < 0.01$）；中小学教师工作满意度与心理资本显著正相关（r=0.50，$p < 0.01$）。

（三）中小学教师积极情感差异检验结果

对中小学教师积极情感进行差异检验，结果表明：中小学教师积极情感在性别上差异不显著，对于是否担任班主任，中小学教师积极情感也无差异。不同学段（小学、初中、高中）教师的积极情感存在显著性差异（$F_{2,2016}$=3.764，$p < 0.05$）。事后分析的多重比较结果显示：小学教师与初中教师、高中教师的积极情感无显著性差异（$p > 0.05$），初中教师的积极情感与高中教师的积极情感差异显著（$p < 0.05$），其中高中教师的积极情感显著高于初中教师，相比之下初中教师的积极情感处于最低水平。

不同月工资收入教师的积极情感存在显著性差异（$F_{2,2015}$=6.061，$p < 0.01$）。进一步事后检验表明，除月收入 1 000 ~ 3 000 元的教师与月收入在 3 000 ~ 5 000 元的教师其积极情感无显著性差异外，其他 5 组不同月工资收入教师的积极情感均存在显著性差异（$p < 0.001$）。并且中小学教师的积极情感随着月工资收入的增加而显著提高。不同学校所在地（农村、乡镇、县城、城市）、不同教龄、不同职称、不同学历教师积极情感无显著性差异。

（四）中小学教师心理资本对积极情感的影响：中介模型检验

首先采用 Baron 和 Kenny（1986）推荐的逐步检验回归系数的方法，进行中介效应检验，在模型 1 中放入控制变量和自变量（心理资本），因变量为工作满意度；在模型 2 放入控制变量和自变量（心理资本），因变量为积极情感；在模型 3 中放入控制变量、自变量和中介变量（工作满意度），因变量为积极情感。3个模型中控制变量均为性别、学段、月工资收入、学历。

由模型1可知，心理资本对工作满意度负向预测作用显著（$B=0.55$，$t=25.06$，$p<0.001$），系数 $a=0.55$；由模型2可知，心理资本对积极情感有显著影响（$B=0.120$，$t=30.91$，$p<0.001$），总效应 $c=0.69$；模型3在加入工作满意度后，心理资本对积极情感的影响显著降低但依旧显著（$B=0.46$，$t=22.38$，$p<0.001$），系数 $c'=0.46$，同时工作满意度对积极情感的影响依旧显著（$B=0.42$，$t=11.10$，$p<0.001$），系数 $b=0.42$ 说明工作满意度在其中起到部分中介作用，本研究的假设得到验证。为进一步确认中介效应的显著性，我们采用 Hayes 和 Preacher（2010）提出的中介效应检验方法来检验基本心理需求满足的中介作用。Hayes 和 Preacher 提出，自变量（X）、中介变量（M）和因变量（Y）之间的关系，可以是线性的，也可以是非线性的。中介效应显著需要3个条件：1. 自变量与中介变量显著相关；2. 在控制自变量的直接效应后，中介变量与因变量相关显著；3. 中介效应在 Bootstrap 检验中显著。具体方法为我们使用 Hayes 和 Preacher 编制的 Process 程序（Hayes & Preacher，2010）来进行分析，其中自变量、中介变量与因变量之间均为线性关系，并使用偏差矫正的百分位 Bootstrap 法抽样 5 000 次计算出模型的直接效应与间接效应。

结果显示，心理资本对积极情感影响的直接效应及工作满意度的中介效应的 Bootstrap 95% 置信区间的上、下限均不包含 0，间接效应即中介效应显著，直接效应也显著，表明在心理资本与积极情感的关系中工作满意度的中介作用显著，并起到了部分中介的作用。该直接效应（0.46）和中介效应（0.23）分别占总效应（0.69）的 80% 和 19.17%。最终，本研究的研究框架也得到验证（图8-6）。

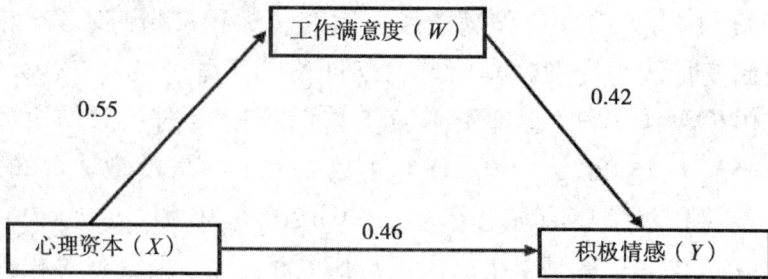

图 8-6

四、讨论

（一）中小学教师积极情感现状分析

本研究表明,中小学教师积极情感处于中等偏下水平,中小学教师积极情感有待丰富。对不同人口学变量的中小学教师积极情感进行了进一步的检验,结果发现:在性别人口学变量上,女性教师与男教师的积极情感无显著性差别,在是否担任班主任这一人口学变量上,班主任教师的积极情感与其他课任老师无显著性差异;在学段人口变量上高中教师的积极情感显著高于初中教师,与其他两个学段相比,初中教师积极情感处于最低水平,其可能原因是因为初中教师既要面对巨大的升学压力,又要面对正处于青春期的初中生,极易导致初中教师产生较多的消极情感体验,从而影响初中教师的积极情感体验,降低初中教师的积极情感;在月收入人口学变量上,中小学教师的积极情感随着月工资收入的增加而显著提高,这结果与前人研究一致,Bradburn（1969）研究证明,高收入者有较多的正性情感,而低收入者则产生较多的负性情感,对于中小学教师来说,较高的收入可能会使得中小学教师在社会比较的过程产生下行比较,从而具备较高的积极情感。

（二）心理资本对中小学教师积极情感的影响：工作满意度的中介作用

在本研究中，教师心理资本作为一种积极的心理资源对其积极情感产生了正性影响。JD-R 模型认为每种职业都有其特定的影响倦怠的因素，这些影响因素可归为两类：工作需求和工作资源。工作需求主要包括工作负荷、时间压力、工作职责、工家冲突、人际要求、情绪要求和物理环境等；而工作资源涉及工作的物理、心理、社会和组织方面，主要由工作控制、社会支持、参与抉择、任务多样性、反馈奖赏等外部资源构成（Demerouti et al.，2001）。研究认为，在该模型中，高工作需求会导致人员的劳累和他们健康的损害（健康损害过程），而高工作资源则会增加人员的工作动机和提高生产力（动机过程）（Schaufeli & Taris，2014）。在现实生活中，高心理资本水平的中小学教师，他们的工作资源更高因此工作动机更强，这类的教师拥有更多的积极情绪，自我效能感更强，面对纷繁复杂的教学任务时可能处理的更为出色，不仅对生活充满希望，且能用更为乐观和坚韧性的积极心态去迎接生活中的挑战。

此外，本研究还发现工作满意度中介了心理资本和中小学教师积极情感之间的关系。JD-R 模型认为工作需求能引发相对独立的压力过程，也称健康损伤过程或能量耗竭过程：即持续的工作要求耗竭工作者的身心资源，带来职业倦怠等问题，从而导致低幸福感不良结果（Bakker & Demerouti，2013）、低工作满意度等。工作满意度反映了雇员对付出与回报的看法，当付出与回报失衡时，个体将产生工作倦怠的损耗螺旋，也就是说，工作倦怠也会影响工作满意度。然而心理资本可以为 JD-R 模型的健康损伤或能量耗竭过程补充身心能量，表现为心理资本对工作倦怠的缓解。具体而言，拥有较高心理资本水平的教师，他们的能量更充足，能够较长远地看待努力与回报的关系，面对过多的工作量和角色冲突等工作压力也能减缓个人资源的消耗，更容易且更多的获得来自同事、朋友、家庭方面的社会支持,具有更多工作应对方法以防止人格解体,因此心理资本水平高的教师具有较少的工作倦怠,工作满意度水平更高。心理资本的增加和工作投入提高了教师对组织资源的关注(如寻求同事帮助),因此在完成组织目标之后也会增乐观等心态。

整体而言,本研究探讨了心理资本与中小学教师积极情感之间的关系,以及这种关系会受到何种情况的影响,具体而言,在探寻心理资本对中小学教师积极情感产生影响的因素时,成功的验证了工作满意度在两者之间的中介作用。本研究结果对于理解中小学教师积极情感影响因素的作用机制和作用过程以及在实践中有效提高中小学教师积极情感具有重要的启示作用。首先,中小学教师积极情感是风险性因素和保护性因素共同作用的结果,除职业倦怠这一风险性因素外,心理资本、工作满意度等个体资源是重要保护性因素;其次,相关职能部门在提高中小学教师积极情感的过程中除了应该注意缓解教师的职业倦怠外,更应当立足于教师本身所具有的个体资源。例如,切实提高组织对中小学教师的情感支持和物质支持,使得广大中小学教师的情感和生活得到保障,继而以更为积极的态度、行为去应对实际教书育人过程中所遇到的困难和阻碍。

本研究还存在不足之处:首先,采用横断研究探讨心理资本对中小学教师积极情感的影响可能不能反映最真实的情况,今后研究应该结合纵向追踪研究进行深入探讨;其次,工作资源还包括组织支持、社会支持等外部因素,以后可探讨这些因素是如何影响中小学教师积极情感。

五、结论

(1)中小学教师积极情感处于中等偏下水平,中小学教师积极情感在学段、月收入等人口学变量存在显著性差异。

(2)工作满意度中介了心理资本与中小学教师积极情感之间的关系。

第九章　多种因素对教师幸福感的影响机制研究

第一节　职业压力、职业认同对中小学教师主观幸福感影响机制

一、问题提出

教师是教育发展的第一资源,是国家富强、民族振兴、人民幸福的重要基石。在中小学阶段,学生的世界观、人生观、价值观处于发展时期,中小学教师的态度、观念、心理健康状况等都会对学生产生重要影响。作为衡量中小学教师心理健康水平和生活质量的一个重要的综合性心理指标(杨玲等,2015),主观幸福感不仅影响中小学教师自身的心理健康,还影响着学生的健康成长,甚至关系到能否完成培养德智体美劳全面发展的社会主义建设者和接班人的时代重任。

主观幸福感是个体根据自定的标准对自身生活质量的整体性评估,包括认知评价和情感体验两个成分。其中,认知评价是个体对其生活质量所作的总体认知评价,即生活满意度;而情感体验是指生活中的情感体验,包括积极情绪和消极情绪(Diene, Napa Scollon, Lucas, 2003)。近年来,教师主观幸福感受到了越来越多研究者的重视,尤其是关于教师主观幸福感的关键影响因素及其作用机制的探讨,已经成为教师主观幸福感的研究热点之

一(王钢,黄旭,张大均,2017;张西超,胡婧,宋继东,张红川等,2014)。在影响教师幸福感的诸多因素中,职业压力是研究者关注较多的因素之一。教师职业压力,是指在工作环境中使教师个人目标受到威胁的压力源长期、持续地作用于教师,而使教师产生一系列生理、心理和行为反应的过程(黄益远,2002)。研究表明,职业压力是中小学教师主观幸福感的核心风险性因素,职业压力显著负向预测中小学教师主观幸福感(傅俏俏,叶宝娟,2016;张国礼,边玉芳,董奇,2012)。

虽然前人的研究发现职业压力显著负向预测中小学教师主观幸福感,但关于职业压力这个风险性因素对中小学教师主观幸福感的影响机制和影响过程探究较少。文献分析发现,职业倦怠可能是职业压力与中小学教师主观幸福感之间的中介变量。教师职业倦怠,是指教师不能顺利应对工作压力时的一种极端反应,是教师伴随于长时期压力体验下而产生的情感、态度和行为的衰竭状态(郑晓芳,2012)。无论是从职业倦怠的症状还是从职业倦怠成因上看,工作压力都是教师职业倦怠产生的主要因素(刘毅,吴宇驹,邢强,2009)。国内外的研究均表明,职业压力能显著正向预测中小学教师职业倦怠;职业压力将导致中小学教师出现情感衰竭和人格解体等职业倦怠典型症状,职业压力越大,教师职业倦怠的程度就越严重(Brouwer, Tomic, Boluijt, 2011)。并且,职业倦怠也能显著预测教师主观幸福感。研究表明,职业倦怠不但能显著负向预测教师主观幸福感的认知评价成分,还能显著负向预测教师主观幸福感的情感体验成分(Fisherman,2015)。据此,提出研究假设1:职业倦怠中介了职业压力对中小学教师主观幸福感的影响。

职业压力可能会通过职业倦怠的中介作用于中小学教师主观幸福感,但这一中介作用可能会受到其他因素的调节,即职业倦怠在职业压力和中小学教师主观幸福感之间的中介作用在不同教师身上所起的作用可能不同。文献分析发现,职业认同可能调节了职业倦怠的中介作用。教师职业认同是教师对其职业及内化的职业角色的积极的认知、体验和行为倾向的综合体，是教师个体的一种与职业有关的积极的态度（魏淑华，2008）。JD-R模型认为每种职业都有其特定的影响倦怠的因素，这些影响因素可归为两类：工作要求和工作资源（Demerouti, Bakker, Nachreiner, Schaufeli, 2001）。工作要求就是环境压力源，主要包括工作负荷、时间压力、工作职责、工家冲突、人际要求、情绪要求和物理环境等内容。而工作资源涉及到工作的物理、心理、社会和组织方面，主要由工作控制、社会支持、参与抉择、任务多样性、反馈奖赏等外部资源构成（Demerouti et al., 2001）。工作要求和工作资源既会各自引发单独的心理过程，还存在交互作用对职业倦怠、幸福感等产生联合效应（Bakker & Demerouti, 2013）。相关研究表明，心理资本、胜任力、教学效能感等教师个体内部资源也能有效缓解教师职业压力对职业倦怠的消极影响，对职业倦怠具有调节作用（刘毅等，2009；赵简，张西超，2010）。教师职业认同作为影响教师身心健康、组织结果变量的重要内部因素，可能也会调节职业压力对职业倦怠的影响。据此，提出研究假设2：职业认同调节了职业压力→职业倦怠→中小学教师主观幸福感这一中介过程的前半段。

综上所述，本研究将通过一个有调节的中介模型对职业压力与中小学教师主观幸福感之间的关系进行深入的探究，主要目的有2个：（1）探究职业倦怠是否能中介职业倦怠对中小学教师主观幸福感的影响；（2）检验职业认同是否调节了职业压力→职业倦怠→中小学教师主观幸福感这一中介过程的前半段。通过对以上假设的检验可以进一步了解职业压力"怎样"影响中小学教师主观幸福感以及这种影响"何时"更强或更弱，为实践中提升中小学教师主观幸福感提供可参考的依据。

二、研究方法

（一）调查对象

调查对象来源于贵州省贵阳市、遵义市、毕节市 3 地级市的 5 个县，抽取来自 34 所学校共 2 568 名中小学教师参与本次调查研究。为保证调查对象的多样性，在选取学校时大体按照 1∶1∶1∶1 的比例选取农村、乡镇、县城、市区的学校。贵阳市共抽取 11 所学校，其中农村学校 3 所，乡镇学校 3 所，县城学校 3 所，市区学校 2 所；遵义市共抽取 13 所学校，其中农村学校 4 所，乡镇学校 3 所，县城学校 4 所，市区学校 2 所；毕节市共抽取 10 所学校，其中农村学校 3 所，乡镇学校 3 所，县城学校 2 所，市区学校 2 所；涵盖小学、初中、高中 3 个学段。实测回收有效问卷 2 019 份，回收率 78.62%。其中男教师 839 人，女教师 1 180 人；小学教师 774 人，初中教师 872 人，高中教师 373 人；农村学校教师 217 人，乡镇学校教师 689 人，县城学校教师 790 人，市区学校教师 323 人；教龄 1 ~ 5 年的教师 493 人，教龄 6 ~ 10 年的教师 235 人，教龄 11 ~ 15 年的教师 275 人，教龄 16 ~ 20 年的教师 334 人，教龄 20 年以上的教师 682 人；三级教师 111 人，二级教师 563 人，一级教师 1 029 人，高级教师 314 人，正高级教师 2 人；月工资收入为 1 000 ~ 3 000 元的教师 88 人，月工资收入为 3 001 ~ 5 000 元的教师 1 307 人，月工资收入为 5 001 ~ 8 000 元的教师 613 人，月工资收入为 8 000 元以上的教师 11 人。

（二）工具

1. 中小学教师职业压力问卷

采用朱从书，申继亮和刘加霞（2002）编制的《中小学教师职业压力问卷》，该问卷包括 6 个维度：考试压力维度、学生因素维度、自我发展维度、家庭人际维度、工作负荷维度和职业期望层维度,共 46 各项目。问卷采用 Likert 5 点计分方式,教师根据自己的真实情况在"没有压力"到"压力很大"的 5 点量表上进行选择。得分越高表示教师感受到的职业压力强度越大。在本研究中,中小学教师职业压力问卷的 Cronbach's α=0.96。

2. 中小学教师职业认同问卷

采用魏淑华、宋广文、张大均(2013)编制的《中小学教师职业认同量表》,该量表包含角色价值观、职业行为倾向、职业价值观、职业归属感四个维度,共 18 个项目。量表采用 Likert 5 点计分方式,教师根据自己的真实情况在"完全不符合"到"完全符合"的 5 点量表上进行选择。得分越高,表示教师的职业认同程度越高。在本研究中,中小学教师职业认同量表的 Cronbach's α=0.91。

3. 教师职业倦怠量表

采用李超平和汪海梅(2009)修订的简版《教师职业倦怠量表》,该量表包括情绪衰竭、去个性化、个人成就感低三个维度,共 15 个项目。本量表采用 Likert 7 点计分方式,调查对象根据自己的真实情况在"从不发生"到"每天发生"的 7 点量表上进行选择。得分越高表示教师的职业倦怠程度越高。在本研究中,职业倦怠量表的 Cronbach's α=0.87。

4. 主观幸福感量表

采用 Campbell 等人编制,姚春生、何耐灵和沈琪(1995)修订的《幸福感指数量表》,该量表包括总体情感指数和生活满意度指数两个部分,共 9 各项目。其中总体情感指数包含 8 个项目,生活满意度指数包含 1 个项目。量表采用 Likert 7 点计分方式,调查对象根据自己的生活感受在 7 点量表上进行选择。计算主观幸福感时,按总体情感指数得分权重为 1、生活度满意指数得分权重为 1.1 的原则进行相加。本研究中,幸福感指数量表的 Cronbach's α=0.92。

（三）施测过程

利用每个学校业务学习后的时间进行问卷调查。每个学校的问卷调查均由 10 名经过培训的大学生调查员进行,每名调查员负责对 8 ~ 15 名教师进行问卷调查。问卷调查前强调本次调查的匿名性、保密性,并且数据仅用于科学研究。要求教师根据自己真实的想法进行回答,回答完毕后立即回收问卷。

（四）数据筛选与处理

采用 SPSS 21.0 和 Mplus 7.2 软件对数据进行分析处理。

三、结果分析

（一）共同方法偏差控制与检验

本研究中通过被试自陈法收集的数据,可能存在共同方法偏差。因此,在问卷具体施测的过程中采取严格的程序控制(周浩,龙立荣,2004),强调本次问卷调查的匿名性、保密性,并且数据仅用于科学研究等。采用 Harman 单因子检验法对可能存在的共同方法偏差进行检验,结果表明特征值大于 1 的因子共 14 个,第一因子的变异解释率为 25.89%,小于 40% 的临界标准。说明本研究的共同方法偏差问题在允许的范围内。

（二）各变量描述统计结果及相关分析

中小学教师职业压力、职业认同、职业倦怠、主观幸福感描述性统计及相关结果可知:中小学教师的职业压力($M=3.28$, SD=0.76)、职业认同($M=3.87$, SD=0.57)、中小学教师职业倦怠($M=3.50$, SD=0.91)和主观幸福感($M=7.86$, SD=1.02)处于中等水平。中小学教师主观幸福感与职业压力($r=-0.45$, $p < 0.01$)、职业倦怠显著负相关($r=-0.58$, $p < 0.01$),与职业认同显著正相关

（ r=0.46， $p < 0.01$ ）；中小学教师职业倦怠与职业压力显著正相关（ r=0.46， $p < 0.01$ ），与职业认同显著负相关（ r=-0.49， $p < 0.01$ ）；中小学教师职业压力与职业认同显著负相关（ r=-0.13， $p < 0.01$ ）。

（三）中小学教师主观幸福感差异检验结果

对中小学教师主观幸福感进行差异检验，结果表明：女性教师的主观幸福感显著高于男性教师（ t_{2017}=-2.80， $p < 0.01$ ，Cohen's d=0.129 ）；未担任班主任的教师主观幸福感显著高于担任班主任的教师（ t_{2017}=-2.17， $p < 0.05$ ，Cohen's d=0.125 ）。不同学段（小学、初中、高中）教师的主观幸福感存在显著性差异（ $F_{2,2016}$=6.96， $p < 0.01$ ， η^2=0.07 ）；进一步事后检验表明小学教师的主观幸福感显著高于初中教师（ $p < 0.001$ ），高中教师的主观幸福感显著高于初中教师（ $p < 0.05$ ），小学教师的主观幸福感与高中教师无显著性差异（ $p > 0.05$ ）。不同月工资收入教师的主观幸福感存在显著性差异（ $F_{2,2015}$=23.10， $p < 0.001$ ， η^2=0.32 ）；进一步事后检验表明，4对平均数均存在显著性的差异（ $p < 0.001$ ），中小学教师的主观幸福感随着月工资收入的增加而显著提高。不同教龄教师的在主观幸福感存在显著性差异（ $F_{4,2014}$=3.19， $p < 0.05$ ， η^2=0.06 ）；进一步时候检验表明教龄1～5年教师的主观幸福感显著高于教龄为6～10年教师（ $p < 0.05$ ）及16～20年教师（ $p < 0.01$ ），教龄为20年以上教师的主观幸福感显著高于教龄为16～20年的教师（ $p < 0.01$ ），其他教龄教师之间无显著性差异。不同学校所在地（农村、乡镇、县城、城市）、不同职称教师主观幸福感无显著性差异。

（四）中小学教师职业压力对主观幸福感的影响：有调节的中介模型检验

根据叶宝娟和温忠麟（2014）提出的有调节的中介模型检

验程序进行检验。将所有变量标准化为 Z 分数,然后将职业压力与职业认同的 Z 分数相乘,形成交互项。首先检验职业压力对中小学教师主观幸福感的影响,运用 Mplus 7.0,通过结构方程建立职业压力与中小学教师主观幸福感的关系模型。模型的各项指标为:c^2/df =2.96,CFI=0.99,NNFI=0.98,RMSEA=0.03,SRMR=0.026。由于变量彼此之间关系允许自由估计,模型自由度为 0,模型为饱和模型。各项指标表明,数据对模型的拟合良好。在该模型中,职业压力显著负向预测中小学教师主观幸福感(γ=-0.448,t=-21.93,$p < 0.001$)。

接下来对有调节的中介模型进行检验,采用 Mplus 7.0,通过结构方程建立职业压力、职业认同、交互项(职业压力 × 职业认同)和职业倦怠与中小学教师主观幸福感的关系模型。模型的各项指标为:c^2/df =4.03,CFI=0.98,NNFI=0.97,RMSEA=0.05,SRMR=0.013。职业压力显著正向预测中小学教师职业倦怠(γ=0.408,t=22.80,$p < 0.001$),职业倦怠对中小学教师主观幸福感的效应显著(γ=-0.319,t=-12.74,$p < 0.001$)。职业倦怠中介效应 95% 的置信区间为 [-0.153,-0.106],置信区间不包括 0。因此,职业倦怠中介了职业压力对中小学教师主观幸福感的影响。假设 1 得到支持。由于职业压力对中小学教师主观幸福感的影响依然显著(γ=-0.266,t=-12.60,$p < 0.001$),因此,职业倦怠在职业压力与中小学教师主观幸福感之间起着部分中介的作用。同时,职业压力与职业认同交互项对中小学教师职业倦怠的效应显著(γ=-0.068,t=-3.22,$p < 0.01$)。因此,职业认同调节了职业压力→职业倦怠→中小学教师主观幸福感这一中介过程的前半路径。假设 2 得到支持。

为揭示职业认同如何调节职业压力与中小学教师职业倦怠之间的关系,绘制了职业压力与职业认同的交互作用图。使用简单斜率检验来进行简单效应分析,结果表明:对于职业认同较低的中小学教师(Z=-1),职业压力极为显著地影响了中小学教师职业倦怠(γ=0.476,t=21.42,$p < 0.001$);职业压力每增加一个

标准差,中小学教师职业倦怠就会上升 0.476 个标准差。对于职业认同较高的中小学教师(Z =1),虽然职业压力也显著影响中小学教师职业倦怠(γ =0.340, t =14.88, p < 0.001);但职业压力每增加一个标准差,职业倦怠仅升高 0.340 个标准差。这说明职业认同显著缓解了职业压力对中小学教师职业倦怠的消极影响(图9-1)。

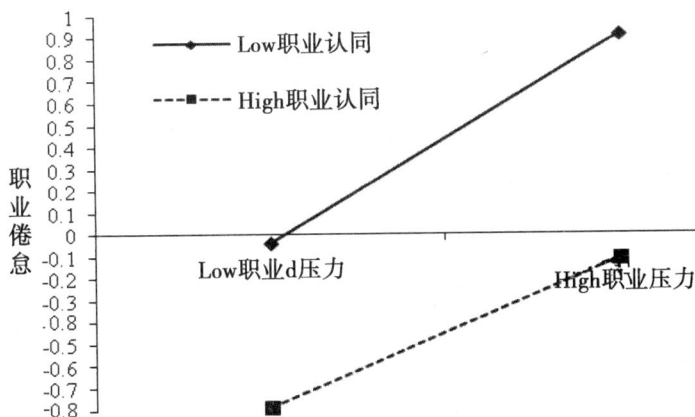

图 9-1　教师职业认同对职业压力与职业倦怠之间关系的调节作用图

四、讨论

(一)中小学教师主观幸福感现状分析

调查结果表明,中小学教师主观幸福感处于中等水平,中小学教师主观幸福感不容乐观。对不同人口学变量的中小学教师主观幸福感进行了进一步的检验,结果发现:在性别人口学变量上,女性教师的主观幸福感显著高于男性教师,与前人的研究结果相一致(傅俏俏,叶宝娟,2016),这可能说明女性较为认可教师职业的稳定性以及社会对女性教师具有较高的认同度。在是否担任班主任这一人口学变量上,未担任班主任教师的主观幸福感显著高于担任班主任;在中小学阶段,班主任一般而言比其他教师承受更多教学工作、升学压力与期望,因此也更容易产生较低的主观幸福感。在学段人口变量上小学教师和高中教师的主观幸福感显著高于初中教师,初中教师既要面对巨大的升学压力,又要面对正处于青春期的初中生,极易导致初中教师产生较多的消极情感体验,从而降低初中教师的主观幸福感。在月收入人口学变量上,中小学教师的主观幸福感随着月工资收入的增加而显著提高;研究表明,在我国现阶段个人收入与其主观幸福感呈正相关关系(邢占军,2011),较高的收入使得中小学教师在社会比较的过程产生向下比较,从而具备较高的主观幸福感。在教龄人口学变量上,教龄为 1 ~ 5 年和教龄为 20 年以上的中小学教师主观幸福感较高。教龄较短的中小学教师入职时间相对较短,工作本身更能给其带来新鲜感,更易获得更多的积极情绪体验,主观幸福感更高(李亚真,潘贤权,连榕,2010)。而教龄在 20 年以上的中小学教师,随着教学经验的累积、教学能力、职业声望的提高,他们在工作中获得的成就感更强,容易从工作中获得更多、更强烈的幸福感。

(二)职业压力对中小学教师主观幸福感的影响:有调节的中介模型

本研究发现职业倦怠中介了职业压力和中小学教师主观幸福感之间的关系。这与强调职业倦怠对教师幸福感重要影响作用的相关研究相一致(吴伟炯,刘毅,路红,谢雪贤,2012)。JD-R模型认为工作,要求能引发相对独立的压力过程,也称健康损伤过程或能量耗竭过程,即持续的工作要求耗竭工作者的身心资源,带来职业倦怠等问题,从而导致低幸福感等不良结果(Bakker & Demerouti,2013)。随着社会的发展,教师承担的角色日趋多样化与复杂化,广大中小学教师不但要面对繁重的教学任务还要面对灵活的培养目标以及社会与家长的过高期望。在长期压力过度的情况下,中小学教师极易产生以情感衰竭、人格解体和个人成就感低下为症状表现的职业倦怠。当职业倦怠不能得到有效的控制和缓解,就会对中小学教师的身心健康和生活质量产生消极影响,这其中一个重要的表现就是中小学教师体验较低的主观幸福感。

　　本研究还发现职业压力→职业倦怠→中小学教师主观幸福感这一中介过程的前半路径受到了职业认同的调节。工作要求和工作资源除了能引发单独的心理过程外,JD-R模型还认为工作要求和资源存在交互作用,会对职业倦怠和幸福感产生联合效应:即工作资源可能缓解工作要求对职业倦怠和幸福感的消极影响(Bakker & Demerouti,2013)。在现实生活中,对自身所从事职业具有积极认知、体验和行为倾向的中小学教师在面临职业压力时更容易产生内在的发展动力,并将个人的全方面力量都调动到教书育人的工作中来,感受工作带来的成就感、喜悦感,从而能收获更多的幸福感。本研究结果也与生态系统理论的观点不谋而合。生态系统理论认为个体的身心发展是外在环境和内在个体特质共同作用的结果,在相同的环境下,不同个体会有不同表现(Greenglass & Fiksenbaum,2009)。具体到本研究,在相同的职业压力(外在环境)下具有不同职业认同(个体特征)的中小学教师产生不同的职业倦怠进而体验到不同的主观幸福感。

　　整体而言,本研究探讨了职业压力"如何"影响中小学教师主观幸福感以及这种影响"何时"更强或更弱,结果验证了职业倦怠在职业压力和中小学教师主观幸福感之间的中介作用以及职业认同对这一中介前半段的调节作用。本研究结果对于理解中小学教师主观幸福感影响因素的作用机制和作用过程以及实践中有效提高中小学教师主观幸福感具有重要的启示作用。首先,中小学教师主观幸福感是风险性因素和保护性因素共同作用的结果,除职业压力和倦怠等风险性因素外,职业认同等个体资源是重要保护性因素;同时,本研究通过对教师个体内部因素——职业认同的探讨,将JD-R模型中社会支持等外部工作资源拓展到职业认同内部工作资源。其次,相关职能部门在提高中小学教师主观幸福感的过程中除了应该注意缓解职业压力和职业倦怠外,更应当切实提高中小学教师对自身所从事职业的认同度,使得广大中小学教师以更为积极的态度、行为、体验去应对教书育人过程中所遇到的困难。

本研究还存在不足之处：首先，采用横断研究探讨职业压力对中小学教师主观幸福感的影响可能不能反映最真实的情况，今后研究应该结合纵向追踪研究进行深入探讨。其次，工作资源还包括组织支持、社会支持等外部因素，以后可探讨这些因素是如何影响中小学教师主观幸福感。

五、结论

（1）中小学教师主观幸福感处于中等偏下水平，中小学教师主观幸福感在性别、是否担任班主任、月收入、教龄等人口学变量存在显著性差异。

（2）职业倦怠中介了职业压力与中小学教师主观幸福感之间的关系。

（3）职业认同调节了职业压力→职业倦怠→中小学教师主观幸福感这一中介过程的前半段。

第二节　组织支持感和职业认同对中小学教师工作满意度的影响机制

一、问题提出

教师工作满意度是教师对其工作与所从事职业，以及工作条件与状况的一种总体的、带有情绪色彩的感受与看法。作为影响教师专业发展的核心因素，有关教师工作满意度影响因素的研究已成为教师心理研究与教育研究的前沿领域。教师工作满意度具有重要的作用，不仅影响教师自身专业发展、身心健康、工作投入和工作绩效等，还会影响教师队伍的稳定性，甚至关系到学生是否能够全面健康成长。

在影响教师工作满意度的诸多因素中,组织支持感是研究者关注较多的因素之一。组织支持感,是指员工对组织如何看待他们的贡献并关心他们的利益的一种知觉和看法,即员工所感受到的来自组织方面的支持。组织支持感对工作满意度具有正向影响,能增加员工对组织的感情依附,提高员工对组织的承诺。实证方面的证据也表明组织支持感对教师工作满意度具有正向预测作用。

虽然前人的研究发现组织支持感能显著预测中小学教师工作满意度,但关于组织支持感"如何"影响中小学教师工作满意度的探究还不够深入。文献分析发现职业认同和职业倦怠可能是组织支持感与中小学教师工作满意度之间的中介变量。教师职业认同是教师对其职业及内化的职业角色的积极的认知、体验和行为倾向的综合体,是教师个体的一种与职业有关的积极的态度。研究表明,组织支持感能显著预测职业认同;同时,职业认同又能显著预测教师工作满意度。据此,提出研究假设1:职业认同中介了组织支持感对中小学教师工作满意度的影响。文献分析还发现职业倦怠也可能会中介组织支持感与中小学教师工作满意度之间的关系。教师职业倦怠,是指教师不能顺利应对工作压力时的一种极端反应,是教师伴随于长时期压力体验下而产生的情感、态度和行为的衰竭状态。研究表明,组织支持感能显著缓解情感衰竭、去个性化等典型职业倦怠症状;并且,职业倦怠对教师工作满意度也具有显著的预测作用。据此,提出研究假设2:职业倦怠中介了组织支持感对中小学教师工作满意度的影响。

职业认同和职业倦怠除了能单独中介组织支持感对教师工作满意度的影响外,还有可能形成中介链影响教师工作满意度。结合前文所述,组织支持感显著预测职业认同;并且,职业倦怠受到职业认同的影响;同时,职业倦怠又能显著影响教师工作满意度。这样就形成了一个中介链。据此提出研究假设3:组织支持感通过职业认同→职业倦怠这一中介链作用于中小学教师工作满意度。

综上所述,本研究主要目的有 2 个:1. 探究职业认同和职业倦怠是否能单独中介组织支持感对中小学教师工作满意度的影响;2. 检验组织支持感能否通过职业认同→职业倦怠这一中介链影响中小学教师工作满意度。通过对以上假设的检验可以进一步了解组织支持感"怎样"影响中小学教师工作满意度。为实践中提升中小学教师工作满意度提供可参考的依据。

二、研究方法

(一)调查对象

调查对象来源于贵州省贵阳市、遵义市、毕节市 3 地级市的 5 个县,抽取来自 34 所学校共 2 568 名中小学教师参与本次调查研究。为保证调查对象的多样性,在选取学校时大体按照 1∶1∶1∶1 的比例选取农村、乡镇、县城、市区的学校。贵阳市共抽取 11 所学校,其中农村学校 3 所,乡镇学校 3 所,县城学校 3 所,市区学校 2 所;遵义市共抽取 13 所学校,其中农村学校 4 所,乡镇学校 3 所,县城学校 4 所,市区学校 2 所;毕节市共抽取 10 所学校,其中农村学校 3 所,乡镇学校 3 所,县城学校 2 所,市区学校 2 所;涵盖小学、初中、高中三个学段。实测回收有效问卷 2 019 份,回收率78.62%。其中男教师839人,女教师 1 180 人;小学教师 774 人,初中教师 872 人,高中教师 373 人;农村学校教师 217 人,乡镇学校教师 689 人,县城学校教师 790 人,市区学校教师 323 人;教龄 1～5 年的教师 493 人,教龄 6～10 年的教师 235 人,教龄 11～15 年的教师 275 人,教龄 16～20 年的教师 334 人,教龄 20 年以上的教师 682 人;三级教师 111 人,二级教师 563 人,一级教师 1 029 人,高级教师 314 人,正高级教师 2 人;月工资收入为 1 000～3 000 元的教师 88 人,月工资收入为 3 001～5 000 元的教师 1 307 人,月工资收入为 5 001～8 000 元的教师 613 人,月工资收入为 8 000 元以上的教师 11 人。

（二）工具

1. 组织支持感量表

采自 Eisenberger et al.（1986）编制的《组织支持感量表》，该量表共 36 个项目，根据专家的意见进行符合施测情境的修改。参照前人的做法（倪昌红，叶仁荪，黄顺春，夏军，2013），选取这些题项中因子载荷最高的 8 个项目用来衡量教师的组织支持感。量表采用 Likert 5 点计分方式，教师根据自己的真实情况在"完全不符合"到"完全符合"的 5 点量表上进行选择。得分越高表示教师的工作满意度越高。在本研究中，组织支持感量表的 Cronbach's $\alpha=0.94$。

2. 中小学教师职业认同问卷

采用魏淑华，宋广文，张大均（2013）编制的《中小学教师职业认同量表》，该量表包含角色价值观、职业行为倾向、职业价值观、职业归属感四个维度，共 18 个项目。量表采用 Likert 5 点计分方式，教师根据自己的真实情况在"完全不符合"到"完全符合"的 5 点量表上进行选择。得分越高表示教师的职业认同程度越高。在本研究中，中小学教师职业认同量表的 Cronbach's $\alpha=0.91$。

3. 教师职业倦怠量表

采用李超平和汪海梅（2009）修订的《教师职业倦怠量表》（简版），该量表包括情绪衰竭、去个性化、个人成就感低三个维度，共 15 个项目。本量表采用 Likert 7 点计分方式，调查对象根据自己的真实情况在"从不发生"到"每天发生"的 7 点量表上进行选择。得分越高表示教师的职业倦怠程度越高。在本研究中，职业倦怠量表的 Cronbach's $\alpha=0.87$。

4. 工作满意度量表

采用 Agho 等（1992）编制的《整体工作满意度数量表》，并根据专家的意见进行符合施测情境的修改。该量表共包括 6 个项目,量表采用 Likert 5 点计分方式,教师根据自己的真实情况在"完全不符合"到"完全符合"的 5 点量表上进行选择。得分越高表示教师的工作满意度越高。本研究中,工作满意度量表的 Cronbach's α=0.87。

（三）施测过程

利用每个学校业务学习后的时间进行问卷调查。每个学校的问卷调查均由 10 名经过培训的大学生调查员进行,每名调查员负责对 8 ~ 15 名教师进行问卷调查。问卷调查前强调本次调查的匿名性、保密性,并且数据仅用于科学研究。要求教师根据自己真实的想法进行回答,回答完毕后立即回收问卷。

三、研究结果

（一）共同方法偏差控制与检验

本研究中通过被试自陈法收集数据,可能存在共同方法偏差。因此,在问卷具体施测的过程中采取严格的程序控制,强调本次问卷调查的匿名性、保密性,并且数据仅用于科学研究等。采用 Harman 单因子检验法对可能存在的共同方法偏差进行检验,结果表明特征值大于 1 的因子共 8 个;第一因子的变异解释率为 28.90%,小于 40% 的临界标准;说明本研究的共同方法偏差问题在允许的范围内。

（二）各变量描述统计结果及相关分析

中小学教师组织支持感、职业认同、职业倦怠、工作满意度描述性统计及相关结果可知:中小学教师的组织支持感（ M =2.99, SD =0.78）、职业倦怠（ M =3.43, SD =0.99）、职业认同（ M =3.77, SD =0.76）和工作满意度（ M =2.96, SD =0.78）处于中等水平。

中小学教师工作满意度与组织支持感（r=0.46，$p < 0.01$）、职业认同显著正相关（r=0.61，$p < 0.01$）、与职业倦怠显著负相关（r=-0.58，$p < 0.01$）；中小学教师职业认同与组织支持感显著正相关（r=0.33，$p < 0.01$）、与职业倦怠显著负相关（r=-0.45，$p < 0.01$）；中小学教师职业倦怠与组织支持感显著负相关（r=-0.35，$p < 0.01$）。

（三）中介效应检验

本研究根据温忠麟和叶宝娟（2014）推荐的中介效应检验流程进行分析，采取结构方程模型检验职业倦怠、职业认同在组织支持感和中小学教师工作满意度之间的中介效应。首先检验组织支持感对中小学教师工作满意度的影响，结果显示模型拟合良好：c^2/df=2.89，CFI=0.97，NNFI=0.95，RMSEA=0.048，SRMR=0.023。组织支持感能够显著正向预测中小学教师工作满意度（γ=0.46，t=26.35，$p < 0.001$）。

接下来对中介效应进行分析，样本数据对模型拟合良好：c^2/df=4.02，CFI=0.96，NNFI=0.94，RMSEA=0.049，SRMR=0.036。组织支持感显著正向预测职业认同（γ=0.33，t=14.76，$p < 0.001$）；职业认同显著正向预测中小学教师工作满意度（γ=0.39，t=17.03，$p < 0.001$）；采用 Bootstrap 法抽样 1 000 次计算职业认同在组织支持感与中小学教师工作满意度之间的中介效应，95% 的区间为［0.106，0.148］。因此，职业认同中介了组织支持感与中小学教师工作满意度之间的关系。中介效应量为 0.275，研究假设 1 得到验证。

组织支持感显著负向预测职业倦怠（γ=-0.23，t=-10.59，$p < 0.001$）；职业倦怠显著负向预测中小学教师工作满意度（γ=-0.32，t=-17.45，$p < 0.001$）。采用 Bootstrap 法抽样 1 000 次计算职业倦怠在组织支持感与中小学教师工作满意度之间的中介效应，95% 的区间为［0.061，0.091］。因此，职业倦怠中介了组织支持感与中小学教师工作满意度之间的关系。中介效应量为 0.163，研究假

设 2 得到验证。组织支持感显著正向预测职业认同（$\gamma=0.33$，$t=14.76$，$p<0.001$）；职业认同显著负向预测职业倦怠（$\gamma=-0.38$，$t=-16.75$，$p<0.001$）；职业倦怠显著负向预测中小学教师工作满意度（$\gamma=-0.32$，$t=-17.45$，$p<0.001$）。采用 Bootstrap 法抽样 1 000 次计算链式中介效应，95% 的区间为 $[0.032, 0.048]$。因此，组织支持感通过职业倦怠→职业认同这一中介链对中小学教师工作满意度产生作用。中介效应量为 0.087，研究假设 3 得到验证。

四、讨论

（一）职业认同的中介作用

本研究发现职业认同中介了组织支持感和中小学教师工作满意度之间的关系。这与强调职业认同对工作满意度重要影响作用的研究相一致。员工 – 组织关系（Employee-Organization Relationship）中的互惠原则认为组织支持感会使组织支持感会通过满足员工的尊重、认同、归属等社会情感需要而提升其对组织的投入热情，使他们产生强烈的组织归属感，并进一步产生一种为组织利益和组织目标达成做出贡献的责任感，促使他们用更高的工作积极性和更加努力的工作来回报组织。来自实证研究的证据也表明，组织支持感对员工积极工作态度和情绪的影响会通过员工归属感、认同感、成就感的满足而得以实现。

（二）职业倦怠的中介作用

研究结果表明职业倦怠在组织支持感与中小学教师工作满意度之间起中介作用。JD-R 模型认为组织支持等工作资源能引发独立的动机过程，有效缓解职业倦怠等问题，并进一步对工作满意度产生影响。具体到本研究中，对组织支持的感知能有效缓解中小学教师长期压力状态下的职业倦怠，并通过职业倦怠进一步作用于工作满意度。

（三）职业认同→职业倦怠中介链的作用

研究结果还表明职业认同和职业倦怠除了能各自单独中介组织支持感对中小学教师工作满意度的影响之外，还能形成中介链对工作满意度产生影响。即组织支持感通过职业认同→职业倦怠这一中介链作用于中小学教师工作满意度。黄旭、王钢和王德林的研究表明，组织支持感可以通过缓解职业倦怠进一步影响教师离职意向等工作态度。同时，职业认同又能显著缓解职业倦怠。这些研究均支持组织支持感可能通过职业认同→职业倦怠作用于中小学教师工作满意度。同时这也说明，组织支持感的作用过程可能具有多重路径，具有"不完全特异性"。

（四）研究的理论意义和实践作用

整体而言，本研究探讨了组织支持感如何影响中小学教师工作满意度，结果验证了职业认同和职业倦怠以及两者形成的中介链在组织支持感和中小学教师工作满意度之间的中介作用。本研究结果对于理解中小学教师工作满意度影响因素的作用机制以及实践中有效提高中小学教师工作满意度具有重要的启示作用。首先，本研究验证了组织支持感是中小学教师工作满意度的重要保护性因素，说明教师对组织支持的感知能显著提升自身的工作满意度；其次，前人的研究大多探讨组织支持感对结果变量的直接作用，缺少组织支持感对结果变量影响机制的研究；本研究通过对组织支持感作用机制的深入探究，深化了关于组织支持感影响小学教师工作满意度的作用机制的认识。最后，鉴于本研究揭示了中介效应量占总效应的比例超过一半及职业认同的中介效应量远大于职业倦怠，相关职能部门在提高中小学教师工作满意度的实践中除了应该注意切实加强对教师的支持外，更应当立足于教师本身所具有的个体资源：职业认同。例如，切实提高中小学教师对自身所从事职业的认同度,使广大中小学教师以更为积极的态度、行为、体验去感受教书育人过程中带来的成就感、喜悦感。

本研究还存在不足之处:首先,采用横断研究探讨组织支持感对中小学教师工作满意度的影响可能不能反映最真实的情况,今后研究应该结合纵向追踪研究进行深入探讨。其次,除了组织支持感等积极因素能影响工作满意度外,职业压力等消极因素也会影响工作满意度,以后可深入探讨这些因素能否对教师工作满意度产生联合效应。

五、结论

本研究采用问卷法探讨了组织支持感对中小学教师工作满意度的影响机制,通过对研究结果的分析和讨论,本研究得出以下结论。

(1)职业认同和职业倦怠分别中介了组织支持感对中小学教师工作满意度的影响。

(2)组织支持感还通过职业认同→职业倦怠这一中介链作用于中小学教师工作满意度。

第三节　职业压力和职业认同对中小学教师职业倦怠的影响过程研究

一、问题提出

教师职业倦怠是指教师不能顺利应对工作压力时的一种极端反应,是教师伴随长时期压力体验下而产生的情感、态度和行为的衰竭状态,包含情绪衰竭、去人性化、低个人成就感三个维度。其中,情绪衰竭是职业倦怠的核心成分,指由于身心资源过度透支而产生的极度衰竭的情绪、情感状态;去个性化通常表现为个体对工作的冷漠、消极、排斥、反抗态度;低个人成就感则指向个体对自我的负面评价,认为自己无法有效胜任工作,并感受到无助及低落的自尊。作为职业倦怠的高发人群,教师职业倦怠受到国内研究者的高度关注。职业倦怠不但危害教师的身心健康,阻碍教师的专业发展,降低教师的工作满意度进而进一步危害教师队伍的稳定性,更为重要的是职业倦怠还会影响学生的身心健康和健全人格,甚至关系到能否完成培养德智体美劳全面发展的社会主义建设者和接班人的时代重任。因此,有必要对教师职业倦怠的影响因素及其影响过程进行探讨。

在影响教师职业倦怠的诸多因素中,职业压力是研究者关注较多的因素之一。教师职业压力,是指在工作环境中使教师个人目标受到威胁的压力源长期、持续地作用于教师而使教师产生一系列生理、心理和行为反应的过程。中小学教师的职业压力和职业倦怠及两者之间的关系一直是教师教育研究的核心内容之一。无论是从职业倦怠的症状还是从职业倦怠成因上看,工作压力都是教师职业倦怠产生的主要因素。国内外的研究均表明,职业压力能显著正向预测教师职业倦怠,职业压力将导致教师出现情感衰竭和人格解体等职业倦怠典型症状,职业压力越大教师职业倦怠的程度就越严重。据此,提出研究假设1:职业压力显著负向预测中小学教师职业倦怠。其包括三个子假设:子假设1.1,职业压力显著负向预测中小学教师情绪衰竭;子假设1.2,职业压力显著负向预测中小学教师人格解体;子假设1.3,职业压力显著负向预测中小学教师低个人成就感。

虽然职业压力与职业倦怠联系紧密,但是职业压力与职业倦怠之间可能并非简单的线性关系。相关研究表明,心理资本、胜任力、教学效能感等教师个体内部资源也能有效缓解教师职业压力对职业倦怠的消极影响,对职业倦怠具有调节作用。JD-R 模型认为对职业倦怠的影响因素可归为两类:工作要求和工作资源。工作要求就是环境压力源,主要包括工作负荷、时间压力、工作职责、工家冲突、人际要求、情绪要求和物理环境等内容；工作资源涉及工作的物理、心理、社会和组织方面，主要由工作控制、社会支持、参与抉择、任务多样性、反馈奖赏等外部资源构成。工作要求和工作资源既会各自引发单独的心理过程，还存在交互作用，即对职业倦怠交互作用，从而对职业倦怠、幸福感等产生联合效应。作为影响教师身心健康、组织结果变量的重要内部因素，职业认同可能会调节职业压力对职业倦怠的影响。教师职业认同是教师对其职业及内化的职业角色的积极的认知、体验和行为倾向的综合体，是教师个体的一种与职业有关的积极的态度。研究表明，职业认同不但能显著负向教师预测职业倦怠，还会对教师工作满意度、离职意愿等产生影响。结合 JD-R 模型，提出研究假设 2：职业认同调节职业压力与中小学教师职业倦怠之间的关系。包括三个子假设：子假设 2.1，职业认同调节职业压力对中小学教师情绪衰竭的影响；子假设 2.2，职业认同调节职业压力对中小学教师去个性化的影响；子假设 2.3，职业认同调节职业压力对中小学教师低个人成就感的影响。

综上所述，本研究将通过调节模型对职业压力与中小学教师职业倦怠各个因子间的关系进行深入的探究，主要目的有 2 个：（1）职业压力是否能显著负向预测中小学教师职业倦怠各因子；（2）检验职业认同是否调节了职业压力对职业倦怠各因子的影响。通过对以上假设的检验可以进一步了解职业压力对职业倦怠各因子的影响，为实践中缓解中小学教师职业倦怠提供可参考的依据。

二、研究方法

（一）调查对象

调查对象来源于贵州省贵阳市、遵义市、毕节市 3 地级市的 5 个县，抽取来自 34 所学校共 2 568 名中小学教师参与本次调查研究。为保证调查对象的多样性，在选取学校时大体按照

1∶1∶1∶1 的比例选取农村、乡镇、县城、市区的学校。贵阳市共抽取 11 所学校，其中农村学校 3 所，乡镇学校 3 所，县城学校 3 所，市区学校 2 所；遵义市共抽取 13 所学校，其中农村学校 4 所，乡镇学校 3 所，县城学校 4 所，市区学校 2 所；毕节市共抽取 10 所学校，其中农村学校 3 所，乡镇学校 3 所，县城学校 2 所，市区学校 2 所；涵盖小学、初中、高中 3 个学段。实测回收有效问卷 2 019 份，回收率 78.62%。其中男教师 839 人，女教师 1 180 人；小学教师 774 人，初中教师 872 人，高中教师 373 人；农村学校教师 217 人，乡镇学校教师 689 人，县城学校教师 790 人，市区学校教师 323 人；教龄 1～5 年的教师 493 人，教龄 6～10 年的教师 235 人，教龄 11～15 年的教师 275 人，教龄 16～20 年的教师 334 人，教龄 20 年以上的教师 682 人。

（二）工具

1. 中小学教师职业压力问卷

采用朱从书、申继亮和刘加霞（2002）编制的《中小学教师职业压力问卷》，该问卷包括 6 个维度：考试压力维度、学生因素维度、自我发展维度、家庭人际维度、工作负荷维度和职业期望维度，共 46 各项目。问卷采用 Likert 5 点计分方式，教师根据自己的真实情况在"没有压力"到"压力很大"的 5 点量表上进行选择。得分越高表示教师感受到的职业压力强度越大。在本研究中，中小学教师职业压力问卷的 Cronbach's $\alpha=0.96$。

2. 中小学教师职业认同问卷

采用魏淑华、宋广文、张大均（2013）编制的《中小学教师职业认同量表》，该量表包含角色价值观、职业行为倾向、职业价值观、职业归属感四个维度，共 18 个项目。量表采用 Likert 5 点计分方式，教师根据自己的真实情况在"完全不符合"到"完全符合"的 5 点量表上进行选择。得分越高表示教师的职业认同程度越高。在本研究中,中小学教师职业认同量表的 Cronbach's $\alpha=0.91$。

3. 教师职业倦怠量表

采用李超平和汪海梅(2009)修订的《教师职业倦怠量表》(简版),该量表包括情绪衰竭、去个性化、个人成就感低三个维度,共15个项目。本量表采用 Likert 7 点计分方式,调查对象根据自己的真实情况在"从不发生"到"每天发生"的7点量表上进行选择。得分越高表示教师的职业倦怠程度越高。在本研究中,职业倦怠量表的 Cronbach's $\alpha=0.87$。

(三)施测过程

利用每个学校业务学习后的时间进行问卷调查。每个学校的问卷调查均由10名经过培训的大学生调查员进行,每名调查员负责对 8 ~ 15 名教师进行问卷调查。问卷调查前由主试宣读指导语,强调本次调查的匿名性、保密性,并且数据仅用于科学研究。要求教师根据自己真实的想法进行回答,回答完毕后立即回收问卷。

三、结果分析

(一)共同方法偏差控制与检验

本研究中通过自陈法收集数据,可能存在共同方法偏差。因此,在问卷具体施测的过程中强调问卷调查的匿名性、保密性以及数据仅用于科学研究等控制共同方法偏差。同时,采用 Harman 单因子检验法对可能存在的共同方法偏差进行检验,结果表明特征值大于1的因子共11个,第一因子的变异解释率为27.18%,小于40%的临界标准。

（二）各变量描述统计结果及相关分析

中小学教师职业压力、职业认同、职业倦怠各因子分的描述性统计及相关结果可知：中小学教师的职业压力（$M=3.28$，$SD=0.76$）、职业认同（$M=3.87$，$SD=0.57$）处于中等偏上水平。对职业倦怠各因子分进行排序，依次为：低个人成就感（$M=3.74$，$SD=1.23$），情绪衰竭（$M=3.70$，$SD=1.42$），去个性化（$M=3.18$，$SD=1.40$）。中小学教师职业压力与职业认同显著负相关（$r=-0.13$，$p<0.01$），中小学教师职业压力与职业倦怠各因子分均存在显著的相关关系，分别为：与情绪衰竭显著正相关（$r=0.64$，$p<0.01$）、与去个性化显著正相关（$r=0.50$，$p<0.01$）、与低个人成就感显著正相关（$r=0.05$，$p<0.05$）；中小学教师职业与情绪衰竭显著负相关（$r=-0.23$，$p<0.01$）、与去个性化显著负相关（$r=-0.43$，$p<0.01$）、与低个人成就感相关不显著（$r=-0.02$，$p>0.05$）。

（三）中小学教师职业倦怠的差异性检验结果

对中小学教师职业倦怠各因子进行差异检验，结果表明：男教师和女教师在职业倦怠各因子上不存在显著性差异（$p>0.05$）。担任班主任的教师在情绪衰竭上显著高于未担任班主任的教师（$t_{2017}=3.50$，$p<0.001$），但担任班主任的教师在低个人成就感上显著低于未担任班主任的教师（$t_{2017}=-3.04$，$p<0.01$）。不同学段教师（小学、初中、高中）的情绪衰竭（$F_{2,2016}=5.80$，$p<0.01$）和去个性化（$F_{2,2016}=5.30$，$p<0.01$）存在显著性差异；进一步事后检验表明高中教师的情绪衰竭显著高于小学教师和初中教师（$p<0.05$），小学教师与初中教师之间无显著性差异（$p>0.05$）；高中教师和初中教师的去个性化显著高于小学教师（$p<0.05$），初中教师和高中教师之间无显著性差异（$p>0.05$）。不同学校所在地（农村、乡镇、县城、市区）教师的情绪衰竭（$F_{3,2015}=6.66$，$p<0.001$）、去个性化（$F_{3,2015}=6.53$，$p<0.001$）存在显著性差

异,进一步事后检验表明市区学校教师的情绪衰竭显著高于乡镇学校教师和县城学校教师($p < 0.05$),农村学校教师的情绪衰竭显著高于乡镇学校教师和县城学校教师($p < 0.05$),其他无显著性差异($p > 0.05$);市区学校教师的去个性化显著高于农村学校教师、乡镇学校教师和县城学校教师($p < 0.05$),其他无显著性差异($p > 0.05$)。不同教龄教师的情绪衰竭($F_{4,2014}=7.61$,$p < 0.0001$)、去个性化($F_{4,2014}=5.43$,$p < 0.05$)、低个人成就感($F_{4,2014}=7.14$,$p < 0.001$)均存在显著性差异;进一步事后检验表明教龄 1 ~ 5 年教师的情绪衰竭显著低于其他教龄教师($p < 0.05$),其他教龄教师之间无显著性差异;教龄 20 年以上教师的去个性化显著低于教龄为 1 ~ 5 年、6 ~ 10 年、16 ~ 20 年教师($p < 0.05$),教龄 11 ~ 15 年教师显著低于 6 ~ 10 年教师,其他教龄教师之间无显著性差异;教龄 20 年以上教师的低个人成就感显著低于教龄为 1 ~ 5 年、6 ~ 10 年、11 ~ 15 年教师($p < 0.05$),教龄 16 ~ 20 年教师显著低于 1 ~ 5 年教师,其他教龄教师之间无显著性差异。

（四）职业压力对中小学教师职业倦怠各因子的影响：职业认同的调节效应

将所有变量标准化为 Z 分数,然后将职业压力与职业认同的 Z 分数相乘,形成交互项。首先检验职业压力对中小学教师职业倦怠各因子的影响,运用 Mplus 7.0,通过结构方程建立职业压力与中小学教师职业倦怠各因子的关系模型,模型各项指标拟合良好。结果表明:职业压力显著正向预测中小学教师情绪衰竭($\gamma=0.643$,$t=49.17$,$p < 0.001$);假设 1.1 得到支持。职业压力显著正向预测中小学教师去个性化($\gamma=0.496$,$t=29.55$,$p < 0.001$);假设 1.2 得到支持。职业压力显著正向预测中小学教师低个人成就感($\gamma=0.047$,$t=2.10$,$p < 0.05$);假设 1.3 得到支持。

接下来对职业认同的调节效应进行检验,采用 Mplus 7.0,

通过结构方程建立职业压力、职业认同、交互项(职业压力 × 职业认同)和中小学教师职业倦怠各因子的关系模型,模型各项指标拟合良好。对于情绪衰竭,职业压力显著正向预测中小学教师情绪衰竭(γ=0.624, t=35.85, $p < 0.001$),职业认同显著负向预测中小学教师情绪衰竭(γ=-0.149, t=-8.16, $p < 0.001$);同时,职业压力与职业认同交互项对中小学教师情绪衰竭的效应显著(γ=-0.033, t=-2.32, $p < 0.05$);假设 2.1 得到验证。对于去个性化,职业压力显著正向预测中小学教师去个性化(γ=0.453, t=23.60, $p < 0.001$),职业认同显著负向预测中小学教师去个性化(γ=-0.378, t=-19.49, $p < 0.001$);同时,职业压力与职业认同交互项对中小学教师去个性化的效应显著(γ=-0.159, t=-8.29, $p < 0.001$);假设 2.2 得到验证。对于个人成就感低,职业压力显著正向预测中小学教师个人成就感低(γ=-0.193, t=-8.05, $p < 0.001$),职业认同显著负向预测中小学教师低个人成就感(γ=-0.386, t=-15.90, $p < 0.001$);职业压力与职业认同交互项对中小学教师低个人成就感的效应不显著(γ=-0.024, t=0.96, $p > 0.05$);假设 2.3 未得到验证。

为揭示职业认同如何调节职业压力与中小学教师情绪衰竭、去个性化之间的关系,绘制了职业压力与职业认同的交互作用图。使用简单斜率检验来进行简单效应分析,结果表明:在情绪衰竭方面,对于职业认同较低的中小学教师(Z=-1),职业压力极为显著地影响了中小学教师情绪衰竭(γ=0.657, t=29.38, $p < 0.001$);职业压力每增加一个标准差,中小学教师情绪衰竭就会上升 0.657 个标准差。对于职业认同较高的中小学教师(Z=1),虽然职业压力也显著影响中小学教师情绪衰竭(γ=0.591, t=27.20, $p < 0.001$);但职业压力每增加一个标准差,情绪衰竭升高幅度下降,为 0.591 个标准差。这说明职业认同显著缓解了职业压力对中小学教师情绪衰竭的消极影响。

在去个性化上,对于职业认同较低的中小学教师(Z=-1),职业压力显著地影响了中小学教师去个性化(γ=0.612, t=26.74,

$p < 0.001$ ）；职业压力每增加一个标准差，中小学教师去个性化就会上升 0.612 个标准差。对于职业认同较高的中小学教师（$Z=1$），虽然职业压力也显著影响中小学教师去个性化（$\gamma=0.294$，$t=13.20$，$p < 0.001$ ）；但职业压力每增加一个标准差，去个性化仅升高 0.294 个标准差。这说明职业认同极为显著缓解了职业压力对中小学教师去个性化的消极影响。

四、讨论

（一）中小学教师职业倦怠现状分析

调查结果表明，中小学教师职业倦怠处于中等偏上水平，中小学教师职业倦怠情况不容乐观。对不同人口学变量的中小学教师职业倦怠进行进一步的检验，结果发现：在是否担任班主任这一人口学变量上，担任班主任教师的情绪衰竭显著高于未担任班主任的教师，担任班主任教师的个人成就感低显著低于未担任班主任的教师；在中小学阶段，一般而言班主任比其他教师要承受更多教学工作、升学压力与期望，还需要在班级管理、处理学生问题等任务上承担的责任，因此也更容易出现情绪衰竭的问题。但是，应该看到正是由于中小学班主任在帮助学生身心全面发展上付出了更多的心血，他们也更易在学生的每一次进步中收获满足感和成就感。因此，与未担任班主任的中小学教师相比，担任班主任的教师更不容易体验到低个人成就感。

在学段（小学、初中、高中）人口变量上，高中教师的情绪衰竭显著高于小学教师和初中教师（$p < 0.05$），高中教师和初中教师的去个性化显著高于小学教师（$p < 0.05$）。这可能是由于与小学教师相比，初中、高中教师需要面临巨大的升学压力，教学任务比较繁重，在巨大的压力下初、高中教师容易出现情绪衰竭和去个性化。在学校所在地（农村、乡镇、县城、市区）人口变量上，市区学校教师和农村学校的情绪衰竭显著高于乡镇学校教师和市区学校教师，市区学校教师的去个性化显著高于农村学校、乡镇

学校、县城学校教师。这说明市区学校的教师更容易出现情绪衰竭和去个性化等职业倦怠症状。这可能是由于市区学校班级容量较大,教师需要超额的精力付出才能较好的完成日常教学及班级管理工作;同时市区学校教师在职称评定上竞争更为激烈,市区学校教师承受的考试成绩评比和升学压力也较高。

在教龄人口学变量上,教龄为 1 ~ 5 年的教师在情绪衰竭上显著低于其他教龄段教师,与前人的研究结果相一致。这可能与年轻教师刚刚走上岗位,对工作充满了新鲜感,在工作中也更富热情、更有干劲有关。调查还发现,教龄为 20 年以上的教师相较于其他教龄段,不易出现去个性化和低个人成就感。这可能是教龄 20 年以上的教师已经适应学校环境,也较好的融入教师角色,从而获得更多的人际关系,并且工作能力也得到了显著的提升,能较好的处理与学生、家长、同事之间的关系,在工作上也受到更多的肯定。

（二）职业压力对中小学教师职业倦怠的预测作用

本研究发现职业压力显著负向预测中小学教师的情绪衰竭、去个性化、个人成就感低,职业压力是中小学教师职业倦怠的核心风险性因素。与强调职业压力对教师职业倦怠消极影响的研究相一致。随着社会的发展,教师承担的角色日趋多样化与复杂化,广大中小学教师不但要面对繁重的教学任务,还要面对灵活的培养目标以及社会与家长的过高期望。在长期压力过度的情况下,中小学教师极易出现情感衰竭、人格解体。当这种职业倦怠症状不能得到有效的控制和缓解,就会对中小学教师的身心健康和生活质量产生消极影响,进而可能进一步影响学生的身心健康和全面发展。

在职业压力与低个人成就感的相互关系上,虽然职业压力能显著正向预测个人成就感低,但是预测力很低。这也说明职业压力并不是中小学教师个人成就感低的主要原因。工作压力作为一种消极的工作场所特征,除了具有效应效果外,也具有正面的效果。控制理论认为工作压力创造了一种次优的情景,而这种次优的状态能够激发个体改善现状的动机,从而激励个体实施积极行为。中小学教师在职业压力下可以认识到了自身在促进学生全面发展、自我发展上与自己的预期目标存在差异,进而激发自己的工作热情,通过努力一步步实现自己的预期目标。在预期目标实现的过程中可以体验到了工作的价值,也可以提升自己对工作的胜任程度。

（三）职业压力对中小学教师职业倦怠的影响：职业认同的调节效应

本研究还发现职业压力对中小学教师情绪衰竭、去个性化的影响受到了职业认同的调节。JD-R 模型认为工作要求和资源存在交互作用,会对职业倦怠产生联合效应。在现实生活中,对自身所从事职业具有积极认知、体验和行为倾向的中小学教师在面临职业压力时更容易产生内在的发展动力,并将个人的全方面力量都调动到教书育人的工作中来,感受工作带来的收获感和喜悦感,从而有效缓解职业压力对中小学教师情绪衰竭和去个性化的消极影响。并且,根据 Greenglass 和 Fiksenbaum 的生态系统理论的观点,个体的身心发展是外在环境和内在个体特质共同作用的结果,在相同的环境下,不同个体会有不同表现,即在相同的职业压力（外在环境）下具有不同职业认同（个体特征）的中小学教师会产生不同的情绪衰竭和去个性化。

五、结论与建议

（一）结论

整体而言,本研究通过问卷法探讨了职业压力对中小学教师职业倦怠的影响以及这种影响"何时"更强或更弱,并得出以下结论：1. 中小学教师职业倦怠处于中等水平,各因子的大小排序为个人成就感低、情绪衰竭、去个性化；2.职业压力显著正向预测情绪衰竭、去个性化和低个人成就感；3.职业认同有效缓解了职业压力对中小学教师情绪衰竭、去个性化的消极影响。本研究结果对于理解中小学教师职业倦怠影响因素的作用过程具有一定的启示作用。

（二）建议

各部门、各学校应切实减轻中小学教师工作压力。教师职业被公认为是一种高强度、高压力的职业，广大中小学教师既要承受来自考试升学、教学、学生管理、职称评定、考核等方面所带来的压力，还要承受来自各种工作评比、检查等方面带来的压力。更有甚者，某些地方的教师还要完成本不属于自身工作职责的脱贫攻坚、扶贫等任务，给教师带来了很大的压力。减轻教师的工作压力有以下两个需要重点关注的问题：首先，各级政府和教育主管部门应当让教师回归教学、回归课堂，切实减少教师的"非教学工作"；其次，学校层面应把握适度原则并充分考虑教师的个体差异，在保证教师身心健康的基础上，关注教师的个人能力及性格特征，考虑教师的最近发展区，为教师安排具有挑战性、切实可行的工作任务。

教师应以职业认同为切入点，积极开发个人资源。教师的身心发展是外在环境和内在个体特质共同作用的结果。职业认同度高的教师即使在较高的职业压力下也不易出现情绪衰竭、去个性化等职业倦怠症状。提升职业认同关键在教师本身，教师应该努力做到以下几点：首先，教师应当正确认识自身的职业角色，将教育工作树立为自己终生为之奋斗的事业，关心自身在教育教学工作中获得的发展；其次，教师要不断肯定教师职业的职业价值，积极主动地投身于教育事业，在付出和给予的过程中找寻获得感和生活的意义；第三，教师应结合自身的能力、素质、个性等情况，制定合理的职业生涯规划，使其成为自主追求职业发展的指向和动力。

　　加强教师支持体系建设,增强对教师的支持力度。加强教师支持体系建设应从以下几方面着手:第一,增强政府层面对教师的支持。政府需要保证教师的合理待遇,充分体现教师的劳动价值;除此之外,政府层面还应在社会上大力营造尊师重教的社会风尚,提高教师的职业声望,使教师获得应有的尊重;第二,提高学校层面对教师的支持。学校既应当加大对教师工作上的支持,努力解决教师在教育、教学工作中遇到的实际困难,并多为教师提供进修、学习的机会;更应当注重对教师的情感性支持,给予教师情感上的支持和安慰,帮助教师有效缓解工作压力以及合理宣泄负面情绪,鼓励和肯定教师取得的每一次进步;第三,发展家庭成员对教师的支持。通过提升教师的政治地位、社会地位、职业地位来实现家庭成员对教师职业的认同度,从而增加家庭成员对教师的支持力度。

参考文献

[1]Agho A O, Price J L, Mueller C W. Discriminant validity of measures of job satisfaction, positive affectivity and negative affectivity[J]. Journal of Occupational and Organizational Psychology, 1992, 65 (3): 185-195.

[2]Avey J B, Reichard R J, Luthans F, et al. Meta-analysis of the impact of positive psychological capital on employee attitudes, behaviors, and performance[J].Human Resource Development Quarterly, 2011, 22 (2): 127-152.

[3]Bakker A, Demerouti E. Job demands-resources model[J]. Revista de Psicolog í a del Trabajoy de las Organizaciones, 2013, 29 (3): 107-115.

[4]Bao X, Pan W, Shi M, et al. Life Satisfaction and Mental Health in Chinese Adults[J]. Social Behavior & Personality An International Journal, 2013, 41 (10): 1597-1604.

[5]Boyle G J, Joss-Reid J M . Relationship of humour to health: A psychometric investigation[J]. British Journal of Health Psychology, 2004, (9): 51-66.

[6]Brouwers André, Welko T, Huibrecht B. Job demands, job control, social support and self-efficacy beliefs as determinants of burnout among physical education teachers[J]. Europe's Journal of Psychology, 2011, 7 (1): 17-39.

[7]Demerouti E, Bakker A B, Nachreiner F, et al. The job demands-resources model of burnout[J]. Journal of Applied

Psychology,2001,86（3）: 499-512.

[8]Diener E.Subjective Well-Being[J]. Psychology Bulletin, 1984,95（3）: 542-575.

[9]Diener E. Subjective well-being: The science of happiness and a proposal for a national index[J]. American Psychologist,2000,55（1）: 34-43.

[10]Diener E D, Emmons R A, Larsen RJ, et al. The satisfaction with life scale[J]. Journal of personality assessment, 1985,49（1）: 71-75

[11]Diener E. D, Napa Scollon C, Lucas R E. The evolving concept of subjective.well-being: The multifaceted nature of happiness[J]. Advances in Cell Aging and Gerontology,2003（15）: 187 -219.

[12]Eisenberger R, Armeli S, Rexwinkel B, et al. Reciprocation of perceived organizational support.[J]. Journal of Applied Psychology,2001,86（1）: 42-51.

[13]Esther R. Greenglass, Lisa Fiksenbaum. Proactive Coping, Positive Affect, and Well-Being: Testing for Mediation Using Path Analysis[J]. european psychologist,2009,14（1）: 29-39.

[14]Fay D, Sonnentag S. Rethinking the Effects of Stressors: A Longitudinal Study on Personal Initiative[J]. Journal of Occupational Health Psychology,2002,7（3）: 221.

[15]Fisherman S. Emotional Well-Being as a Function of Professional Identity and Burnout among Homeroom and Subject Teachers.Research Journal of Education,2015,1（5）: 64-78.

[16]Fredrickson BL.The role of positive emotions in positive psychology. The broaden and-build theory of positive emotions[J]. Americanpsychologist,2004,359（1449）: 1367-1377.

[17]Fulya Cenkseven-Onder, Mediha Sari. The Quality of

School Life and Burnout as Predictors of Subjective Well-Being among Teachers[J].Educational Sciences Theory and Practice, 2009,9（3）: 1223-1235.

[18]Greenglass E R, Fiksenbaum L. Proactive coping, positive affect, and well-being: Testing for mediation using path analysis. European Psychologist,2009,14（1）: 29-39.

[19]Hakanen J J, Riku Perhoniemi T T. Positive gain spirals at work: From job resources to work engagement, personal initiative and work-unit innovativeness[J].Journal of vocational behavior,2008,73（1）: 78-91.

[20]Haque MA, Nargi A. Relationship between job stress and burnout: O rganizational support and creativity as predictor variables. Pakistan Journal of Psychological Research,2003,18（3）: 139-149

[21]Kalliath T J, O'Driscoll M P, Gillespie D F, et al. A test of the Maslach Burnout Inventory in three samples of health professionals[J]. Work & Stress,2000,14（1）: 35-50.

[22]Kelly W E. An Investigation of Worry and Sense of Humor[J]. The Journal of Psychology Interdiplinary and Applied, 2002,136（6）: 657-666.

[23]Klassen, Robert M. Effects on Teachers' Self-Efficacy and Job Satisfaction: Teacher Gender, Years of Experience, and Job Stress[J]. journal of educational psychology,2010,102（3）: 741-756.

[24]Kyriacou C, Sutcliffe J. Teacher Stress: Prevalence, Source, and Symptoms[J]. British Journal of Educational Psychology,1978,48（2）: 159-167.

[25]Lingard H, Francis V. Does a supportive work environment moderate the relationship between work-family conflict and burnout among construction professionals?[J].

Construction Management and Economics, 2006, 24: 185-196.

[26]Lu L, Shiau C, Cooper C L. Occupational stress in clinical nurses[J]. Counselling Psychology Quarterly, 1997, 10 (1): 39-50.

[27]Luthans F, Youssef C M. Human Social and now positive psychological capital management: investing in people for competitiveadvantage[J]. Organizational Dynamics, 2004, 33 (2): 143-160.

[28]Maele D V, Houtte M V. The role of teacher and faculty trust in forming teachers job satisfaction: Do years of experience make a difference?[J]. Teaching and Teacher Education, 2012, 28 (6): 879-889.

[29]Martin R A. Humor, laughter, and Physical Health: methodological issues and research findings[J]. Psychological Bulletin, 2001, 127 (4): 504-519.

[30]Maslach C, Jackson S E. The measurement of experienced burnout[J]. Journal of Organizational Behavior, 1981, 2 (2): 99-113.

[31]Maslach C, Schaufeli W B, Leiter M P. Job Burn Out [J]. Annual Review of Psychology. 2001, 52: 397-422.

[32]Milfont T L, Denny S, Ameratunga S, et al. Burnout and Wellbeing: Testing the Copenhagen Burnout Inventory in New Zealand Teachers[J]. Social Indicators Research, 2008, 89 (1): 169-177.

[33]Panatik S A B, Badri S K Z, Rajab A, et al. The Impact of Work Family Conflict on Psychological Well-Being among School Teachers in Malaysia[J]. Procedia Social & Behavioral Sciences, 2011, 29 (none): 1500-1507.

[34]Rodgers-Jenkinson F, Chapman D W. Job satisfaction of Jamaican elementary school teachers[J]. International Review of

Education,1990,36（3）：299-313.

[35]Johnson D C. Avowed Happiness as an Overall Assessment of the Quality of Life[J]. Social Indicators Research, 1978,5（4）：475-492.

[36]Stinglhamber F, Vandenberghe C. Favorable Job Conditions and Perceived Support：The Role of Organizations and Supervisors1[J]. Journal of Applied Social Psychology,2006,34（7）：1470-1493.

[37]Watson, David. Intraindividual and interindividual analyses of positive and negative affect：Their relation to health complaints, perceived stress, and daily activities[J]. Journal of Personality and Social Psychology,1988,54（6）：1020-1030.

[38]White M P, Dolan P. Accounting for the richness of daily activities[J]. Psychological Science,2010,20（8）：1 000-1008.

[39]Wilmar B. Schaufeli, Toon W. Taris. A Critical Review of the Job Demands-Resources Model：Implications for Improving Work and Health.Bridging Occupational[J]. Organizational and Public Health,2014：43-68.

[40]曹丽梓.高职教师职业倦怠与主观幸福感外部影响因素的相关研究综述[D].武汉：华中师范大学,2008.

[41]曾芊,曾轼.广东高校退休教师生活满意度水平调查分析[J].广州体育学院学报,2001,21（04）：50-52.

[42]曾瑜.成都市中学教师职业幸福感研究[D].重庆：西南大学,2007.

[43]陈露丹.高中教师情绪工作、心理资本与职业幸福感的关系研究[D].长沙：湖南师范大学,2015.

[44]陈晓晨,翟冬梅,林丹华.小学教师生活、工作满意度与职业枯竭的关系[J].中国健康心理学杂志,2008,16（01）：98-100.

[45]陈学金,邓艳红.近年来国内教师幸福感的研究述评[J].

教育导刊(上半月),2009（03）:25-28.

[46] 邓坚阳,程雯.教师主观幸福感的影响因素及其增进策略 [J].教育科学研究,2009（4）:70-72.

[47] 丁亚坤.乡村小学教师积极情绪与职业倦怠的研究 [D].石家庄:河北师范大学,2016.

[48] 杜娟.高校教师积极情绪、个人资源与职业倦怠的关系 [D].西安:陕西师范大学,2011.

[49] 冯伯麟.教师工作满意度及其影响因素的研究 [J].教育研究,1996（2）:42-49.

[50] 傅俏俏,叶宝娟.中小学教师职业压力与主观幸福感的关系研究[J].集美大学学报(教育科学版),2016,17(06):6 ~ 10.

[51] 甘雄.中小学教师工作满意度研究综述 [J].教育与教学研究,2010,24（07）:50-59.

[52] 公丕民,博世杰,李建伟,等.高校教师主观幸福感研究 [J].中国健康心理学杂志,2008（01）:34-35.

[53] 郭俊林.高校教师工作压力与组织支持感关系研究 [D].南昌:华东交通大学,2009.

[54] 郝天侠.高校教师组织支持感、组织情感承诺及组织公民行为关系研究 [J].西北大学学报(哲学社会科学版),2011,41（2）:173-175.

[55] 胡国华,朱勇军,王颖.幼儿教师生活质量的影响因素分析——教师自我决定、职业压力和工作满意度之间的构造关系 [J].教育理论与实践,2018,38（26）:45-47.

[56] 胡维芳,刘慧莲.初中教师组织支持感与工作投入的实证研究 [J].江苏教育,2016（62）:27-30.

[57] 胡忠英.教师幸福感结构的实证研究 [J].全球教育展望,2015（04）:88-96.

[58] 华唯砚.中小学教师职业压力现状分析及探讨 [J].南方农机,2018,49（01）:129-131.

[59] 黄海军,高中华.心理支持对中小学教师工作和生活满

意度的影响研究 [J]. 中国人民大学教育学刊,2011（02）：129-143.

[60] 黄旭,王钢,王德林.幼儿教师组织支持和职业压力对离职意向的影响：职业倦怠的中介作用 [J]. 心理与行为研究,2017（04）：98-105.

[61] 黄依林,刘海燕.教师职业压力研究综述 [J]. 教育探索,2006（06）：117-119.

[62] 黄益远.关于中小学教师职业压力的研究 [J]. 教学与管理,2002（33）：9-10.

[63] 姬杨.高校教师主观幸福感及与人格特征的关系研究 [D]. 东北师范大学 2007.

[64] 姜艳.教师职业幸福感研究 [J]. 思想理论教育（上半月综合版）,2008,（09）：75-78.

[65] 姜永杰.大学生主观幸福感的测量研究 [J]. 心理科学,2007,30（6）：1460-1462.

[66] 姜勇,钱琴珍,鄢超云.教师工作满意度的影响因素结构模型研究 [J]. 心理科学,2006（01）：164-166.

[67] 金梦.中小学教师职业认同、心理资本与工作投入的关系研究 [D]. 南京师范大学,2015.

[68] 李昌庆.滇西北乡村教师的积极认知状态及其提升策略 [J]. 现代教育科学,2018,（02）：84-89.

[69] 李超平,汪海梅.时间管理与教师工作倦怠的关系 [J]. 中国临床心理学杂志,2009（01）：110-112.

[70] 李郭保.农村初中教师职业幸福感的调查研究 [D]. 上海：华东师范大学,2007.

[71] 李金波,许百华,左伍衡.影响工作倦怠形成的组织情境因素分析 [J]. 中国临床心理学杂志,2006（2）：146-149.

[72] 李力,郑治国,廖晓明.高校教师职业心理资本结构的实证研究 [J]. 心理学探新,2015,35（06）：534-540.

[73] 李明军.中小学教师工作家庭冲突、职业倦怠与生活满

意度的关系 [J]. 中国健康教育, 2015, 000（009）: 830-832, 845.

[74] 李倩, 王传美. 我国中小学教师职业认同研究的元分析 [J]. 教育研究与实验, 2018（4）: 93-96.

[75] 李亚真, 潘贤权, 连榕. 新手—熟手—专家型教师主观幸福感与教学动机的研究 [J]. 心理科学, 2010（3）: 705-707.

[76] 李永鑫, 张阔, 赵国祥, 等. 教师工作倦怠研究综述 [J]. 心理与行为研究, 2005, 3（3）: 234-238.

[77] 李悠. 农村幼儿教师职业倦怠的特点及其与主观幸福感的关系 [D]. 济南: 山东师范大学, 2012.

[78] 梁拴荣, 胡卫平, 贾宏燕, 梁晓燕. 教师组织支持感与组织公民行为的关系: 教师组织认同的中介作用 [J]. 江西师范大学学报（哲学社会科学版）, 2014（05）: 119-125.

[79] 林赞歌, 连榕, 邓远平, 等. 制造业员工社会支持、职业倦怠与生活满意度的关系 [J]. 心理与行为研究, 2017, 15（01）: 108-112.

[80] 刘旺, 冯建新, 刘鸣, 等. 高中教师的工作家庭冲突: 特点及其对生活满意度的影响 [J]. 中国特殊教育, 2010（03）: 79-83.

[81] 刘伟, 张棉好. 中职教师职业认同对工作投入影响的实证研究 [J]. 当代职业教育, 2019（04）: 68-78.

[82] 刘晓明. 职业压力、教学效能感与中小学教师职业倦怠的关系 [J]. 心理发展与教育, 2004, 20（2）: 56-61.

[83] 刘旭, 刘志军, 王艳, 等. 心理资本对农村中小学教师生活满意度的影响 [J]. 中国健康心理学杂志, 2017, 025（010）: 1523-1526.

[84] 刘毅, 吴宇驹, 邢强. 教师压力影响职业倦怠: 教学效能感的调节作用 [J]. 心理发展与教育, 2009, 25（01）: 108-113.

[85] 罗杰, 周瑗, 陈维, 等. 教师职业认同与情感承诺的关系: 工作满意度的中介作用 [J]. 心理发展与教育, 2014（03）: 100-106.

[86] 马佳.觉知训练对中学教师生活满意度的干预研究 [D].曲阜:曲阜师范大学,2012.

[87] 马元广,贾文芝.负性生活事件对生活满意度的影响:解释性乐观的调节作用 [J].中国健康心理学杂志,2017,25（01）:76-79.

[88] 缪佩君,谢姗姗,陈则飞,等.幼儿教师心理弹性与职业倦怠的关系:大五人格的中介效应 [J].心理与行为研究,2018（4）:512-517.

[89] 穆洪华,胡咏梅,刘红云.中学教师工作满意度及其影响因素研究 [J].教育学报,2016,12（2）:71-80.

[90] 倪昌红,叶仁荪,黄顺春,等.工作群体的组织支持感与群体离职:群体心理安全感与群体凝聚力的中介作用 [J].管理评论,2013,25（05）:92-101.

[91] 宁嘉鹏.心理资本对中小学教师幸福感影响研究 [D].曲阜:曲阜师范大学,2017.

[92] 欧阳慧琴.上海市初中教师职业认同现状与改善研究 [D].上海:上海师范大学,2019.

[93] 乔爽.小学教师职业幸福感与时间管理、职业认同的关系 [D].北京:首都师范大学,2012.

[94] 邱林,郑雪,王雁飞.积极情感消极情感量表（PANAS）的修订 [J].应用心理学,2008（03）:59-64.

[95] 邵芳.组织支持理论研究评述与未来展望 [J].经济管理,2014（2）:189-199.

[96] 沈虹.普通高中教师工作压力、职业倦怠与主观幸福感的关系研究 [D].武汉:华中师范大学,2013.

[97] 石梅.中学教师积极心理与工作满意度关系:心理适应性的中介作用 [D].临汾:陕西师范大学,2016.

[98] 石瑶.陕西省高校教师工作压力及组织支持对策研究 [D].西安:西安科技大学,2009.

[99] 宋广文,魏淑华.影响教师职业认同的相关因素分析 [J].

心理发展与教育,2006,22（1）:80-86.

[100] 苏可媛.高中教师职业压力、情绪调节、情感与睡眠质量的关系研究 [D].哈尔滨:哈尔滨工程大学,2006.

[101] 孙汉银,李虹,林崇德等.中学教师的工作满意度状况及其相关因素 [J].心理与行为研究,2008,6（4）:260-265.

[102] 孙慧.关于教师职业压力负面影响的研究 [J].教育探索,2004（10）:101-103.

[103] 孙钰华.教师职业认同对教师幸福感的影响 [J].宁波大学学报:教育科学版,2008（05）:75-78.

[104] 孙钰华,魏淑华,宋广文.国外教师职业认同研究综述 [J].比较教育研究,2005（05）:63-68.

[105] 谭翠翠.中小学教师职业压力、情绪智力与职业幸福感的关系研究 [D].长沙:湖南师范大学,2019.

[106] 汤国杰.普通高校体育教师职业认同与工作满意度的关系研究 [J].心理科学,2009,32（002）:475-477.

[107] 唐芳贵,蒋莉,肖志成.国外教师职业倦怠研究述评 [J].教育与职业,2005（05）:65-67.

[108] 唐志强.小学教师的心理压力、社会支持与主观幸福感的关系 [J].天津师范大学学报(基础教育版),2012（01）:70-74.

[109] 田荷梅,秦启文.中学教师幸福感状况及与社会支持的相关性 [J].中国组织工程研究,2007,011（017）:3270-3272.

[110] 万晓红,黄月胜,莫勃.高校教师组织支持感与组织承诺关系研究 [J].社会心理科学,2009（02）:49-52.

[111] 王晨.中小学教师职业压力分析及应对措施研究 [D].青岛:青岛大学,2019.

[112] 王钢,张大均,刘先强.幼儿教师职业压力、心理资本和职业认同对职业幸福感的影响机制 [J].心理发展与教育,2014,30（04）:442-448.

[113] 王钢,黄旭,张大均.幼儿教师职业压力和心理资本对职业幸福感的影响:应对方式和文化的作用 [J].心理与行为研

究,2017,15（001）:83-91,120.

[114] 王海涛.教师职业认同、职业倦怠与职业幸福感的关系研究 [D].海口:海南师范大学,2019.

[115] 王洪明.市郊中小学教师幸福感调查 [J].中国健康心理学杂志,2006（05）:30-32.

[116] 王洁.中职教师工作满意度、工作特征和心理资本的关系研究 [D].天津:天津职业技术师范大学,2015.

[117] 王金霞,王吉春.高校青年教师生活满意度及其影响因素研究 [J].太原城市职业技术学院学报,2014（08）:28-29.

[118] 王静.国内教师心理资本研究综述 [J].教育文化论坛,2014,06（02）:103-105.

[119] 王黎华,徐长江.组织支持感对中小学教师幸福感与工作倦怠的影响 [J].中国临床心理学杂志,2008,16（06）:574-575,578.

[120] 王梅.小学教师职业幸福感研究——以上海泰州地区为例 [D].上海:华东师范大学,2007.

[121] 王世华.高校校报编辑压力、职业倦怠与主观幸福感的关系研究 [D].重庆:西南大学,2010.

[122] 王文增,郭黎岩.中小学教师职业压力、职业倦怠与心理健康研究 [J].中国临床心理学杂志,2007,15（02）:146-148.

[123] 王艳红,荆玉梅.职业压力在高校教师自我效能感与生活满意度间中介作用 [J].湖北师范大学学报（哲学社会科学版）,2019,39（6）:136-141.

[124] 王雨露.农村中小学教师生活满意度与社会支持、应对方式的相关性研究 [J].中国健康心理学杂志,2001（05）:445-447.

[125] 魏德样.我国中学体育教师心理资本的理论与实证研究 [D].福建:福建师范大学,2012.

[126] 魏淑华.教师职业认同研究 [D].重庆:西南大学,2008.

[127] 魏淑华,宋广文.国外教师职业认同研究综述 [J].比较

教育研究,2005（05）: 63-68.

[128] 魏淑华,宋广文,张大均.我国中小学教师职业认同的结构与量表[J].教师教育研究,2013,25（01）: 55-60.

[129] 魏淑华,山显光.国外教师职业认同的研究现状[J].外国教育研究,2005（03）: 16-18.

[130] 温忠麟,叶宝娟.中介效应分析方法和模型发展[J].心理科学进展,2014,22（5）: 731-745.

[131] 吴伟炯,刘毅,路红,等.本土心理资本与职业幸福感的关系[J].心理学报,2012,44（10）: 1349-1370.

[132] 邢占军.我国居民收入与幸福感关系的研究[J].社会学研究,2011（01）: 196-219.

[133] 熊红星,张璟,叶宝娟,等.共同方法变异的影响及其统计控制途径的模型分析[J].心理科学进展,2012,20（05）: 757-769.

[134] 徐富明.中小学教师的工作压力现状及其与职业倦怠的关系[J].中国临床心理学杂志,2003,11（03）: 195-197.

[135] 徐富明,申继亮.中小学教师工作满意度的研究及其提高对策[J].教育科学研究,2001（9）: 23-26.

[136] 徐富明,朱从书,黄文锋,等.中小学教师职业倦怠的相关因素探究[J].中国心理卫生杂志,2005,19（05）: 324-326.

[137] 徐晓锋,车宏生,陈慧.组织支持理论及其对管理的启示[J].中国人力资源开发,2004（05）: 20-22.

[138] 徐晓宁.中小学教师职业压力、社会支持与职业倦怠的关系[D].长春: 东北师范大学,2005.

[139] 徐志勇,赵志红.北京市小学教师工作满意度实证研究[J].教师教育研究,2012,24（01）: 85-92.

[140] 闫芳芳.城乡小学教师的职业压力、社会支持与职业倦怠的关系研究[D].武汉: 华中师范大学,2014.

[141] 杨玲,付超,赵鑫,等.职业倦怠在中小学教师工作家庭冲突与主观幸福感间的中介效应分析[J].中国临床心理学杂志,

2015,23（2）：330-335.

[142] 杨婉秋．中小学教师主观幸福感研究 [J].中国健康心理学杂志,2003,11（4）：243-244.

[143] 杨小雨．中小学教师心理资本、职业认同与情绪劳动策略的关系研究 [D].深圳：深圳大学,2018.

[144] 姚春生,何耐灵,沈琪．老年大学学员主观幸福感及有关因素分析 [J].中国心理卫生杂志,1995,9（6）：256-257.

[145] 姚计海,管海娟．中小学教师情绪智力与职业倦怠的关系研究 [J].教育学报,2013（03）：102-112.

[146] 衣新发,赵倩,胡卫平,等．中国教师心理健康状况的横断历史研究：1994—2011[J].北京师范大学学报(社会科学版),2014（03）：13-23.

[147] 于皎．工作家庭冲突与中学教师工作满意度、生活满意度的关系——组织支持感的调节作用 [D].北京：中国人民大学,2011.

[148] 亚平,冀东莹．幼儿园教师工作家庭冲突特点及与职业倦怠的关系 [J].学前教育研究,2017（01）：24-34.

[149] 张传月,赵守盈．小学教师主观幸福感现状调查研究 [J].教育导刊(上半月),2007,（06）：49-51.

[150] 张大均,王鑫强．心理健康与心理素质的关系：内涵结构分析 [J].西南大学学报(社会科学版),2012,38（3）：069-074.

[151] 张国礼,边玉芳,董奇．中小学教师教学素养、工作压力、主观幸福感的关系 [J].中国特殊教育,2012（04）：89-92.

[152] 张昊智．中学教师心理契约、组织支持感与职业倦怠的关系研究 [D].长春：东北师范大学,2009.

[153] 张金涛．幼儿教师组织支持感、职业承诺对于离职倾向的影响研究 [D].南昌：江西科技师范大学,2019.

[154] 张晶．中小学教师职业认同对职业倦怠的影响研究 [D].太原：山西财经大学,2019.

[155] 张丽华,王丹,白学军．国外教师职业倦怠影响因素研

究新进展 [J]. 心理科学,2007（02）: 238-240.

[156] 张陆. 中小学教师教育幸福的结构及测量 [D]. 武汉: 华中师范大学,2007.

[157] 张露. 中学教师职业压力、应对方式与工作倦怠的关系研究 [D]. 桂林: 广西师范大学,2014.

[158] 张秋. 大学生主观幸福感的特点及其相关影响因素研究 [D]. 大连: 辽宁师范大学,2011.

[159] 张珊珊,韦雪艳. 小学教师积极情绪的生成路径 [J]. 教学与管理(理论版),2018,（09）: 14-16.

[160] 张少芳. 高职教师组织支持感对工作投入的影响研究 [D]. 广州: 广东技术师范大学,2019.

[161] 张西超,胡婧,宋继东,等. 小学教师心理资本与主观幸福感的关系: 职业压力的中介作用 [J]. 心理发展与教育,2014,30（02）: 200-207.

[162] 张鑫. 幼儿教师职业倦怠、职业认同和生活满意度的相关研究 [D]. 石家庄: 河北师范大学,2013.

[163] 张艳秋. 中职教师职业倦怠与应对方式、主观幸福感的关系研究 [D]. 武汉: 华中师范大学,2013.

[164] 张勇,于跃. 中小学教师工作倦怠的成因及其预防策略 [J]. 教育探索,2002（11）: 96-98.

[165] 朱旖旎. 高校青年教师职业压力及其调适管理研究——基于问卷调查和个人访谈的分析 [D]. 武汉: 华中师范大学 2016.

[166] 张忠山. 上海市小学教师工作满意度研究 [J]. 上海教育科研,2000（03）: 39-42.

[167] 赵简,张西超. 工作压力与工作倦怠的关系——心理资本的调节作用 [J]. 河南师范大学学报: 自然科学版,2010,38（03）: 139-143.

[168] 赵强. 高职院校教师组织支持感、工作满意度与组织公民行为的关系研究 [J]. 重庆文理学院学报(自然科学版),2014（05）: 77-82.

[169] 郑晓芳 . 中小学教师职业压力对职业倦怠和工作满意感的影响研究 [D]. 长春：吉林大学, 2013.

[170] 郑晓芳, 崔酣 . 中小学教师职业倦怠的人口学因素差异探讨 [J]. 医学与社会, 2010（04）：98-100.

[171] 周浩, 龙立荣 . 共同方法偏差的统计检验与控制方法 [J]. 心理科学进展, 2004, 12（6）：942-942.

[172] 周旻, 张涛 . 基础教育教师主观幸福感及其影响因素 [J]. 中国健康心理学杂志, 2013（09）：44-45.

[173] 周莹, 王建华 . 流动人群的社会支持、工作与生活满意度的关系研究 [J]. 开放学习研究, 2019（002）：53-62.

[174] 朱从书 . 中小学教师的工作满意度及其影响因素分析 [J]. 教育探索, 2006（12）：116-117.

[175] 朱从书, 申继亮, 刘加霞 . 中小学教师职业压力源研究 [J]. 现代中小学教育, 2002（3）：50-54.

[176] 朱继荣, 杨继平 . 小学教师工作满意度的调查研究 [J]. 教育理论与实践, 2004（02）：64-65.

[177] 朱孟斐 . 高校教师职业压力和倦怠情况的调查与思考 [J]. 山东商业职业技术学院学报, 2019（3）：37-40.

[178] 邹佳颖 . 中小学教师职业认同与工作绩效的关系 [D]. 济南：济南大学, 2019.

[179] 邹青松 . 组织支持感对生活满意度的影响机制研究 [J]. 现代商业, 2013（09）：262-263.